12가지 현대 이슈에 관한 신학적 통찰

기독교, 시대에 답하다

목차

우리가 믿는 기독교는 종교에 국한하지 않습니다. 그것은 단지 의례적이거나 이론적인 것에 그치지 않습니다. 기독교는 실제 삶을 포괄합니다. 우리는 말씀을 배우고 그 말씀을 세상에서 적용해야 합니다. 그래서 예수님은 우리를 '세상의 소금과 빛'이라고 하셨습니다. 이러한 사실에 대한 자각은 오래전부터 있어 왔으나 근래에 매우 강하게 일어나고 있습니다. 곧 우리가 세상에서 말씀을 실천하면서 살아야 한다는 사실에 관한 고민과 논의가 활발해지고 있습니다.

그러나 막상 말씀을 실천하려면 쉽지 않습니다. 왜 그럴까요? 신학과 해석이 달라서 관점의 차이를 드러냈기 때문일 수 있고, 사회의 이데올로기가 우리를 강하게 지배하기 때문일 수도 있습니다. 게

다가 우리의 연약함과 환경의 혹독함이 말씀과 생활을 이원화하게 합니다. 그리하여 기독교는 세상에서 다른 모양과 형태로 드러나기도 하며, 기독교인은 이중 인격자로 인식되기도 합니다. 이것은 바람직하지 않은 현상입니다. 이것을 바로 잡아야 합니다.

이런 상황에서 저자들은 바른 신학을 견지하는 가운데 이 시대에 기독교인들이 주어진 환경을 어떻게 이해하고 살아내야 하는지를 제시하기 위해서 이 책을 썼습니다. 편집자는 우리 사회의 열두 개 영역을 선정했으며, 각 영역에 적합한 저자들을 섭외하여 집필을 부탁드렸고, 저자들은 최선의 역량을 발휘하여 글을 썼습니다. 저자들은 모두 개혁신학적인 관점을 소유하고 있으며, 탄탄한 현장 경험을 지니고 있습니다. 따라서 독자들이 저자들의 주장을 무난하게 수용하여 적실하게 적용하실 수 있을 것으로 기대합니다. 각 장 마지막에 '나눔을 위한 질문'을 수록했습니다. 교회나 그룹에서 이 질문들을 사용하신다면 더욱 깊이 공부하실 수 있을 것입니다. 편집자는 각 글의 분량과 형태와 글투와 지향점 등을 꼼꼼히 점검했고, 필요에 따라 보완하기도 했습니다. 그러므로 책의 부족함이 있다면 전적으로 편집자의 잘못입니다.

이 책이 나오기까지 수고해 주신 분들이 많습니다. 우선, 출판을 허락해 주신 고신언론사의 최정기 사장님과 실무를 담당해 주신 박진필 부국장님께 감사드립니다. 고신언론사의 디자이너들께서 책을 아름답게 꾸며 주신 데 대해서도 깊이 감사드립니다. 저를 비롯하여 저자들 상당수는 고신언론사의 '월간고신 생명나무' 기획위원으로 활동하고 있어서 '한 몸' 의식을 가지고 이 책을 만들었습니다. 훌륭한 추천사를 써 주신 김하연 목사, 신득일 박사, 신원하 원장, 정태진 목사님께도 감사드립니다. 이 책이 한국교회 성도들에게 작으나마 도움이 되기를 기도합니다.

"이같이 너희 빛이 사람 앞에 비치게 하여 그들로 너희 착한 행실을 보고 하늘에 계신 너희 아버지께 영광을 돌리게 하라"(마 5:16).

2024년 8월
저자들을 대신하여 황원하 드림

'고신의 목소리, 고신의 불꽃'을 지향하는 고신언론사는 고신총회로부터 '교회 언론의 사명'과 '문서선교의 사명' 두 가지 큰 사명을 받았습니다. 두 큰 사명의 기둥을 가진 언론사는 주간신문 '기독교보'와 월간잡지 '월간고신 생명나무', 인터넷신문인 '고신뉴스닷컴' 그리고 유튜브방송인 '고신텔레비전' 등 작지만 비교적 다양한 매체들로 고신의 신앙과 신학을 국내는 물론 지구촌 디아스포라 성도들에게 다가가고 있습니다.

지나온 반세기 가까이 '월간고신 생명나무'는 개혁주의 신앙정신을 바탕으로 성도들의 성숙하고 건전한 신앙생활을 위한 길잡이 역할에 주력해 왔습니다. 그 결과 월간고신은 고신교회의 동반자로서 고신의 역사가 되었고, 고신의 친구로 자리매김 해왔습니다.

세월의 흐름과 급격히 달라진 교회 환경은 월간고신에도 변화를 요구했습니다. 오랫동안 애독해 주신 독자님들은 물론 새로운 세대로의 독자층 확대 필요성은 월간고신의 획기적인 혁신을 불가피하게 했습니다. 참신한 시각과 신선한 통찰로 3040 세대로부터 주목받고 있는 황원하 목사님을 중심으로 기획위원회를 구성했습니다. 기대와 같이 깜짝깜짝 놀랄 새로운 접근 방식과 아이디어 그리고 거침없는 기획과 원고는 월간고신의 미래를 한층 밝게 하고 있습니다.

이번에 이 기획위원회를 중심으로 한국교회를 새롭게 변화시킬 열두 가지 주제의 글로 한 권의 책을 엮게 됐습니다. 특별한 열정으로 헌신해 주신 황원하 목사님과 기획위원님들 그리고 초청된 필자님들, 편집 실무를 맡아 수고해 주신 박진필 부국장님과 디자인으로 수고해 주신 조은희 차장님께 더 없는 감사와 사랑의 인사를 드립니다.
감사합니다.

최정기 목사(고신언론사 사장)

추천사

이 책은 개혁주의를 추구하는 고신총회의 젊은 목회자들과 학자들에 의해서 집필이 된 책입니다. 그래서 글들은 젊고, 거침이 없습니다. 집필자들은 성이나 문화에 대해서 이야기할 때에나 문제들을 지적할 때에 눈치를 보는 일도 없습니다. 표현은 현대적이며, 정확한 최신 통계들을 제시해 줌으로 상황파악에 공감하게 하고 있습니다. 그리고 대안으로 제시된 부분들이 현대적이고 신선하기에 더욱 확실하게 와 닿습니다. 글의 스타일들은 더이상 은유가 아니어서 숨겨진 행간(between lines)의 의미를 파악하기 위해서 따로 고민하지 않아도 됩니다. 딱, 요즘 소위 말하는 MZ세대의 문체로 쓰여져서 무엇보다 그들에게 접근이 용이합니다. 어른세대의 기준에서 그들을 내려다보는 그래서 소화되기 힘든 염려가 아니라 현재를 살아가고 있는 다음세대에게 직접 그들의 지성과 감성을 두드려 줍니다. 무엇보다 감사한 것은 이 책이 처음부터 끝까지 우리가 목숨걸고 사랑하는 '하나님의 교회'에 대하여 이야기하고 있다는 것입니다. 이 책은 현대 교회의 현재를 보여주고 앞으로 나아갈 방향을 제시해 주는 이정표(milestone)입니다.

김하연 목사(대구삼승교회 담임, 기독교보 주필)

‘기독교, 시대에 답하다’는 이 시대의 성도와 교회가 깊이 고민하고 알아야 할 열두 개의 주제를 다루고 있습니다. 비교적 젊은 저자들이 쓴 이 글들은 독자에게 신선한 감동을 줄 뿐만 아니라 현실적 문제에 대한 성경적 통찰력을 제공합니다. 이 주제들은 현시대를 살아가는 성도들이 고민하는 문제에 구체적인 답변을 주고, 이 시대에 교회가 미래를 위해서 치중해야 할 현실적인 사역도 제시합니다. 기독교의 복음은 교회 담장에 갇혀서 있어서는 안 되고 세상에서 그 효력이 나타나야 할 것을 생각하면 이런 책이 꼭 필요합니다. 현대인들의 의식구조와 사회문제가 있지만 복음을 적절하게 적용하는 것이 현실문제를 해결하는 열쇠라는 것입니다. 이 책이 끝없이 변화하는 세상에서 변치 않는 복음을 어떻게 삶에 적용할 것인가를 고민하는 성도에게 실제적이고 구체적인 지침이 될 것이라고 확신하며 일독을 권합니다.

신득일 박사(고신대학교 명예교수)

성도들은 누구나 이 사회 속에서 하나님의 백성으로 잘 살아가기를 원합니다. 그러나 급속히 변하는 사회와 각 영역에서 변하지 않는 진리대로 잘 사는 것이 쉽지 않습니다. 현재 21세기 사회는 직업과 영역이 많이 분화되어 있어서 보다 전문적인 지식과 폭넓은 정보의 안내를 받지 않으면 사람들은 불안을 느끼고 흔들리기 쉽기 때문입니다. .

이 책은 이러한 시대와 사회에서 살아가고 있는 성도들에게 실제적인 안내와 도움을 주기 위한 목적으로 쓰여졌습니다. 각 분야에서 나름대로 오랫동안 활동하면서 전문적인 지식과 아울러 실제적인 경험을 한 바 있는 40대 중후반의 목회자들과 신학 교수들이 필자로 참여하여서 성도들이 현재 마주치는 다양한 분야와 문제들에 어떻게 판단하고 대처해야 할지를 안내해 줍니다. 현대 사회에서 다양한 분야에서 하나님 나라의 백성으로 구별되면서도 이 사회에 기여하며 살아갈 수 있기를 바라는 많은 그리스도인에게 이 책은 실제적으로 도움을 제공하는 길라잡이가 될 것이라 생각합니다.

신원하 원장(한국기독교윤리연구원, 고려신학대학원 은퇴교수)

좋은 리더의 중요성은 아무리 강조해도 지나치지 않습니다. 훌륭한 리더의 존재 여부가 공동체의 미래를 좌우하기 때문입니다. 우리 총회에도 앞으로 고신교회를 이끌어갈 준비된 리더 그룹이 반드시 필요합니다. 그런 가운데 만나게 된 '기독교, 시대에 답하다'는 막막한 미래에 대한 두려움과 마음의 부담을 덜어주는 기분 좋은 책이었습니다. 책의 내용에 앞서 저자의 구성에 감동했고 기대가 됐습니다. 저자 대부분은 우리 교단의 차세대 리더가 될 40-50대 목회자와 학자들입니다. 누구보다 치열하게 기도하고 고민하면서 목회와 연구에 헌신하는 분들이기에 이 책은 이론과 현실을 함께 다루면서 고신교회가 나아가야 할 방향을 정확하게 담아내고 있습니다. 어쩌면 우리가 피하고 싶은 현실일 수도 있지만 반드시 극복하고 해결해야만 하는 문제와 정면으로 부딪치고 있다는 점에서 미래지향적이며 실제적이라고 하겠습니다. 고신교회의 미래를 염려하고 다음세대를 위해 함께 헌신하고자 하시는 분들에게 자신 있게 일독을 권합니다.

정태진 목사(진주성광교회 담임, 고신총회 부총회장)

12가지 현대 이슈에 관한 신학적 통찰

기독교, 시대에 답하다

가정

하나님으로 즐거운 나의 집
(Home Sweet Home in God)

*
문지환 목사(제8영도교회 담임)
고려신학대학원(M.Div.)을 졸업했다. 네 명의 다자녀를 양육하면서 다음세대를 위해 통전적 성
경 및 교리 교육에 관심을 두고 강의와 집필을 이어가고 있다.

들어가면서

미국의 극작가 존 하워드 페인(1791~1852, John H. Payne)은 1823년 즐거운 나의 집(Home Sweet Home)을 작사했습니다. 곡이 포함되었던 오페라 클라리, 밀라노의 아가씨(Clari, Maid of Milan)는 잊혀졌지만 이 노래는 살아남아서 미국을 비롯한 전 세계인의 히트송이 됐습니다.

남북전쟁 기간에는 국군, 연합군 가릴 것 없이 이 노래를 부르며 귀향을 소망했습니다. 그런 하워드 페인은 정작 가정을 꾸려본 적이 없습니다. 세상을 떠나기 1년 전 친구에게 보낸 편지에서 그는 "세계 모든 사람에게 가정의 기쁨을 자랑스럽게 노래한 나는 여태껏 내

집의 맛을 모르고 지냈고 앞으로도 그렇겠지…"라며 비통함을 드러냈습니다. 가정의 안정감과 평화를 노래한 즐거운 나의 집 이면에 외로움과 상실감이 자리 잡고 있는 아이러니입니다.

오늘날 가정도 비슷합니다. 애정 어린 관계 속에서 서로 사랑하며 전인적인 쉼을 누려야 할 가정이 때론 가장 상처받고 슬피 우는 곳이 되기도 합니다. 폭력, 외도, 학대와 같은 극단적인 사안은 말할 필요도 없고 부모의 무관심이나 소통의 단절로 신음하는 가정이 많아지고 있습니다. 부채나 실직으로 인한 경제적 위기, 초고령화 사회에 진입하면서 대두된 노인 부양 공백의 문제도 무시할 수 없습니다. 우리네 가정을 삼키려고 으르렁대는 사자가 눈에 불을 켜고 있습니다. 신자 가정을 향한 하나님의 은혜가 절실한 때입니다.

우리 눈을 들어 성경으로 향할 때입니다. 결혼과 가정을 디자인하여 명하신 분의 이야기가 성경에 있기 때문입니다. 무엇을 하든지 하나님의 영광을 위해 하라는(고전 10:31) 고귀한 사명을 실천하기 원하는 신자라면 역시나 그 방법을 제시하는 성경의 지혜에 귀를 기울여야 합니다(웨스트민스터 소요리문답 제2문). 결혼으로 나아가는 연애, 건실한 결혼, 결혼한 부부의 출산과 양육을 어떻게 꾸려나가야 할지 성경의 교훈에 기대어 방향성을 살펴보려 합니다. 지혜의 말씀을 재료 삼아 하나님으로 즐거운 나의 집을 지어봅시다.

1. 연애, 결혼으로 가는 징검다리

크리스천이라면 누구나 결혼이 하나님께서 짝지어주신 사람과의 연합이라는 점을 인식합니다. 결혼 생활에 관한 간증, 기도문, 안내서들도 다양합니다. 반면 연애는 어떨까요? 어떤 이유에서인지 기독 청년의 연애를 다루는 책은 찾아보기 힘듭니다. 몇 년 전 한국인 저자가 쓴 크리스천 연애 지침서가 발간한 지 수년이 지난 지금도 스테디셀러입니다(권율, 『연애 신학』, 샘솟는 기쁨, 2020). 기독교인의 연애에 도움을 줄 만한 다른 책을 찾기가 힘들기 때문입니다. 연애에 관한 성경적 가르침에 목마를 수밖에 없는 현실을 방증합니다. 하지만 결혼만큼 중요한 것이 연애입니다. 타의에 의한 비정상적인 결혼이 아닌 이상 모든 결혼은 연애를 통과하기 마련입니다. 성경적인 가정을 꿈꾸는 자라면 누구나 건전한 연애를 통해 결혼의 출발선에 서야 합니다. 기독인의 연애는 결혼과 관련한 거의 모든 성경적 교훈들을 미리 적용 가능하다고 볼 수 있습니다. 사랑을 키워 가정을 꾸리는 일을 제일 잘 연습할 수 있는 시기가 연애입니다. 그리스도인의 건강한 연애를 위해 일찍부터 우리 자녀들에게 강조할만한 세 가지는 다음과 같습니다.

1) 한 남자와 한 여자의 교제

한 남성(a male)과 한 여성(a female)의 만남이 성경적 결혼입니다. 좋은 사람을 만나 설레고 사랑하게 되는 과정은 '남과 여' 사이에 일어나야 하는 일입니다. 과거에는 남과 여를 강조할 필요가 없었습니다. 굳이 성경이 아니더라도 유교적, 전통적 가치관 아래서는 남자와 여자의 교제가 당연했습니다. 하지만 지금은 아닙니다. 다양한 성(gender, 생물학적 성(sex)이 아닌 사회적 성역할 혹은 자기인지에 따른 성정체성)이 존재한다고 믿는 사회에서 기독인은 결혼으로 가는 징검다리인 연애를 디딜 때부터 '남자와 여자의 만남'을 확고히 해야 합니다. 우리 자녀들은 이미 동성간 연애, 성관계, 결혼이라는 주제에 익숙한 세대입니다. 성경이 가르치는 만남을 더 착실히 교훈해야 합니다. 또한 '한'(1, one) 남녀의 만남입니다. 결혼이 그런 것처럼 다수의 상대를 동시에 만나거나 사랑하는 일은 지양해야 합니다. 주변의 유혹과 상대방의 약점에도 불구하고 한 사람을 끊임없이 사랑하고 존중하는 연습을 연애 기간에 해야 합니다.

2) 상호 존중

결혼과 마찬가지로 상대는 하나님께서 붙여주신 연인(비록 헤어질 가능성이 있지만)이란 점을 기억하고 존중과 배려, 이해심을 연습해야 합니다. 인간의 죄성에 더하여 개인주의적인 시대 조류는 사랑조차 개인의 만족과 욕망의 도구로 치부합니다. 결혼은 서로 다른 두 인격이 하나 되는 일입니다. 안 맞는 것 천지입니다. 우스갯소리로 부인들은 남편을 로또라고 말합니다. 도무지 맞는 게 없다는 푸념이죠. 연애할 때 서로 존중하며 양보하는 연습이 필요합니다. 또한 연애가 결혼으로 이어지지 않을 경우를 생각해서라도 상호 존중해야 합니다. 만약 결혼에 골인하지 않는다면 지금의 연인은 타인의 남편 혹은 아내가 될 사람입니다. 나로 인해 누군가의 배필이 인격과 영성에 해를 입지 않도록 상호 간 아끼며 연애해야 합니다.

3) 성적인 절제

거의 모든 결혼 규칙이 연애에 해당하지만 딱 하나 성적인 연합은 허락되지 않습니다. 십계명의 제7계명은 결혼 관계 안에서 가지는 성적 결합만 인정합니다. 혼전, 혼외를 비롯한 수간, 근친간 등 어떤 성관계도 성경의 지지를 받을 수 없습니다. 연애할 때 가장 주된 감정은 성 충동이라 해도 과언이 아닙니다. 특히 혈기 왕성한 젊은이의 연애는 더욱 그렇습니다. 세속 사회는 사랑하는 연인 간의 성관계를 아름답게 묘사합니다. 자칫하면 선을 넘기 쉬운 부분이 성적 영역입니다. 적어도 기독 연인이라면 하나님이 허락하신 결혼 안에서 지극한 성애(性愛)의 즐거움을 누릴 수 있도록 절제할 필요가 있습니다. 간단한 지침은 옷 밖으로 나와 있는 부분을 제외하고는 스킨십 하지 않는 것입니다. 스킨십은 브레이크가 없으므로 미리미리 대화를 통해 원칙을 정하고 교제하는 것이 좋습니다. 다만 어떤 이유에서건 넘지 말아야 할 선을 넘었을 경우 반드시 피임하고 동영상 등을 절대 촬영하지 말아야 합니다. 무엇보다 회개하고 결혼하도록 힘써야 합니다. 구약 율법에 따르면 하나님은 정상적인 결혼 밖의 거의 모든 성관계에 대하여 사형을 선고하지만(레 18~21장 참고), 딱 하나 결혼하지 않은 젊은 남녀의 경우 여성의 아버지에게 지참금을 주고 결혼하라 하십니다(신 22:28~29). 어쩌면 하나님도 젊은 연인들의 들끓는 호르몬을 모르지 않는 것 같습니다. 회개하고 결혼하십시오.

2. 결혼, 주 안에서 한 몸 되기

연애의 징검다리를 건너 결혼에 도착했습니다. 흔히 결혼을 사랑의 결실로 이해하지만 실상은 출발선입니다. 결혼하면서 우리는 또 다른 관계, 정체성, 사명을 시작합니다. 어떤 의미에서 결혼은 극단적입니다. 하나님을 섬기든지 서로에게만 함몰되든지, 서로 사랑하든지 무관심 혹은 불타는 시기심으로 경멸하든지, 겸손하고 감사하든지 무분별하게 이기적이든지 상반된 두 영역이 마치 땅따먹기하듯 싸우며 결혼 안에 상존합니다. 결혼은 그리스도인을 넘어 모든 인류에게 허락된 일반 은총입니다. 공기처럼 흔하고 자연스러운 것이 결혼이기 때문에 그리스도인 가운데도 세상의 결혼과 가정의 풍습에 젖어 분별없이 따라 하는 경우가 적지 않습니다. 하나님이 주인 되신 결혼, 그리스도께서 복 주시는 부부, 서로를 사랑하며 감싸 안는 가정을 위해 다음의 몇 가지 사항을 기억할 필요가 있습니다.

1) 신자와 한 몸 되기

신자가 믿지 않는 자와 결혼해도 되는가 하는 점은 늘 한국교회의 고민거리입니다. 날 때부터 자동적으로 신자였던(?) 중세나 종교개혁 이후의 유럽교회는 아마 고민해본 적 없는 사안일 것입니다. 성경은 분명합니다.

> "자기 뜻대로 시집갈 것이나 주 안에서만 할 것이니라"(고전 7:39).
> "너희는 믿지 않는 자와 멍에를 함께 메지 말라"(고후 6:14).

신자와 신자가 만나 결혼하도록 명합니다. 구약의 경우도 해석과 적용의 여지가 있지만 모세는 타민족과의 결혼을 금했고(신 7:3~4), 느헤미야는 심지어 이미 결혼한 이방 여인 아내를 내보내라고까지 했습니다(느 13:23~27). 이처럼 성경은 불신자와 결혼하는데 부정적인 것이 틀림없습니다. 하나님을 경외하는 신실한 가정을 꾸리기 원한다면 신자끼리 결혼해야 합니다. 그렇다고 불신자와의 결혼이 용서받을 수 없는 대죄는 아닙니다. 실제 우리가 속한 교회에 불신 결혼했지만 충성된 일꾼으로 하나님의 나라를 세워가는 이들이 적지 않습니다. 하지만 그들이 현재의 선한 상황에 이르기까지 신앙적인 문제로 겪어야 했던 수많은 불화와 갈등을 간과해선 안 됩니다. 때론 박해와 설움도 있었을 것입니다. 마땅히 섬겨야 할 하나님 때문에 사랑하는 사람과 분쟁하며 세월을 허비하는 것처럼 안타까운 일이 어디 있겠습니까.

또한 자녀들을 위해 신앙인끼리 결혼해야 합니다. 믿음 없는 배우자와 교육관이 충돌해 신앙 교육을 양보하다 보면 결국 사랑스러운 내 아이가 하나님을 모른 채 자랄 위험이 있습니다. 우리가 다 주지하듯 하나님 없으면 인생이 무슨 의미가 있겠습니까. 무엇보다 본인의 신앙까지 잃어버릴 위험이 큽니다. 대개 신자 배우자들이 가정의 평화를 위해 많은 부분을 양보합니다. 집에서 성경을 읽는 일이 눈치 보여서 양보하고 주일에 예배 가기가 부담스러워 미루게 됩니다. 그렇게 점점 신앙과 교회와 멀어지면 하나님과 멀어지는 것도 금방입니다.

성경적으로든 현실적으로든 신자를 만나 결혼하는 것이 가장 좋습니다. 그때 두 사람은 교회의 축복 가운데 하나님이 주인 되신 가정을 이룰 수 있습니다. 지금은 거의 사라져버린 전통이지만 본디 신자의 결혼은 교회 적인 일입니다. 개인과 가문의 만남을 넘어 하나님 나라의 확장이기 때문에 개혁교회와 장로교회의 경우 당회가 신자의 결혼을 살피고 허락했습니다. 이는 중세교회가 결혼을 멋대로 성례로 정해 놓고 주관한 것과는 다릅니다. 신자가 신자와 결혼할 때 교회의 돌봄 아래 경건한 한 몸을 이룰 수 있습니다.

2) 돈이 아닌 도움으로

뉴스에 따르면 울산 중구의 '작은 결혼식' 사업이 중단됐습니다. 예식장과 부대비용 400만 원을 지원하는 복지 정책이었지만 코로나19 이후 결혼식의 대규모화 및 고급화 추세에 신청자가 '0'명이었기 때문입니다. 예식 비용만 2,900만 원, 2,500만 원 든 사례를 소개하는 뉴스도 있습니다. 일년 열심히 일해서 번 돈을 30분 결혼식에 다 썼다는 푸념이 씁쓸합니다. 연봉이 3,000만 원 정도 되는 평범한 사람들의 결혼식 비용이었던 것이죠. 여기에 신혼여행, 주택, 혼수 등을 생각하면 비용은 치솟게 됩니다.

인구 1,000명당 혼인 건수를 의미하는 혼인율이 2022년 3.7건인데 이는 통계를 시작한 1970년 이후 가장 적은 수치입니다. 이렇게 결혼하지 않는 이유로 결혼 비용의 증가가 1위로 꼽혔습니다. 결혼이 일생의 한번, 로맨틱, 주변의 시선 등을 이유로 자본 시장의 노예가 됐습니다. 자연스레 직업이나 연봉, 재산 상황이 배우자를 고르는 우선순위가 됐습니다.

이 땅의 나그네인 성도는 세상에서 유행하고 권장하는 것들은 한 번 의심해야 합니다. 결혼도 마찬가지입니다. 모두가 '결혼식은 돈이 많이 드는 게 당연해'라고 말할 때 경각심을 가져야 합니다. 그리스도인은 돈이 아닌 하나님의 도움으로 결혼합니다. 예의와 격식을 차리되 허례와 허식을 내려놓아야 합니다. 도움의 하나님은 결혼 전과 후에도 동일하십니다.

하나님께서 두 사람을 짝지어 만나게 하시고 사랑을 키우게 하셨으며 양가문이 기꺼이 수용하도록 도우셨습니다. 마찬가지로 결혼 이후에도 도우실 것을 신뢰하는 믿음이 중요합니다. 경제력, 학력, 훌륭한 집안과 외모보다 하나님을 도움으로 여기는 신앙을 확인하시기 바랍니다. 예수 그리스도는 죽음의 순간까지 아버지 하나님을 신뢰하셨습니다. 우리도 그런 구주님을 본받아 하나님을 의지하는 결혼, 그분의 도움을 신뢰하는 부부가 되어야 마땅합니다.

3) 한 몸의 질서

아브라함과 사라 부부를 잠시 주목해봅시다. 아내 사라가 남편 아브라함을 부른 호칭이 꽤나 흥미롭습니다.

"사라가 아브라함을 주라 칭하여"(벧전 3:6).

여성 인권의 신장을 넘어 상위로 향하는 시대에 아내가 남편을

'주'(lord)라 불렀다는 성경의 진술을 어떻게 이해해야 할까요? 그렇지 않아도 아내를 두고 "돕는 배필"이라 부르는 창세기의 말씀(창 2:18, 20) 때문에 혼란스러운데, 정말 성경은 아내를 남편보다 하등한 존재로 보는 걸까요? 결론부터 말씀드리면 아닙니다! 성경은 결코 남자와 여자, 남편과 아내가 질적으로 다른 지위를 갖고 있다고 말하지 않습니다. 이것은 질서의 문제입니다. 하나님은 질서정연한 분이시며(고전 14:33) 그분을 본받아 신자도 각 영역에서 질서정연해야 합니다(고전 14:40, 골 2:5). 가정도 예외가 아닙니다.

부부 관계에 있어 하나님은 일차적으로 남편에게 무게추를 두는 질서를 택하십니다. 덕분에 남편은 가정을 이끌 책임과 의무를 더욱 무겁게 지고 있습니다. 아내가 사회적으로 더 지위가 높고 수입이 좋아도 신실한 가정을 세울 책임은 '남편'에게 있습니다. 경제적인 책임뿐 아니라 정서적 안정감과 만족, 신앙의 성숙을 위해 남편이 제일 많이 애써야 합니다. 아내를 존중하고 자녀들을 어여삐 여겨야 합니다. 가정은 마초맨(macho man)보다 주(lord)가 필요합니다. 일국의 임금이 백성을 사랑하고 지키는 것처럼 아내와 자녀를 세밀히 돌보고 살뜰히 책임질 가정의 왕, 제사장이 남편입니다. 아내가 그런 주인, 남편의 권위를 존중하며 존경과 사랑을 보낸다면 남편의 어깨와 가정의 행복은 같이 상승할 것입니다. 남편은 단순합니다. 바보 온달 이야기가 괜히 있는 게 아닙니다.

아내에게 부여하신 질서는 '돕는 자'입니다(창 2:18). 이 단어만큼 오해를 받는 표현도 성경에 드뭅니다. 돕는다는 말이 주는 피상적인 느낌은 하등한 자, 낮은 자, 주연이 아닌 조연입니다. 하지만 이것은 세속적인 생각일 뿐 성경적 개념은 아닙니다. 창세기 2장 18절의 "돕는 배필"은 오히려 하나님과 관련한 단어입니다. '돕는다'라는 히브리말로 에제르(ezer)인데 우리가 잘 아는 에벤에셀(에벤에제르, 삼상 7:12)의 에셀(에제르)입니다. 하나님이 이스라엘의 도움이심을 가장 잘 나타내는 단어가 에벤에셀이죠. 하나님이 이스라엘보다 열등하거나 능력이 부족해서 돕는 분이 되셨습니까? 아닙니다. 오히려 넘치는 권능이 있기 때문에 신부 이스라엘을 도울 수 있었습니다. 마찬가지로 아내는 남편의 부족함을 채우는 능력자입니다.

제가 대학 신학과를 다닐 때 자취하던 친구들이 있었습니다. 한 집에 놀러 갔더니 빈 병이 50개가 쌓여 있었습니다. 남자만 있으면 이 모양이 됩니다. 친정 가는 아내를 반기는 것 같지만 이틀만 지나면 무기력하고 소심해지는 것이 남편입니다. 아내가 돌아오는 삼 일째 날, 남편도 부활합니다. 부부간 주와 돕는 자의 질서를 기억할 때 주 안에 뿌리내린 가정을 세울 수 있습니다.

4) 독립적인 몸으로 서기

성경이 결혼에 관해 전하는 중요한 메시지 가운데 하나는 바로

"부모를 떠나서 그 둘이 한 몸이" 되는 것입니다(막 10:7, 창 2:24). 2023년 발표한 통계청 발표에 따르면 우리나라 평균 초혼 나이는 남자는 33.7세, 여자는 31.3세입니다. 2002년 남자 29.8세, 여자 27세를 마지막으로 초혼 나이가 남녀 모두 30세를 넘은 실정입니다. 교회 내 청년부를 보면 실상 더 높은 것 같기도 합니다. 자녀의 만혼은 부모에게 경제적 부담으로 다가옴과 동시에 결혼한 부부와 부모 사이에 필요한 다양한 측면의 독립을 어렵게 만들고 있습니다. 덕분에 베이비붐 세대의 자녀이자 MZ세대의 부모인 낀세대는 여전히 보육과 경제활동에 내몰리며 혹사당하는 중입니다. 물론 부모를 떠나지 못해서 고생하는 사람은 부부 당사자임은 말할 것도 없습니다. 내 배우자가 시어머니와 독립하지 못한 남편, 여전히 친정 언니와 미주알고주알 시댁 욕을 하는 아내라면 그 가정이 어떨지는 불 보듯 뻔합니다.

먼저 정서적으로 독립해야 합니다. 남편이나 아내나 서로에게 가장 먼저 의논하고 의지할 대상은 배우자여야 합니다. 친정엄마와의 끈끈한 정을 끊으라는 말이 아닙니다. 홀로 계신 노모를 외면하란 말씀도 아닙니다. 정서적 친밀감의 우선순위가 배우자와 아이보다 앞서서는 안 된다는 말씀입니다. 서운한 것도, 감사한 것도, 화가 나는 일도, 기쁜 일도 배우자와 나누고 대화하기를 즐거워하십시오. 특히 남편들의 노력이 조금 더 필요합니다. "미운 열 사위 없고 고운

외며느리 없다"라는 속담처럼 결혼 후 배우자가 지닌 부모와의 정서적 고착 때문에 마음고생 하는 사람은 아무래도 아내일 경우가 많습니다. 부모보다 배우자와 정서적 교감을 더 갖도록 노력해야 합니다.

자녀 양육에 있어서 떠나야 합니다. 맞벌이 등의 부득이한 상황 속에 아이가 방치될 위험이 아니라면 부모가 책임 있게 돌보는 것이 좋습니다. 조부모의 해바라기 사랑도 좋지만 부모의 품보다 나을 수는 없겠죠. 늦게 결혼한 본인을 돌보느라 젊음과 재산을 다 바친 부모가 이제는 여유 있는 노후를 보낼 수 있도록 자녀 양육을 떠넘기지 마시기 바랍니다. 자녀는 나와 배우자에게 주신 하나님의 선물이자 사명입니다. 힘들어도 끝까지 직접 감당하는 자에게 하나님께서 칭찬하십니다.

경제적으로도 마찬가지입니다. 여러 가지 이유에서 부모님의 재정적 지원을 받는 경우가 발생할 수 있습니다. 어디까지나 한시적 혹은 단회적인 것이 좋습니다. 가정의 경제를 살피는 책임은 주(lord)로 세워진 남편과 또한 함께 꾸려나가는 아내에게 있습니다. 할 수 있는 한 경제적으로 독립해 온전한 가정을 꾸리는 것이 성경의 기조입니다. 울타리 같던 부모의 원조를 떠나는 일이 쉽지만은 않겠죠. 그러나 우리 부부와 가정을 돌보실 하나님을 신뢰하며 내딛는 독립의 여정을 하나님께서 내버려 두실 리가 없습니다. 60만 대군에게 만나와 메추라기를 주시고 반석의 샘물을 선사하신 분이 하나님입니다. 부모님보다 큰 팔로 부부를 안으실 하나님을 신뢰해야 합니다.

3. 부부에서 부모로 - 출산과 양육으로 세워지는 하나님 나라 -

하나님께서 남과 여를 창조하신 직후 그들에게 말씀하셨습니다.
"하나님이 그들에게 복을 주시며 하나님이 그들에게 이르시되 생육하고 번성하여 땅에 충만하라, 땅을 정복하라, 바다의 물고기와 하늘의 새와 땅에 움직이는 모든 생물을 다스리라 하시니라"(창 1:28).

이 사명을 문화명령이라 부릅니다. 하나님을 경외하는 문화 창달의 사명이 인간에게 있다는 말씀입니다. 그런데 남녀 창조에 관한 이야기를 보다 자세하게 전하는 창세기 2장에 따르면 하나님은 아담의 갈비뼈로 하와를 만든 후 둘을 결혼시키십니다(창 2장 20~25). 즉 남녀를 창조하고 결혼시킨 후에 사명을 주셨습니다. 아담과 하와는 개인이 아닌 부부로서 생육하고, 번성하고, 다스릴 사명을 받았습니다. 문화명령 이전에 부부가 부모가 되라는 사명으로 볼 수 있습니다.

1) 출산을 포기하지 마세요.

진화론적 시각에서 인간의 결혼과 출산은 종족 번식의 본능에 지나지 않습니다. 그냥 그렇게 하고 싶은 욕망이 DNA에 새겨져 있기 때문에 하는 행위입니다. 하지만 성경은 그 너머의 고귀한 의미를 말합니다. 하나님께서 손수 디자인하신 결혼과 그 안에서 이뤄지는 출산이 지닌 존귀한 신적 기대를 가르치고 있습니다. 바로 하나님 나라의 확장입니다. 창세기 1장은 세상의 기원을 묘사하는 단순한 신화가 아닙니다. 성경의 창조 이야기는 존재하는 모든 것들의 목적과 방향성을 보여주는 우주적인 프롤로그입니다. 태초에 창조하신 천지, 세상, 우주는 하나님의 나라입니다. 없던 것들을 있게 하신 하나님, 생명을 주는 선하신 왕께 영광 돌리는 국가에 대한 기대가 창조의 이면에 녹아 있습니다. 질서정연하게 세상을 만드시고(창조) 선하신 뜻을 따라 운행하시는(섭리) 왕을 경험한 백성은 마땅히 임금께 찬송과 영광을 돌려야 합니다. 이것이 창조 이야기가 보여주는 기대입니다.

놀라운 건 세상을 하나님의 나라로 세우는 사명과 권위를 다름 아닌 부부에게 이양하셨다는 사실입니다. 하나님은 자신의 형상인 인간(창 1:27), 특별히 부부에게 온 땅에 충만하라 하셨습니다. 결혼하고 자녀를 낳아야 가능한 일입니다. 즉 부모가 되라 하십니다. 예로부터 근동 지역의 임금들은 자신의 권위와 영역을 표시하기 위해 자기를 닮은 형상(idol)을 세웠습니다. 마을 어귀나 길에 세워진 형상을 보며 사람들은 이곳이 바벨론 임금의 땅임을 확인했습니다. 마찬가지로 결혼한 부부는 자녀를 낳아 온 땅에 하나님의 형상들을 세우고 '이 땅은 하나님이 다스리는 나라'임을 표시하도록 사명을 받았습니다.

미시적으로는 개인의 행복에서부터 거시적으로 국가의 존속과 발전에 이르기까지 아이를 낳고 부모가 되는 이유는 다양합니다. 무슨 이유에서건 대한민국 현실에서 출산은 국가적으로 중차대한 사안입니다. 통계청은 2024년 예상 합계출산율 전망치를 0.68명으로 발표했습니다(2024. 1. 14). 문제는 이게 끝이 아니라는 점입니다. 0.5명 선까지도 예상되는 현실입니다. 이대로라면 나라가 사라질 위험에 처해있습니다. 출산은 국가 존망이 걸린 중대한 사안입니다.

하나님 나라도 마찬가지입니다. 하나님을 사랑하고 그분의 뜻을 왕명으로 알아 순종해 나가는 백성들이 가득한 나라는 출산을 통해 확장됩니다. 가정에서 일터에서 왕의 법령을 따라 이웃을 사랑하는 부부와 그 자녀들을 보면서 세상은 하나님의 왕 되심을 인정하게 될 것입니다. 물론 신약시대에 하나님 나라를 확장하는 주된 수단은 전도입니다. 주님의 명령대로 가서 가르치고 세례를 주어 제자로 삼는 전도를 통해 하나님의 나라가 확장됩니다(참고. 마 28:19~20). 그렇다고 창조 때 주신 하나님 나라 확장 수단인 출산이 폐기된 것은 아닙니다. 여전히 신자 부부의 출산을 통하여 하나님은 자기 나라를 확장해가고 계십니다. 신자 부모의 아이는 유아세례 교인이 됩니다. 만약 유아세례 받을 성도가 있다면 그 교회는 하나님 나라에 일조하고 있다고 믿어도 좋습니다. 유아세례 날이 교회에게는 하나님께서 대적의 문을 얻고 나라를 확장하신 잔칫날이어야 합니다(참고. 창 22:17).

현실적인 여러 가지 이유가 출산을 가로막습니다. 출산으로 아내가 직장을 그만둔다면 경력 단절에다가 포기해야 하는 가계 수입이 만만치 않습니다. 난관을 극복하고 출산해도 그걸로 끝이 아니죠. 자녀가 커가면서 드는 막대한 비용을 생각하면 지레 겁먹을 수밖에 없습니다. 치열한 경쟁 사회를 경험하며 자라온 부부는 내 자녀에게 같은 경험을 주고 싶지 않아 차라리 출산하지 않겠다 결심하는 경우도 있습니다. 혹은 부부가 맞벌이하며 풍족한 삶을 영위하기 위해 의도적으로 출산하지 않는 DINK(Doule Income, No Kids)족도 늘어가는 상황입니다.

다 이해가 갑니다. 각자의 선택을 존중합니다. 그럼에도 불구하고 그리스도인 부부를 향한 하나님의 기대를 기억해야 합니다. 부부에서 부모로 가는 길목에 현실적인 장애물은 분명히 있습니다. 하나님이 도우시니 무조건 그냥 낳아보라는 말도 아닙니다. 하지만 부부에게 부모가 되라고 명하시는 하나님은 사명을 주실 때 감당할 수 있는 능력도 함께 주시는 분임을 기억하라고 말씀드리고 싶습니다 (참고. 출 36:1). 현실의 높은 벽 때문에 미래가 불투명해 보일지라도 하나님이 그 벽 너머에 계심을 신뢰하는 것이 믿음입니다. 보이지 않는 것들을 실제가 되게 하시는 하나님을 미련해 보일만치 신뢰하며 부모의 자리로 나아가야 합니다. 혹 주님께서 질병과 말 못 할 상황으로 부모가 아닌 부부에 머물러 사명을 감당하도록, 만약 아이를 갖지 못하는 경우 판단과 권면보다 따뜻한 위로를 건네는 온기가 있어야 합니다.

2) 부모가 자녀 교육의 주체입니다.

성경은 하나님을 경외하고 율법을 준행하는 자녀 교육의 책임을 부모에게 지우고 있습니다. 쉐마 명령으로 유명한 신명기 6장 4~9절 말씀은 부모가 자녀 신앙 교육의 주체라고 분명히 말합니다. 우리 자녀가 하나님을 경외하고 이웃을 사랑하는, 교회를 위해 헌신하고 사회에 이바지하는 미련한 신자가 되도록 준비시킬 사명이 부모에게 있습니다. 기독 부모에게 드리는 조언은 다음과 같습니다.

(1) 아빠는 제사장!

'왔다. 아는(아이는 뭐해?), 자자'로 대변되는 베이비부머 세대의 투박한 아버지는 신자 가정에 더 이상 없길 바랍니다. 인내와 성실함으로 자녀들의 신앙을 살피고 증진시킬 의무가 누구보다 아빠에게 있습니다. 쉐마명령의 1차 대상은 이스라엘의 아버지들입니다.

(2) 엄마라는 새이름

아내의 전향적인 자세가 필요합니다. 세상은 육아를 여성의 종말, 경력 단절, 자아의 소멸이라 말하며 아내들을 위협합니다. 아닙니다. 오히려 'OO엄마'라는 새로운 정체성을 얻는 일입니다. 자신의 복지와 자아실현보다 양육의 가치를 더 우위에 두는 헌신적인 엄마를 통해 아이는 신앙 안에서 무럭무럭 자랍니다. 아들을 보내신 사랑, 자신의 지위와 능력을 내려놓은 그리스도를 희생하는 엄마로부터 배울 것입니다. 양육하고 가르치는 거친 수고를 기꺼이 감당하는 엄마야말로 가정을 유복하게 하는 현숙한 여인입니다(참고. 잠 31장)

(3) 가정 성경 읽기

가족 경건을 위해 가정예배만큼 좋은 수단은 없습니다. 아주 유익한 도구입니다. 부모와 함께 집에서 갖는 정기적인 예배 경험은 자녀의 신앙을 형성하는 중요한 실천입니다. 문제는 현실입니다. 가족 구성원마다 너무 바쁩니다. 맞벌이가 대부분인 부부가 일과를 조율해 시간을 함께 보내는 일이 마냥 쉽지만은 않습니다. 자녀가 조금만 커도 학교와 학원 일정을 소화하기에도 벅찹니다. 게다가 예배를 잘 인도해야 한다는 거룩한(?) 압박감 때문에 가정예배 자체를 포기하는 경우도 발생합니다. 이런 상황에서 가정 성경 읽기는 가장 현실적인 대안입니다. 매일 할 수 있다면 좋겠지만 그렇지 못할 경우 주일 하루만이라도 해봅시다. 일부러 시간을 내지 말고 저녁 식사 시간을 활용한다면 금상첨화입니다. 식구가 둘러앉아 따뜻하게 지은 밥을 먹고 하나님의 양식도 함께 섭취한다면 소통과 신앙 성숙 두 마리 토끼를 다 잡을 수 있습니다. 네덜란드 개혁교회의 성도들은 거의 매일 저녁 식사 후 함께 성경을 읽고 서로의 생각을 나눈다고 합니다. 주일 저녁에는 설교를 리뷰하며 서로 대화합니다. 함께 성경 읽는 가정, 얼마나 아름다운가요.

(4) 함께 드리는 공예배

일정 규모 이상의 교회라면 체계적인 주일학교(교회학교) 시스템을 갖고 있습니다. 아이들은 발달 수준에 따른 세분화된 커리큘럼 아래 성경, 교리, 교회 역사, 그리스도인의 삶을 배울 수 있습니다. 주일학교의 장점과 필요성을 말하려면 지면을 다 할애해도 모자랍니다. 다만 아쉬운 점은 한 가족이 한 교회에 출석하지만 한 말씀, 한 설교로 대화할 수 없다는 점입니다. 함께 들은 말씀을 기억하며 내용을 정리하고 나름의 적용과 다짐을 나누며 소통할 기회가 현대 기독 가정에게는 잘 주어지지 않습니다.

　얼마 전 만난 둘째 녀석의 친구는 담임목사님 성함을 모른다고 합니다. 청소년 예배만 나가기 때문입니다. 함께 예배드려봅시다. 공예배 시간 온 가족이 같이 앉아 한 말씀을 들어봅시다. 아직 어린 자녀라면 쉽지 않겠지만 발달에 따라 적절히 지도한다면 언젠가 함께 드리는 공예배의 기쁨을 맞이할 것입니다. 미취학 아동의 경우 예배 시간에 자기 본능을 절제하며 집중하는 훈련을 해봅시다. 조금씩 더 앉아 있기, 점점 간식을 멀리하기 등입니다. 글을 알기 시작하면 설교 중 들리는 단어, 문장을 받아쓰기하도록 격려해보십시오. 조금 더 성장하면 아이가 생각한 오늘 설교의 핵심을 한 문장으로 표현하게 하고 칭찬해주십시오. 일련의 과정을 지나며 자녀들은 예배하는 기쁨뿐만 아니라 심령에 뿌려진 말씀이 결실하는 복을 누릴 것입니다. 물론 말과 글의 핵심을 파악하고 자기 생각을 표현할 수 있는 능력은 덤입니다. 또한 함께 공예배 드리기는 교회적으로도 유익한 일입니다. 사회보다 더 빨리 초고령화를 겪는 교회입니다. 당장 이번 주 예배하는 성도의 평균 나이를 살펴보십시오. 상당히 높다는 사실을 알 수 있을 것입니다. 그런 예배 자리에 다음세대가 앉아 있는 자체로 귀한 일입니다. 설교 시간에 떠들기라도 한다면 더 좋은 일입니다. 그 교회는 늙어 죽어가는 교회가 아니라 새 생명이 약동하는 교회이기 때문입니다.

나가면서

즐거운 나의 집은 서로 사랑하고 인내할 때, 슬픔을 위로하고 지친 가족을 격려할 때 꽤나 성취할 수 있습니다. 그러나 우리의 목표는 그곳이 아닙니다. 하나님이 주인 되신 가정, 하나님이 남편이고 아버지이신 가정, 하나님이 영광을 받으시는 집을 꿈꿉니다. 하나님으로 즐거운 나의 집(Home Sweet Home in God)이 우리의 소망입니다. 이는 우선순위가 바로 설 때 비로소 실현 가능합니다. 하나님이 우리 부부 사이에, 부모 자식 관계 속에서 계셔야 할 곳에 계실 때 이룰 수 있습니다. 시대의 기독 지성 C.S. 루이스(C.S. Lewis)가 1952년 존슨 부인에게 보낸 편지의 한 자락을 소개하며 마무리하려 합니다.

"When I have learnt to love God better than my earthly dearest, I shall love my earthly dearest better than I do now. ... When first things are put first, second things are not suppressed but increased."

"내가 이 땅에서 가장 사랑하는 이보다 하나님을 더 사랑하는 법을 배울 때, 내가 가장 사랑하는 이를 지금 보다 더 사랑하게 될 것이다. … 중요한 것들을 우선시할 때, 부차적인 것들은 억제되기보다 더 확대된다."

하나님 사랑 안에서 서로 사랑하는 가정을 꿈꿉시다.

나눔을 위한 질문

1. 기독인의 건강한 연애를 위해 고려해야 할 것들을 생각해봅시다. 그리고 우리 자녀에게 어떻게 말할 것인지 이야기해봅시다.

2. 만약 내 자녀가 불신 연인과 결혼하겠다고 찾아오면 어떻게 할 것입니까? 또 그런 상황을 만났을 때 교회가 어떤 도움을 주길 원하는지 나누어봅시다.

3. 하나님이 부부에게 부여하신 질서를 깨뜨린 경험과 반면 잘 세웠던 부분을 생각해보고 부부간에 대화해 봅시다.

4. 자녀를 출산하면서 가졌던 신앙적인 결단이 있었나요? 떠올리며 이야기해봅시다. 지금 그 다짐을 실천해 가고 있는지 점검해 봅시다. 혹시 없거나 기억이 나지 않는다면 지금부터 자녀를 위해 실천할 신앙적 결단을 나눠봅시다.

5. 가족이 함께 성경을 읽을 의향이 있으신가요? 일주일, 한 달, 일 년 계획을 세우고 가족이 함께 계획표를 만들어 봅시다.

교회개혁, 이렇게 하자

*

황원하 목사(산성교회 담임)

고려신학대학원(M.Div.)과 University of Pretoria(Th.M., Ph.D., 신약학)를 졸업했다. 신약 주
석 집필과 한국형 개혁교회 건설에 관심이 있다.

들어가면서

오늘날 많은 기독교인은 한국교회가 개혁되어야 한다고 주장합니다. 심지어 비기독교인조차도 그렇게 생각합니다. 하지만 구체적으로 어떻게 개혁해야 할 지에 관해서는 의견이 갈립니다. 교회개혁에서 가장 중요한 요소는 성경을 정확하게 해석하여 바른 교훈, 즉바른 교리를 정립하는 일입니다. 이것은 신학자들의 주된 과제이며, 목회자들이 가장 긴요하게 여겨야 할 사안입니다. 그리고 교인들 역시 이 일에 지대한 관심을 가져야 합니다. 다음으로 중요한 요소는 윤리를 회복하는 것입니다. 계명을 삶에서 실천하는 일은 대단히 중요합니다. 주님은 우리가 "세상의 소금이며 빛"이라고 말씀하셨습니다(마 5:13-14). 그리고 야고보는 "행함이 없는 믿음은 그 자체가 죽은 것"이라고 말했습니다(약 2:17). 그렇다면 교회개혁을 위해서 교리를 정립하고 윤리를 회복한 후에 해야 할 일은 무엇일까요? 또한, 교리와 윤리의 개혁을 명확하고 효과 있게 수행하는 데 필요한 일은 무엇일까요? 그것은 교회의 구조와 조직을 제대로 구축하는 것입니다. 저는 이를 위해서 교회가 다음과 같은 변화를 도모해야 한다고 생각합니다.

1. 총회 총대 구성

교회개혁을 논하면서 먼저 관심을 두어야 할 대상은 '총회'입니다. 총회의 결정 사항은 개 교회에 큰 영향을 미칩니다. 즉 교회의 구조적 변화는 총회에서부터 시작됩니다. 그런데 총회가 바로 세워지려면 총대가 잘 구성되어야 합니다. 총회는 총대들의 구성으로 성격이 형성됩니다. 어떤 사람이 총대로 가느냐에 따라 어떤 총회가 되느냐가 정해집니다. 저는 총대들의 구성이 총회의 발전을 좌지우지하기 때문에 이에 관한 진지한 논의가 있어야 한다고 생각합니다. '유비'를 들어봅시다('유비'이므로 모든 것을 그대로 적용해서는 안 됩니다). 국민이 지역을 대표하는 국회의원을 선출할 때 그 지역에서 나이가 제일 많고 돈이 제일 많으며 제일 오래 살았던 사람을 뽑으면 될까요? 당연히 안 됩니다. 정상적인 유권자라면 그런 사람을 뽑을 생각조차 하지 않습니다. 상식적인 유권자들은 그런 조건과 관계없이 자기 지역을 발전시킬 만한 충분한 자질과 능력을 갖춘 사람을 검증하고 엄선하여 국회의원으로 선출합니다. 그렇다면 총회에 보낼 총대 선출을 생각해 봅시다. 각 노회에서는 노회를 대표하는 총대를 선출하여 총회에 보냅니다. 투표는 무기명으로 진행됩니다. 노회에 참석한 사람들이 누구를 찍었는지 아무도 모릅니다. 총회 총대 후보는 모든 노회원 목사와 노회에 총대로 파송된 장로들입니다. 하지만 실제로는 아무나 총대가 되는 것이 아닙니다. 관행으로 굳어진 것은 노회 서열(?)에 따라 총대로 선출된다는 점입니다. 어느 정도 규모 있는 교회에서 시무하며 나이가 적당히 들었고 노회 임원을 역임한 목사나 장로라면 총대로 선출될 확률이 높습니다. 저는 나이든 분들을 무시하는 것이 아닙니다. 그들에게는 지혜가 있습니다. 생각도 깊습니다. 인생을 오래 살면서 많은 것을 배웠고 터득했기 때문입니다. 따라서 나이가 든 분들이 총회에 총대로 가서 일하시는 것에는 문제가 없습니다. 그러나 나이 든 분들만을 총대로 선출하는 것이 최상일까요? 그래서 저는 다음과 같이 제안합니다.

1) 총대 숫자 축소

제일 먼저 주장하고 싶은 것은 총대 숫자를 대폭 줄여야 한다는 점입니다. 현재 고신교단 총대 수는 500명이 넘습니다. 물론, 큰 교단의 총대 수는 훨씬 많습니다. 현재 우리나라 국회의원 수가 300명이 안 됩니다. 현재 많은 국민이 국회의원이 많다고 생각하고 있습니다. 그래서 의원 숫자를 줄이겠다는 공약이 연이어 나오고 이에 관한 국민 청원도 끊이지 않고 있습니다. 저는 고신교단 총대가 이렇게 많이 필요한지 의문입니다. 제가 알기로 상당수 총대는 총회에서 별 역할을 하지 않고 있습니다. 발언 한번 제대로 하지 않는 이들이 부지기수입니다. 다들 부서에 소속되어 있으나 모두가 활동하는 것도 아닙니다. 저는 전문성을 가진 '소수의 필수 인원'이 총대로 구성되어 상정된 의제들을 심도 있게 심의하고 결정해야 한다고 생각합니다. 이는 총회를 효율적으로 운영할 수 있게 하고 결국 총회의 발전을 이룰 수 있게 할 것입니다.

2) 다양한 목사들

총대 구성에서 노회의 대표를 반드시 보내면 좋겠습니다. 노회의 입장을 제대로 전달하고 다른 노회나 여러 부서에서 올라온 의제들을 정밀하게 검토할 수 있는 분들을 보내는 것이 바람직하다고 생각합니다. 이들에 대해서는 투표하지 않는 것이 어떨까요? 저는 노회장과 장로 부노회장이 당연직으로 총대가 되는 것이 좋다고 생각합니다. 또한 총대를 구성할 때 작은 교회 목사들도 포함하면 좋겠습니다. 지금은 주로 큰 교회 목사들이 총대가 선출됩니다. 하지만 저는 개척교회 목사들, 작은 교회 목사들 그리고 농어촌교회 목사들도 총대가 되어야 한다고 봅니다. 그들의 입장을 청취하고 그들이 가진 생각을 반영하는 총회가 되어야 한다고 생각합니다. 큰 교회 목사와 작은 교회 목사 사이에는 차별이 없습니다. 모두가 같은 목사입니다. 더군다나 일반적인 교회에서 목회하는 목사들 외에 특수 분야에서 봉사하는 목사들도 총대로 가는 것이 바람직하다고 생각합니다. 이들의 목소리가 총회에서 반영되었으면 합니다. 병원(요양원), 교도소, 보육원, 학교, 신학교, 선교단체, 복지단체, 이주민 단체 등 특수 분야에서 일하시는 이들에게서 발전적인 제안을 기대할 수 있습니다. 오늘날 이런 분야들은 굉장히 중요하기 때문에 총회가 이 분야에서 일하는 분들의 주장을 귀담아들을 필요가 있습니다. 만일 총회가 이들을 총대로 받기 어렵다면 이들로 구성된 별도의 위원회를 만들 수 있습니다. 총회는 이 위원회에 교단의 발전을 위한 전문적인 제안서를 만들어 달라고 요청하거나 특정한 일을 위임할 수 있습니다.

3) 전문성을 가진 장로들

총회 의제 가운데에는 상당히 전문적인 식견을 요구하는 것들이 있습니다. 따라서 각 분야의 전문가들을 총대로 보낼 필요가 있습니다. 특히 장로들 가운데는 전문성을 갖춘 이들이 많습니다. 그런 장로들을 총회에 보내 발전을 꾀해야 합니다. 저는 한때 총회 '인재풀 운영위원회'의 전문위원(서기)으로 일한 적이 있습니다. 제가 파악한 바로는 고신교단에 장로 인재들이 대단히 많습니다. 이분들을 적극적으로 활용해야 합니다. 필시 장로 총대의 조건으로 전문성이 가장 중요하다고 생각합니다. 이들이 총회의 총대로 가지는 못하더라도 최소한 특정 부서나 위원회에서 전문위원으로 활동한다면 교단이 지금보다 훨씬 나아질 것이라고 확신합니다. 전문성을 가진 장로들이 총회에서 활동할 기회를 얻는 것은 어떤 면에서 그들이 원하는 것이 아닐 수도 있습니다. 그들은 지금 사회에서 가장 바쁘게 살아가고 있기 때문입니다. 하지만 총회가 이들에게 활동을 요청해 주면 좋겠습니다. 이들의 능력과 자질을 활용해야 합니다.

4) 젊은 목사들과 장로들

현재 총대들의 평균연령은 너무 높습니다. 앞에서 말했듯이, 나이든 분들에게는 여러모로 장점을 갖추고 있습니다. 분명히 나이가 많다고 해서 그 자체로 문제가 되는 것은 아닙니다. 하지만 아무래도 젊은 사람들이 가진 참신함과 창의성을 가지기는 힘듭니다. 저는 젊은 목사들과 장로들을 일정 부분 총대로 보내서 그분들이 가진 생각을 표현하게 해야 한다고 봅니다. 30대 중반에서 50대 초반 사이의 목사와 장로가 총대에 포함되면 좋겠습니다. 이들이 가지고 있는 시의적절한 아이디어와 전문적이고 혁신적인 역량을 교단을 위해 사용할 수 있게 하면 교단이 훨씬 더 발전할 수 있으리라 생각합니다. 지금까지 이들은 대체로 교단의 일에 무심했거나 활동을 하고 싶어도 하지 못했습니다. 하지만 이제는 교단이 이들을 독려하여 교단을 위해 봉사할 수 있게 해야 합니다. 기우이길 바라지만 젊은 사람들을 무시하지 말아야 합니다. 미국의 오바마는 40대에 대통령에 당선됐습니다. 상당수 선진국의 통치자들이 40~50대입니다. 오늘날 기업의 CEO 가운데 젊은 사람이 많습니다. 젊은 것은 무능한 것이 아닙니다.

5) 여성 지도자들

여성의 총회 참석에 대해서도 거론하고자 합니다. 한국교회에서 여성의 역할은 매우 큽니다. 여성도들 때문에 한국교회가 이렇게 발전했다고 해도 과언이 아닙니다. 따라서 이들의 목소리를 듣는 것이 필요합니다. 그러나 고신교단은 여성에게 목사와 장로의 직분을 수여하지 않기 때문에 이들의 의견이 반영되기가 아무래도 어렵습니다. 따라서 여성도들을 특별회원으로 받아 발언권이라도 주어서 그들의 입장을 경청하는 일이 필요합니다. 만일 이렇게 한다면 교단이 비약적으로 발전할 것입니다. 이제는 여성도들의 참정권(?)을 보장해 주어야 합니다.

결어 : 노회원들의 의식 변화

다시금 말하지만, 총대의 구성은 총회의 발전을 결정합니다. 총회가 이를 검토해 주시길 당부드립니다. 만일 총회가 위 제안을 받아들이기 어렵다면 노회가 진취적으로 그리고 발전적으로 총대를 선출하면 됩니다. 대승적으로 생각해 주십시오. 인재를 등용해 주십시오. 기존 총대 파송의 관행에서 벗어납시다. 총대로 가는 것을 무슨 벼슬이라도 얻는 것으로 생각하지 맙시다. 특별히 총회가 마치지도 않았는데 중간에 아무런 이유 없이 귀가하는 총대들에 대해서는 지급했던 여비를 환수합시다. 그리하여 더욱 진중하고 발전적인 총회가 되게 합시다.

2. 담임목사 청빙 문화 개선

교회를 개혁하기 위해서 가장 중요하게 여겨야 할 요소는 담임목사입니다. 최근 기독교보(1563호)는 담임목사가 되기를 희망하는 부목사들의 '자기소개서'를 보내달라는 글(社告)을 실었습니다. 기독교보는 담임목사 청빙을 고민하는 교회를 위해 교단의 부목사들을 소개하는 자리를 마련했다고 밝혔습니다. 담임목사 청빙이 교회의 가장 큰 현실 과제이거나 조만간 맞닥뜨릴 미래지만 막상 목사가 교회의 청빙을 수동적으로 기다릴 수밖에 없는 형편이니 부목사들이 자신의 비전과 역량, 다짐 등을 적극 소개하는 지면이 필요하다는 것입니다. 그 이후 기독교보(1564호)는 전국장로회연합회가 '담임목사 청빙 모델'을 제시하는 사업을 전개한다는 내용의 대담 형식 기사를 실었습니다. 전국장로회연합회는 총회에 담임목사를 청빙하는 절차나 시스템이 없다 보니 개 교회가 담임목사를 청빙할 때 어려움을 겪는다고 주장했습니다. 그리하여 담임목사 청빙이 잘되면 교회가 바르게 세워지기도 하지만 그렇지 않으면 다툼과 분열이 일어나기도 하기에 담임목사 청빙 모델 제시가 필요하다고 밝혔습니다. 저는 이러한 취지와 운동에 공감합니다. 하지만 이를 추진할 때 유념해야 할 점들이 있습니다.

1) 목사의 자질 향상

목사는 교회의 부름을 받을 수 있도록 자신을 철저히 훈련해야 합니다. 교인들은 목사를 청빙할 때 기대감을 하고 있습니다. 따라서 목사는 준비되어야 합니다. 말씀을 정확하고 올바르게 전하기 위해서 열심히 공부해야 합니다, 훌륭한 인격과 성품을 소유해야 합니다. 지도력을 연마해서 교회를 잘 이끌어갈 수 있어야 하는데 특히 교인 전체를 아우를 수 있어야 합니다. 비전과 안목을 지녀야 합니다. 추진력과 행정력을 갖추어야 합니다. 갈등과 위기를 지혜롭게 극복할 수 있도록 역량을 갈고닦아야 합니다. 이외에도 목사가 훈련해야 할 영역은 많습니다. 물론 목사가 모든 것을 완전히 구비할 수는 없습니다. 하지만 끊임없이 훈련해야 합니다. 하나님은 그러한 목사를 사용하실 것이며 교인들 역시 그러한 목사에게 자신의 영혼을 맡길 것입니다. 자신을 담임목사로 불러주실 교인들의 뜻과 바람을 흐리지 않도록 준비해야 합니다.

2) 목사에 대한 존중과 배려

교회는 목사를 존중하고 배려해야 합니다. 목사는 하나님의 부르심을 받아 신학교에서 공부하고 여러 교회에서 교역자로 지내며 다양한 훈련을 받은 사람입니다. 즉 말씀을 바로 전하고 교인을 제대로 양육하기 위한 수련을 쌓은 사람입니다. 저는 목사라고 해서 특별한 존재라고 생각하지 않습니다. 하지만 '목사'라는 직책은 하나님께서 제정하신 특별한 직분이니 귀하게 여겨야 합니다(물론 다른 직분도 소중합니다). 이런 면에서 교회는 담임목사를 청빙할 때 그의 인격과 명예를 손상하지 않도록 주의해야 합니다. 목사를 '청빙'한다고 해 놓고서 '채용'하듯이 함부로 대하지 말아야 합니다. 목사에게서 서류를 받을 수는 있으나 비밀을 보장해야 합니다. 청빙위원 가운데 청빙 대상자의 신상을 발설하는 경우가 있는데 그러지 말아야 합니다.

3) 총회의 목사 청빙 메뉴얼

총회는 담임목사 청빙 매뉴얼이나 시스템을 마련해야 합니다. 물론 담임목사 청빙은 개 교회의 일이고, 교회마다 다른 전통과 상황이 있다가 보니 청빙 절차를 획일화할 수 없습니다. 하지만 총회가 보편타당한 지침을 제공해 주면 교회가 적절히 활용할 수 있으리라 생각합니다. 또한 전국장로회연합회는 자신들이 계획한 대로 담임목사 청빙 모델을 계속해서 발굴해 주어야 합니다. 앞에서 말했듯이, 담임목사 청빙은 교회의 가장 중요한 현실적 과제이며 미래적 사안입니다. 더욱이 목사 청빙을 장로들이 앞장서서 하고 있으므로 연합회가 장로들에게 합리적이고 실제적인 지침을 소개해 준다면 청빙을 계획하는 교회에 큰 유익이 될 것입니다. 그리고 기독교보 역시 부목사들의 자기소개서를 받고 있으니 신뢰할 수 있는 정보를 제공함으로 훌륭한 인재들이 널리 알려져서 각 교회의 담임목사 청빙에 도움을 주기를 바랍니다.

3. 직분관 이슈

하나님께서는 직분자를 통해서 교회를 다스리시기에 직분자에 관한 논의가 매우 중요합니다. 직분자는 하나님의 뜻을 드러내는 직무를 수행합니다. 최근 고신교단을 비롯하여 한국교회는 직분에 대해 다소 변화된 모습을 보이고 있습니다. 그렇기에 직분에 관해 발전적 토의를 하는 것은 꼭 필요합니다. 현재 논의되고 있는 직분자 이슈와 관련해서 다음과 같이 제안합니다.

1) 서리집사

교인이 되면 얼마 후에 서리집사가 됩니다. 사실상 웬만한 교인은 다 서리집사입니다. 교인에게 서리집사 직분을 주지 않으면 섭섭해할 수 있고 게다가 우리나라 현실에서 서리집사를 주지 않으면 마땅히 부를 호칭이 없으니 일견 이해할 만합니다. 그러나 직분을 봉사직으로 여긴다면 무작정 서리집사를 주는 것은 문제입니다. 이것은 마치 어떤 사람이 교회에 오자마자 일을 시키는 꼴입니다. 오히려 우리는 새로 온 교인이 편하게 교회 생활을 할 수 있도록 배려해주어야 합니다. 사실 교회에서 서리집사를 남발할 이유가 없습니다. 서리집사는 집사(장립집사)가 부족해서 생겨난 현상입니다. 따라서 집사가 부족할 때만 서리집사를 세우는 것이 좋겠습니다. 오늘날 교회가 무작정 서리집사 직분을 주는 것은 바람직하지 않습니다.

2) 명예 집사와 명예 권사

이전에 고신총회 헌법은 집사와 권사의 명예직을 금지했습니다. 그러나 이번에 개정된 헌법은 명예직을 허용했습니다. 저는 왜 이렇게 바꾸었는지 이해하지 못하겠습니다. 직분을 유교적 서열로 이해했기 때문이 아닐까요? 직분자는 '종'입니다. 물론 여기서 종이란 '그리스도의 종'입니다. 직분자는 그리스도께서 위임하신 일을 수행하는 가운데 고난과 희생도 달게 받아야 합니다. 그런데 '명예 종'이라니, 이게 말이 됩니까? 더군다나 현실을 생각해 보십시오. 각 교회가 명예 집사나 명예 권사를 주는 규정을 어떻게 마련할 것이며 또 그것을 실행하는 과정에서 일어날 수 있는 혼란이 얼마나 크겠습니까? 더욱이 언젠가는 명예 목사와 명예 장로도 세우자고 하지 않을까요? 그리고 명예 직분을 받은 사람이 다른 교회로 이동(이명)했을 때 과연 그 직분을 그대로 유지할 수 있을까요? 교회가 평생을 직분 없이 잘 섬긴 분들에게 귀한 대접을 하는 것은 마땅하지만 이런 식으로 하는 것은 옳지 않습니다. 다른 방식으로 그들을 존중해 드리는 것이 낫습니다. 명예 집사와 명예 권사에 대한 규정은 철회되어야 합니다.

3) 여성 목사 안수와 교수 연구보고서

최근 고신교단을 비롯하여 한국 교계에서 여성 목사 안수가 큰 이슈로 등장하고 있습니다. 이 일은 앞으로 계속해서 화두가 될 것입니다. 여성 목사 안수 문제를 논하려면 먼저 성경의 가르침을 살펴야 합니다. 그런데 목사직에 관련된 성경 본문들을 해석하는 일이 만만치가 않습니다. 이 본문들에 대한 학자들의 해석은 제각각입니다. 그래서 총회에서 이런 일을 다룰 때 신학 교수들에게 연구보고서를 제출하라고 요구합니다. 하지만 교수들 역시 이 문제를 해결하기가 쉽지 않습니다. 더군다나 교수들은 교단에 소속되어 있기에 소신껏 연구해서 결과물을 제출하기가 어렵습니다. 괜히 교단의 다수와 다른 의견을 냈다가 곤란한 일이 생길 수 있기 때문입니다. 그러므로 교수들에게 연구를 요청하려면 그들의 학문적 독립성을 보장해 주어야 합니다. 이런 일로 교수들이 일절 어려움을 당하지 않게 해 주어야 합니다.

4) 목사 정년 연장

최근 여러 교단이 목사 정년 연장을 논의하고 있습니다. 그러나 이건 말도 안 되는 일입니다. 이런 논의를 왜 하는지 이해하지 못하겠습니다. 목사 정년 연장을 주장하는 이들은 다양한 이유를 댑니다. 성경이 은퇴를 언급하지 않는다느니, 요즘은 70세라도 건강하다느니, 오히려 경험이 많으니 목회를 더 잘할 수 있다느니, 은퇴하고 나면 할 일이 없다느니 등등. 그러나 이것들은 모두 이유가 되지 않습니다. 일반인들과 비교해 보십시오. 목사들이 70세까지 직위를 가질 수 있는 것만 해도 감지덕지해야 합니다. 그리고 현재 젊고 유능한 목사들이 담임목사가 되지 못한 채 많이 대기하고 있습니다. 제발 이 문제는 더이상 논의하지 않기를 바랍니다.

4. 신학대학원 교과과정 개편

고려신학대학원(신대원)이 교과과정을 개편하고 있다는 소식을 들었습니다. 이것은 매우 고무적인 일입니다. 신대원은 목사 후보생을 길러내는 중요한 기관입니다. 그 어떤 일보다 중요한 것이 유능한 목사 배출이기에 신대원은 반드시 가르쳐야 할 과목들과 더불어 시대의 변화에 부응할 수 있는 과목들을 개설하여 목사 후보생들을 교육함으로 이 시대에 꼭 필요한 일꾼을 길러내야 합니다. 저는 신대원 교과과정 개편이 한 번으로 끝나거나 가끔 할 것이 아니라 계속해서 시행되어야 한다고 생각합니다. 그래야 변화가 끊이지 않는 세상에서 실질적이면서도 효율적으로 목회할 수 있는 일꾼을 양성할 수 있습니다. 이에 대한 저의 바람을 밝혀 봅니다.

1) 교수의 자질
과목을 개편하는 것보다 중요한 것은 교수의 자질입니다. 가르치는 선생의 수준이 학교의 수준을 결정합니다. 어떤 과목이냐는 그다음입니다. 교수가 훌륭하면 그가 가르치는 것들이 다 유익합니다. 하지만 그렇지 않으면 아무리 참신한 과목을 개설한다고 하더라도 도움이 되지 않습니다. 감사하게도 현재 우리 고려신학대학원 교수들은 높은 기량을 가지고 있습니다. 따라서 그들 자체가 훌륭한 교과목입니다. 하지만 사람이란 조금만 노력을 기울이지 않으면 금방 도태하는 존재입니다. 따라서 교수들은 자신들을 냉정하게 살펴야 합니다. 자신들이 학생들에게 진정으로 도움이 되고 있는지 그렇지 않은지를 성찰하면서 역량 개발을 게을리하지 말아야 합니다.

2) 교수 상호 간의 존중

교수들은 자기 과목에 대한 지나친 주장과 애착을 버려야 합니다. 교수가 자신이 가르치는 과목을 중요하게 여기는 것은 이해할 수 있지만 자기 과목으로 인해 다른 과목 도입의 여지를 없애버린다면 이는 발전을 저해하는 행위입니다. 어떤 교수는 다른 교수들의 의견을 듣지 않고 자기 과목을 고수합니다. 또 어떤 교수는 남의 과목을 가치 없는 것으로 판단해 버립니다. 이는 바람직하지 않습니다. 교수들은 열린 마음으로 과목들에 관해 토론해야 합니다. 제가 듣기로 현재 우리 고려신학대학원 교수들은 사이가 좋으며 서로를 존중하고 있습니다. 따라서 이 문제는 그리 염려하지 않습니다. 하지만 혹시라도 상호 간에 갈등이 생기지 않도록 주의해야 합니다.

3) 현장 목회자들의 의견 청취

교과과정을 개편할 때 교수들끼리만 의논해서는 안 됩니다. 신대원이 목사 후보생을 양성하는 곳이니 현재 목회 현장에서 고군분투하는 목사들의 말을 들을 필요가 있습니다. 교수들이 목회 현장을 모르지는 않겠으나 목회를 전업으로 하는 목사들만큼 잘 알지는 못합니다. 특히 3040세대 목사들의 의견을 들으면 좋겠습니다. 이들은 신대원 학생들보다 조금 앞선 세대니 가장 시의적절한 조언을 해 줄 수 있을 것입니다.

4) 다른 전문가들의 의견 청취

신학 분야 외 전문가들의 목소리를 듣는 것도 필요합니다. 여기서 전문가란 다양한 직군에서 연구하고 일하는 사람들을 가리킵니다. 목사는 자신이 시대의 조류와 현상을 알아야 합니다. 그래야 행정과 심방과 상담 등을 적실하게 수행할 수 있습니다. 또한 목사는 말씀을 전할 때 교인들이 살아가는 현실을 반영해야 합니다. 그래야 교인들이 말씀을 삶에서 실제로 적용할 수 있습니다. 그러므로 교수들은 어떤 과목을 개설하고 어떻게 수업을 진행할 것인지에 대하여 논의할 때 여러 분야에서 종사하는 전문가들의 소리를 들어야 합니다. 이것은 신학 외의 과목을 개설하라는 것이 아니라 세상이 돌아 가는 모습을 반영하여 가르치라는 뜻입니다.

5) 로고스 바이블 강의

이제는 '로고스 바이블'(Logos Bible Software)과 같은 프로그 램을 가르쳐야 합니다. 최근 목회대학원에서 로고스 바이블 사용법 특강을 했다는 소식을 들었습니다. 매우 잘한 일입니다. 저는 신약 학을 전공하고 한때 신대원에서 가르치기도 했기에 원어 교육을 중 요하게 여깁니다. 하지만 신대원에서 원어 교육에 너무 많은 시간을 할애하면 교과목 개편이 쉽지 않습니다. 학생들도 원어 공부가 힘들 다 보니 여기에 너무 많이 매달립니다. 목회 현장에서도 원문 독해 를 하는 게 그리 일반적이지 않습니다. 그래서 기본 문법만 가르치 고 이후 로고스 바이블 같은 프로그램 사용법을 가르치는 것이 효과 적이라고 생각합니다. 학교에서 이것을 저렴하게(혹은 무상으로) 학 생들에게 공급하고 사용법을 정규 과목으로 개설한다면 굉장히 유 익할 것입니다.

5. 디지털 행정

고신교단은 자랑할 것들을 많이 가지고 있습니다. 우리가 가진 영적, 인적, 물적 자산은 많은 이들에게 부러움의 대상이 되고 있습니다. 하지만 우리는 더욱 노력해야 합니다. 만족하는 순간에 발전이란 없어집니다. 얼마 전부터 교계는 4차 산업 시대에 교회가 어떻게 대처해야 하는지에 대한 세미나를 여럿 개최했습니다. 하지만 제가 보기에는 3차 산업 시대에 속한 것들을 여전히 시행하지 않으면서 4차 산업 시대를 논하고 있습니다. 먼저 3차 산업에 속한 것들부터 해결하고 4차 산업 시대를 대비하는 것이 바람직하다고 생각합니다.

1) 총회 행정 전산화

저는 총회가 '행정 전산화'를 구축해야 한다고 생각합니다. 교역자가 임지를 옮길 때 노회 임원회가 열리는데 이를 위한 시간과 비용이 많이 들어갑니다. 전국 노회 임원회가 이 일로 연간 소모하는 시간과 비용이 엄청납니다. 만일 교역자 이명 청원 시에 총회 홈페이지에서 청원 당사자, 양쪽 당회장 그리고 노회 서기 등 관련자가 청원이나 승인을 하면 일이 쉽게 처리됩니다. 만일 이명 과정에 문제가 있으면 임원들이 별도로 심의한 후 결정하면 됩니다. 또한 총회 사무실에 소속 증명서나 직인 증명서 같은 문서를 요청할 때도 마찬가지입니다. 지금과 같은 시대에 우편으로 문서를 받을 필요가 있을까요? '전자 문서 시스템'을 갖추면 편리할 것입니다. 그리고 각 교회가 매년 작성하는 '교인교세보고서' 역시 현재 종이에 적어서 우편으로 보내고 있는데 이렇게 문서로 제출하는 일은 제법 번거롭습니다. 게다가 실시간 변동 상황을 전혀 반영하지 못합니다. 이제는 아날로그 방식을 벗어나야 합니다. 행정을 디지털화하여 언제든지 수정할 사항이 있으면 신속하게 수정하고, 보고할 일이 있으면 재빨리 보고할 수 있도록 디지털 환경을 마련해야 합니다. 요즘 국가 행정기관에서도 웬만한 문서는 집에서 출력할 수 있게 하고 있습니다. 교단 행정 전산화는 마음만 먹으면 당장 시행할 수 있습니다.

2) 교단 주소록 어플 제작

매년 2월 말에서 3월 초 사이에 교단 주소록이 발간됩니다. 교단 주소록 발간 시점이 왜 이때인지 의문이 들지만 필시 이런 복잡한 책을 만들어야 하는 당사자들의 고초가 만만치 않을 것입니다. 연중 많은 교역자가 임지를 옮기고, 목사와 장로가 임직을 받거나 은퇴하며, 교회가 설립되거나 폐쇄됩니다. 특히 주소록이 만들어지고 한 달 조금 지나면 노회가 열리면서 전도사와 강도사가 각각 강도사와 목사가 됩니다. 따라서 주소록 제작 후 시간이 조금만 흐르면 인적 사항의 변동이 많이 발생합니다. 만일 종이책 주소록을 종전과 같이 제작한다고 하더라도 스마트폰 어플(앱)을 추가로 만들면 훨씬 효용성이 좋아질 것입니다. 주소 관련 데이터가 이미 구축되어 있으므로 어플을 만드는 것은 어렵지 않습니다. 어플은 업데이트가 쉽고 편리하기에 신상의 변동 사항을 금방 반영할 수 있습니다. 특히 종이책은 이동성이 어려워서 출타했을 때 연락처를 알려고 하면 불편합니다. 그래서 어떤 이들은 주소록을 스캐닝하여 PDF 형태로 만들어서 스마트폰 등에 저장해서 다닙니다. 그러나 어플을 만들면 이런 불편함이 깔끔하게 해소됩니다. 교단 주소록 어플은 쉽고 빠르고 정확합니다. 이 좋은 걸 왜 안 만드나요?

3) 회의는 zoom으로

이제는 각종 회의를 원격으로 하기를 제안합니다. 회의 가운데는 직접 만나서 해야 하는 것들이 있습니다. 그러나 그렇지 않은 회의도 많습니다. 그런 회의는 줌(zoom)이나 구글 미트(google meet) 같은 것으로 하면 좋겠습니다. 총회 경비 중에서 회의 비용이 상당하고, 참석자의 시간과 체력이 많이 소모됩니다. 원격 회의 활성화를 기대합니다.

4) 버추얼 캠퍼스(Virtual Campus)

최근에 외국 대학교들이 온라인 캠퍼스 형태로 한국에 진출하고 있습니다. 한국에 살면서 외국 대학교의 강의를 들은 후 그 학교의 학점을 이수하고 졸업장을 얻을 수 있게 하려는 것입니다. 강사는 본교 교수진 그대로이고, 강의 영상 품질도 대단히 훌륭합니다. 지금 이런 일이 전 세계적으로 많이 일어나고 있습니다. 특히 팬데믹 시대 이후 이런 현상은 더욱 보편화되는 중입니다. 일반대학교는 이미 오래전부터 다른 나라에 분교를 세웠는데, 점차 버추얼 캠퍼스를 만들어 메타버스 형태로 학교를 운영하고 있습니다. 따라서 이제는 외국에 가지 않고서도 외국 학교의 졸업생이 될 수 있는 시대가 됐습니다. 학교뿐인가요? 이미 대학 병원의 교수들이 멀리 떨어져 있는 환자들에게 원격 화상 진료를 하고, 심지어 원격 로봇 수술까지 시행하는 실정입니다. 고신교단은 대한민국 최고의 교수진을 보유하고 있습니다. 이미 고신대학교는 온라인 강의를 많이 개설했고, 팬데믹 시절에 고려신학대학원도 목회대학원을 온라인으로 시행하면서 좋은 반향을 일으켰습니다. 하지만 여전히 부족합니다. 온라인 학교를 더욱 활성화하면 좋겠습니다. 그래서 국내는 물론이고 외국에서도 고신대학교와 신대원의 강의를 듣고 졸업장을 받을 수 있게 하면 좋겠습니다. 오늘날 학령인구 감소로 학생 모집이 굉장히 어려운데 외국 학생을 이런 식으로 유치하는 것은 좋은 대안이 될 것입니다.

6. 교회와 선교사의 관계

선교는 교회의 본질적 사명입니다. 교회는 궁극적으로 선교하기 위해서 세워졌습니다. 즉 교회는 선교로 열매를 맺어야 합니다. 교회가 교인들을 훈련하는 목적은 결국 선교하기 위해서입니다. 한국교회는 선교사 숫자 2위(1위는 미국)라는 자부심을 지니고 있습니다. 하지만 숫자가 많은 것이 마냥 좋은 현상일까요? 선교사 숫자가 많다고 선교를 잘할까요? 오늘날 한국교회는 선교사를 많이 파송하며 선교후원금을 상당량 보냅니다. 교회가 돈을 많이 보낸다고 해서 선교를 잘한다고 평가할 수 있을까요? 교회와 선교사는 어떤 관계를 지녀야 할까요?

1) 반성과 성찰

선교에 대해서 말할 때 무엇보다도 중요한 것은 '선교의 개념' 정립입니다. 그리고 '교회가 어떤 태도와 이유로 선교하고 있는가?'에 대한 검토입니다. 즉 한국교회는 선교가 무엇인지를 알고 있는지? 그리고 선교에 있어서 바른 원칙과 질서를 고수하고 있는지를 살펴보아야 합니다. 그리고 선교사는 자신을 보내거나 후원하는 교회와 바른 관계를 유지하면서 선교 현장에서 일하고 있는지를 성찰해 보아야 합니다. 결코 교회가 선교사를 많이 보내고 후원금을 많이 낸다고 해서 선교를 바르게 하는 것이 아님을 알아야 합니다. 선교사 역시 자기가 옳다고 생각하는 대로 선교하지 말아야 합니다. 필시 선교가 무엇인지를 정확히 알아야 하며 교회와 선교사의 관계를 바르게 설정하고 정립해야 합니다. 그래야 바른 선교가 가능해집니다.

2) 교회의 지도와 선교사의 헌신

그렇다면 교회와 선교사의 관계는 어떠해야 할까요? 교회와 선교사의 관계는 단순하고 분명합니다. 교회는 선교사를 발굴하여 훈련해서 선교지로 보내야 하며, 선교사는 교회의 후원과 관리하에 선교지에서 일해야 합니다. 교회는 선교사를 보호해야 하기 위해서 영적인 지원과 재정적인 후원을 해야 하며, 선교사의 사역을 지도하고 감독해야 합니다. 그리고 선교사는 교회의 도움과 후원을 받으면서 동시에 교회의 지도와 감독에 순종해야 합니다. 다르게 말하자면, 교회는 선교사를 적당히 선정해서 후원금을 보내고 주보에 이름을 올리는 것으로 선교에 대한 책임을 다했다고 생각하지 말아야 합니다. 그리고 선교사는 선교란 자신이 알아서 하는 것이니 교회가 후원금만 보내고 간섭하거나 개입하지 말라고 주장하지 말아야 합니다. 분명히 선교의 주체는 개인이 아니라 교회입니다. 교회가 선교사를 통해서 선교하는 것이며 선교사는 교회의 파송을 받아서 선교하는 것입니다.

3) 선교사 발굴

선교가 성공하려면 좋은 선교사가 파송되어야 합니다. 그러면 교회는 어떤 사람을 선교사로 보내야 할까요? 당연히 아무나 보내서는 안 됩니다. 선교사는 상당한 역량과 재능을 갖춘 사람이어야 합니다. 선교 현장은 평탄하지 않으며 선교사의 생활 환경 역시 녹록하지 않습니다. 선교사는 최전방에서 일하기에 상당한 저항과 어려움에 직면할 수 있습니다. 따라서 선교사는 모든 면에서 탁월해야 합니다. 오늘날 상당수 선교사는 그런 능력을 지니고 선교지에 파송되어 열심히 일하고 있습니다. 그러나 안타깝게도 선교지에서 종종 무자격 선교사 혹은 불량 선교사가 문제를 일으키는 경우가 있습니다. 이것이 엄연한 현실입니다. 교회는 이런 일이 발생하지 않도록 잘 훈련된 사람을 선교사로 보내야 합니다. 선교사가 되기 위해서는 무엇보다도 사명감이 투철해야 하고, 선교에 대한 이론과 실제를 터득해야 하며, 환경 적응 능력을 갖추어야 하고, 그 나라의 언어를 익혀야 하며, 재정을 확보해야 하고, 육신과 정신이 건강해야 합니다. 또한 현지 지도자들을 학문적으로나 인격적으로 교육할 수 있어야 하고, 현지인들 간의 유대와 갈등을 조절할 수 있어야 하며, 동료 선교사들과 화합할 수 있어야 하고, 위기 상황에 대처할 수 있어야 합니다. 따라서 선교사 후보생 발굴과 훈련은 매우 중요합니다.

4) 선교사들의 후원금 모금

연말이 되면 많은 선교사가 후원 요청 편지를 보냅니다. 일반적으로 편지를 보내지만 때로 전화하기도 하고, 어떤 때는 직접 찾아오기도 합니다. 그들의 절박한 사정과 형편을 모르는 바 아니지만 교회 재정에는 한계가 있고 담임목사라고 해서 마음대로 후원을 결정할 수 있는 것도 아니다 보니 이래저래 미안하고 곤란한 경우가 많습니다. 도대체 언제까지 이런 일이 반복되어야 할까요? 저는 총회에서 파송한 선교사들이 후원금을 직접 모금하는 일이 이해되지 않습니다. 총회 선교사들은 상당한 자부심과 긍지를 가지고 선교지에서 일하고 있습니다. 그들은 인재입니다. 필시 아무나 총회 선교사가 될 수는 없습니다. 총회 선교사가 되기 위해서는 뛰어난 자질과 역량을 갖추어야 합니다. 까다로운 허입 절차를 거쳐야 하고 오랜 기간 훈련을 받아야 합니다. 그러나 그렇게 고생해서 선교사 자격을 취득했다고 하더라도 매달 일정 액수의 후원금을 확보하지 못하면 파송받을 수 없습니다. 힘든 과정을 거쳐서 선교사가 되었으면 나머지는 교단이 알아서 책임져 주어야 하는 것이 아닌가요? 총회에서 생활비를 드리는 것이 마땅하지 않습니까? 총회 다른 기관에서 일하는 직원들은 모두 생활비를 받는데 왜 유독 선교사들은 그렇게 하지 못합니까? 개 교회의 담임목사는 교회로부터 생활비를 받고, 부목사들과 직원들도 교회에서 생활비를 받는데 왜 먼 타국에서 복음을 전하기 위해 헌신하는 선교사는 직접 뛰어다니면서 모금함으로 생활비를 확충해야 할까요? 선교사가 매달 상당량의 후원금을 모금해야 하고, 그렇지 않으면 곤란해지는 상황을 이해할 수 있습니까? 더욱이 적자 계정 상태라면 은퇴한 후에도 계정을 메꾸어 넣어야 한다는 게 말이 되나요? 선교사가 선교지에서 경제적인 어려움 때문에 스트레스를 받고, 안식년으로 귀국하면 교회들을 방문하면서 지원을 부탁해야 하며, 노년이 되어도 모아 놓은 재산이 없어서 쓸쓸한 노후를 보내야 한다는 것은 가슴 아픈 일입니다.

우리는 타국에서 외로이 수고하시는 분들에게 합당한 예우를 갖추어 드려야 합니다. 총회 선교사를 후원하는 일에는 개교회주의적인 생각이 담겨 있지 않아야 합니다. 모든 교회가 연합하여 지원해야 합니다. 선교 후원을 하면서 자기 교회나 목사 이름을 드높이려 하지 않기를 바랍니다. 선교사들에게는 이름 없이 빛도 없이 헌신하라고 하면서 자기 이름을 드러내는 일에는 왜 그리 관심이 많습니까? 게다가 설마 그럴 일이 없겠지만 교회나 목사가 선교사의 재정권을 쥐고서 선교사 위에 군림하려는 태도는 전혀 옳지 않습니다. 이제는 선교사들이 스스로 후원금을 마련해야 하는 부적절한 현상은 개선되어야 합니다.

5) 선교사 안식년 제도

선교사들은 대체로 4년 혹은 6년을 선교지에서 보낸 후 고국에서

1년 정도 안식년을 가집니다. 이때 선교사들은 가족과 지인을 만나고, 후원교회들을 돌아보며, 때로 건강 검진을 받기도 합니다. 하지만 선교사들이 공부하는 경우는 그리 많지 않습니다. 저는 선교사들이 안식년에 공부하는 것이 좋다고 생각합니다. 선교지에 오래 있다가 보면 학문적인 능력을 갖추어야 할 필요성을 느낄 것입니다. 선교지라고 해서 수준 낮게 가르쳐도 되는 것은 아니기에 고국에 들어와서 공부하는 것은 중요합니다. 공부 방법에는 여러 가지가 있습니다. 신학교에서 필요한 과목을 이수할 수도 있고 총회 선교부가 선교사 교육 프로그램을 마련할 수도 있습니다. 각종 세미나에 참석해서 배울 수도 있습니다. 하여튼 선교사는 자신의 학문적 역량을 발전시키기 위해서 반드시 공부해야 합니다. 따라서 총회 선교부나 후원교회는 안식년을 맞아 귀국한 선교사가 충분한 쉼을 누리게 할 뿐만 아니라 공부할 수 있도록 배려해 주어야 합니다.

7. 미자립교회 목사의 이중직

교회개혁과 관련하여 반드시 짚고 넘어가야 할 것이 있습니다. 그것은 목사의 생활비 문제입니다. 큰 교회 목사들은 생활에 어려움이 없을 정도로 풍족한 생활비를 받습니다. 하지만 작은 교회, 개척교회, 미자립교회, 농어촌교회 목사들은 생활비 부족으로 궁핍한 삶을 살고 있습니다. 그들은 절대적 빈곤자들입니다. 요즘은 큰 교회에 재정 후원을 요청하는 일이 수월하지 않습니다. 그러므로 작은 교회 목사들이 생활비 걱정을 하지 않도록 총회 차원에서 근본적인 대책을 세워야 합니다. 이제는 그럴 때가 됐습니다.

1) 목사 생활비 호봉제

저는 교단에 속한 모든 목회자가 호봉제로 생활비(월급)를 받아야 한다고 생각합니다. 임직 연차에 따라 총회에서 생활비를 지급해야 한다고 봅니다. 즉 큰 교회에서나 작은 교회에서나 목사의 생활비가 균등해야 한다는 것입니다. 신학교를 같이 졸업한 동기임에도 불구하고 누구는 큰 교회에 청빙을 받아서 경제적으로 풍요롭게 지내지만 누구는 남의 도움을 받아야만 근근히 살아갈 수 있다는 게 바람직합니까? 이게 보편교회 정신인가요? 이것은 성경의 균등하게 하는 원리에 맞지 않으며 인간적인 도의에도 어긋납니다.

저는 목사의 생활비가 공무원이나 교사처럼 '호봉제'로 바뀌어야 한다고 생각합니다. 그렇게 되면 목사들이 큰 교회와 작은 교회를 가리지 않고 자기 성향에 맞는 곳에 가서 목회할 수 있을 것입니다. 물론 목사 생활비 호봉제를 시행하기 위해서는 제도적 보완책이 필요합니다. 예를 들어, 목사가 게을러질 수 있습니다. 또한 교회 규모에 따라 판공비 등의 차이가 있을 수도 있습니다. 그러나 이러한 점들은 세부 지침을 만들면 됩니다. 시행하기 어려운 일이 아닙니다. 목사 생활비 호봉제를 시행하여 큰 교회 목사와 작은 교회 목사 사이에 경제적인 차등이나 차별이 없게 해야 합니다.

2) 목사의 이중직 허용 근거

저는 목사 생활비 호봉제를 당장 시행하지 못한다면 적어도 목사가 다른 직업을 가져서라도 생활비를 충당할 수 있게 해야 한다고 생각합니다. 현재 한국의 상당수 교단은 목사의 이중직을 허용하지 않고 있습니다. 하지만 저는 미자립교회 목사의 이중직을 허용해야 한다고 봅니다. 우선 목사의 이중직은 성경적으로 문제가 없습니다. 바울은 고린도에서 1년 6개월간 머물면서 복음을 전할 때 아굴라-브리스길라 부부와 함께 천막 만드는 일을 했습니다(행 18:2-3). 그리고 그는 데살로니가교회에 보내는 편지에서도 자신이 자비량으로 일하면서 복음을 전한 사실을 말했습니다(살전 2:9). 게다가 성경에는 목사나 교사 혹은 복음 전도자가 이중직을 가지지 않아야 한다고 명시적으로 언급한 곳이 없습니다. 물론 어떤 사람들은 사도행전 6장에서 사도들이 기도와 말씀에 전무하겠다고 말한 것을 인용하는데 그것은 사도행전 6장의 정황을 제대로 이해하지 못한 결과입니다(여기서 그 본문을 해석하지는 않겠습니다). 이미 상당수 교단은 농어촌교회 목사들에게 영농기술 등을 가르치면서 자립 방안을 모색하고 있습니다. 또한 기관 목사들은(신학교 교수, 연구원, 총회 기관 목사 등) 사실상 이중직을 가지고 있습니다. 생각해 보십시오. 한 교회를 시무하는 목사가 다른 교회에 강사로 가서 사례비를 받거나, 신학 교수가 교회에서 별도의 사례비를 받는 것은 이중직이 아니던가요? 원고료, 강의료, 각종 후원금, 회의비 등을 받는 것은 이중직이 아닌가요? 그런데도 생활이 가장 어려운 미자립교회 목사들에게 이중직을 가지지 못하게 하는 것은 공평하지 않은 처사입니다.

3) 목사의 이중직을 허용하라

사실 목사가 전임으로 목회하다 보면 다른 직업을 가질 여유가 없습니다. 목사는 1년 365일, 하루 24시간 교회에 매여 있습니다. 즉 목사에게는 사생활이라는 것이 존재하지 않습니다. 목사는 오로지 교인들만 바라보며 사는 존재입니다. 더욱이 목사가 다른 일에 종사하면 목회에 큰 지장을 받습니다. 시간과 여력이 부족하다 보니 설교 준비에 충실할 수가 없고, 교인들이 갑자기 어려운 일을 당했을 때 살펴보기가 어려우며, 여러 행정적이고 사무적인 일들을 신속히 처리할 수도 없습니다. 그렇기에 목사는 다른 직업을 가지지 않는 것이 가장 좋습니다. 그러나 현실적으로 미자립교회 목사는 생활비 마련에 큰 어려움을 겪고 있습니다. 경제적인 면에서 볼 때 자립교회의 부교역자보다 훨씬 못한 사람들이 미자립교회의 담임목사입니다. 그들은 오로지 자립교회의 후원에 기댈 수밖에 없는 형편입니다. 그런데 후원을 요청하기가 어디 쉽습니까? 후원 요청 편지를 쓰고 전화할 때 그 심정이 오죽하겠습니까? 아무리 간곡한 마음으로 편지를 쓰고 전화를 걸어도 후원 약속을 받는 일은 어렵습니다. 그런 부탁을 받는 자립교회 목사들의 마음도 편치 않기는 마찬가지입니다. 그러므로 총회는 미자립교회 목사들이 이중직을 가지고 일할 수 있게 해 주어야 합니다. 먹고 살 방법이 없는데 '신성하고 거룩한 목회'에만 전념하라고 말하는 것은 무책임하지 않습니까?

4) 목회에 지장이 없어야 함

앞에서 말했듯이, 저는 목사가 이중직을 가지지 않는 것이 좋다고 생각합니다. 하지만 생활 대책이 없는 상황에서는 어쩔 수 없이 생활비를 벌어야 한다고 봅니다. 목사는 교인들에게 직업에 귀천이 없고 모든 직업이 신성하다고 가르치는데 목사가 세상에 나가서 어떤 일이든 하는 것이 무엇이 그리 부끄럽겠습니까? 목사 각자가 알아서 판단하면 됩니다. 미자립교회 목사도 자립교회의 목사와 마찬가지로 설교 준비 등에 부담을 느끼겠지만 아무래도 교인이 많지 않으니 심방을 비롯한 여타 업무의 부담이 적을 것입니다. 그러니 목회에 지장이 없는 범위 안에서 직업을 선택하면 됩니다. 그러나 목사가 세속 직업을 가진다고 하더라도 본분이 목회인 것을 잊지 말아야 합니다. 언제라도 교회가 자립하거나 생활 대책이 마련되면 즉시 일을 그치고 전임 목회로 복귀해야 합니다. 목사는 어쩔 수 없이 직업을 가지는 것이며 그들의 우선순위는 분명히 목회입니다. 부언하겠습니다. 총회는 미자립교회 목사의 이중직을 허용하면서 노회의 허락을 받으라는 등의 요구를 하지 않았으면 합니다. 노회가 그런 일을 판단하기도 힘들거니와 어려움을 겪고 있는 목사를 잔혹한 논쟁의 중심에 있게 하는 것은 옳지 않습니다.

나눔을 위한 질문

1. 위 제안들 가운데 자신이 속한 교회에서 적용할 만한 것은 무엇인가요?

2. 위 제안들 외에 교회가 해결해야 할 개혁 과제에는 어떤 것이 있을까요?

3. 교회를 개혁하고자 할 때 어떤 태도를 갖추어야 하며 어떤 방법을 사용해야 할까요?

4. 교회개혁에 있어서 걸림돌은 무엇이며 이를 어떻게 해결할 수 있을까요?

5. 교회개혁을 위해서 자신이 치러야 할 희생과 대가는 무엇일까요?

교육

포스트 코로나시대, 교회교육의 재탄생[1]

*
이현철 목사(고신대학교 기독교교육과 교수)
고려신학대학원(M.Div.)과 경북대학교 교육학과(M.A., Ph.D.)와 Gordon-Conwell Theological Seminary(D.Min.)를 졸업했다. 한국 기독교교육학의 확장과 실천신학의 현장성 회복을 위해 노력하고 있다.

1. 들어가면서 : 펜데믹, 변화 그리고 교육

코로나19 팬데믹으로 인한 한국사회의 변화는 일찍이 경험해보지 못한 변화의 폭과 수준을 제시해주었습니다. 특히나 교육 영역의 변화는 기술발전과 맞물려 다양한 형태와 방식들이 등장하게 되었으며, 대면 체제 중심의 전통적인 교육 장면의 변화를 초래했습니다. 교사의 교수학습 방법은 비대면 및 온라인 체제 속에서 이루어지는 상호 작용과 학생 중심의 참여 방식으로 변모했습니다. 학생들

---

1) 이 글은 이현철의 '포스트 코로나시대 교회교육 내 에듀테크(edutech)의 활용 가능성과 한계점. 고신신학 25(2023). 115-132'의 일부를 수정 보완하였음을 밝혀둔다.

은 그러한 교수학습 과정에서 주도적인 역할과 활동을 수행할 수 있는 존재들이 되어갔습니다. 교육 주체로서 교사와 학생은 자신들의 공간을 초월하여 학습을 수행하게 되었으며 그들 주변의 다양한 경계와 제한들을 넘어 소통하기 시작했습니다. 이제 전통적인 교육 체제가 전제하는 경계와 제한에서 학습 활동을 고수할 필요가 없어졌습니다. 새로운 교육 체제 속에서 그 경계를 넘나들며 학습 활동이 수행되기 시작한 것입니다. 그야말로 교육의 '재탄생'이 이루어진 것입니다.

이러한 교육의 재탄생은 에듀테크의 성장과 지원 속에서 효과적으로 진행될 수 있었습니다. 일반적으로 에듀테크(edutech 또는 edtech)는 교육(education)과 기술(technology)의 합성어로서 가상현실, 증강현실, 인공지능, 사물인터넷, 빅데이터, 클라우드, 블록체인 등을 결합한 미래 교육을 의미하는데 해당 최신 기술을 통해서 교육의 다양한 활동을 수행하고 평가하는 것입니다. 현재 에듀테크와 관련된 논의는 4차 산업혁명의 혁신 속에서 새로운 교육적 패러다임으로 자리 잡고 있습니다.

전술한 공교육현장의 변화와 마찬가지로 교회교육의 변화도 거세게 몰아치고 있습니다. 코로나 팬데믹은 한국교회 내 교회교육 사역의 시대적 변화를 요청하였으며 신앙교육에 중요성을 포기하지 않으려는 많은 시도를 수행하게 만들었습니다. 실제로 한국교회는 코로나의 엄중한 상황 속에서도 예배와 신앙교육에 대한 강조점을 소홀하게 다루지 않았으며 특별히 다음세대를 위한 신앙 양육과 신앙 계승을 위해서 에듀테크가 적용된 다양한 신앙교육 방법도 시도하였다고 볼 수 있습니다. 즉 교회교육 내에서 기존에 존재하지 않았던 신앙교육의 혁신적인 사례들이 나타나고 있으며 '교회교육의 재탄생'으로 명명하여도 손색이 없을 만한 활동들이 일어나고 있습니다. 이러한 교회교육의 혁신적 변화의 상황을 바라보면서 함영주(2021: 190)는 신앙교육에 있어 전통적 신앙교육의 측면과 혁신적인 측면을 융합하여 조화롭게 사역해나갈 것을 강조해주고 있어 흥미롭습니다.

이에 교회교육의 새로운 장으로서 에듀테크의 활용 가능성과 한계점을 탐색하여 교회교육 관련 사역자들에게 기초자료를 제공하고자 하며, 이 과정에서 고신정신(개혁신앙)에 기초한 고려사항들을 살펴보고자 합니다. 이는 코로나 시대 이후의 교회교육을 향한 의미 있는 논의가 될 것으로 판단합니다.

2. 에듀테크(edutech)는 무엇인가?

1) 에듀테크의 개념
에듀테크는 교육과 기술의 합성어로서 가상현실, 증강현실, 인공

지능, 사물인터넷, 빅데이터, 클라우드, 블록체인 등을 결합한 미래 교육을 의미합니다. 해당 최신 기술을 통해서 기존의 교육 현장에서의 한계를 극복하고자 하며 교육의 다양한 활동을 기능적으로 수행하고 체계적으로 평가하고자 추진 되어지는 것입니다. 현재 에듀테크와 관련된 논의는 4차 산업혁명의 혁신 속에서 새로운 교육적 패러다임으로 성장하고 있으며 핵심적인 가치로 자리 잡고 있습니다. 이러한 에듀테크는 현대 과학기술의 장엄한 내러티브(grand narrative of modernity)를 제공하는 것으로 상징되고 있습니다. 에듀테크와 관련된 담론은 교육 시스템을 향한 기술 개발을 보장하고, 교육 주체들의 학습에 지대한 영향을 미칠 것(McGrath & Akerfeldt, 2022: 144)으로 예상됩니다. 실제로 에듀테크는 미국과 유럽을 중심으로 성장하고 있으며 스마트러닝과 이러닝을 포함하여 기능적인 사항을 제공할 뿐만 아니라 학습자에게 최적화된 교육내용과 상호작용을 제안하여 학습의 효과를 극대화할 수 있도록 지원하고 있습니다(김예슬, 2016: 8).

전술한 에듀테크와 관련하여 한국정부는 1990년대부터 '신교육체제 수립을 위한 교육개혁 방안'을 제시하면서 미래형 IT 기반 교육 환경을 추진하여 왔으며 2011년 '스마트교육 추진 전략'을 발표하면서 본격적인 관련 환경 조성과 구축을 시도해왔습니다. 2021년에는 '2021년도 교육정보화 시행계획'을 추진하면서 미래형 ICT

(Information and Communication Technologies) 기반 교육·연구 환경을 조성하고 이를 통해 지속 가능한 교육 정보화 혁신을 이루어내며 IT를 통한 맞춤형 교육 서비스 실현을 목표로 나아가고 있습니다.

최근 정부는 '2021 에듀테크 코리아 페어·포럼'을 '에듀테크, 학습 혁신의 시작'(EdTech Unlocks Learning Innovation)이라는 주제로 2021년 9월 14일~16일 온라인으로 개최했습니다. 2021년 행사에서는 AI러닝, 메타버스, 그린스마트 스쿨, 창의융합, HRD/평생교육 등의 주제로 다양한 내용이 소개됐습니다(교육부, 산업통상자원부, 2021).

현재 전 세계적으로 에듀테크는 4차 산업혁명의 큰 물결 속에서 과학기술이 접목된 새로운 교육 플랫폼을 탄생시키고 있으며 이에 대한 교육 주체들의 변화와 적응을 강력하게 요청하고 있습니다.

2) 에듀테크의 구성요소

에듀테크의 개념에 기초하여 핵심적인 구성요소를 살펴보면 최근 가상현실, 증강현실, 빅데이터, 사물인터넷을 확인할 수 있습니다. 이는 에듀테크의 성장과 발전을 이끌어가는 주요한 요소들이 되고 있으며 이를 바탕으로 다양한 수업원리와 교수학습전략들이 논의되고 있습니다. 이 글에서는 전술한 항목 중에서도 현재 교육 현장에서 가장 관심을 받고 있는 가상현실, 증강현실, 빅데이터, 메타버스에 집중하여 논의하고자 합니다. 각 항목의 내용을 살펴보면 다음과 같습니다.

첫째, 가상현실(virtual Reality)은 컴퓨터 기술을 통해 구축된 3차원 가상공간으로 현실 세계를 대체하여 사용자를 몰입하게 하는 기술 혹은 환경으로 볼 수 있습니다. 가상현실 환경은 지금까지 교육에서 활용되어 온 멀티미디어 학습 환경을 뛰어넘어 3D 입체 환경을 통한 중다감각적 상호 작용을 가능하게 함으로써 학습자의 동기 유발은 물론이고 탐구 능력 및 문제해결 능력의 향상에 기여할 수 있습니다. 이러한 가상현실 관련 교육적 활동은 더 이상 거부할 수 있는 사항이 아니며 앞으로의 학습 환경의 변화에 적극적으로 반영되어야 함을 학계에서는 강조해주고 있습니다. 특별히 학령기 학생들을 대상으로 가상현실의 특성을 적절히 반영한 프로그램을 개발·투입하고 그 효과를 정교히 살펴볼 필요가 있음이 강력하게 대두되고 있습니다.

둘째, 증강현실(Augmented Reality)은 현실 세계에 가상의 정보를 더해주는 것으로서 가상현실과는 달리 현실 세계에 기초하여 이루어집니다. 이러한 증강현실은 기술적 구현 방법에 따라서 GPS 기반 증강현실, 마커기반 증강현실, 투과형 디스플레이기반 증강현실로 나뉩니다. GPS 기반 증강현실 기술은 Table PC와 모바일에 내재된 GPS를 통해 수집된 위치 정보를 바탕으로 일반적인 정보를 제공하는 형태입니다. GPS 기반 증강현실은 와이파이 혹은 블루투스와 같은 인터넷망을 활용하여 주변 제공정보를 통해 길 찾기, 주변 브랜드 마케팅, 모바일 광고 등에 사용되고 있습니다. 마커를 통한 증강현실은 일반적인 방법으로는 QR코드의 형태가 주로 사용되고 있는데 마커의 인식에 따라 현실 세계에 이미 설정된 정보를 증강으로 보여주기 때문에 정확한 정보 전달이 요구되는 응용 서비스에 사용되고 있습니다. 투과형 디스플레이기반 증강현실은 실제 환경에 가상으로 생성한 정보(예, 컴퓨터 그래픽 정보, 소리 정보, 냄새 정보 등)를 실시간으로 혼합하여 사용자와 상호 작용 하도록 함으로써 정보의 사용성과 효율성을 극대화하는 차세대 정보처리 기술입니다.

전술한 가상현실과 증강현실 간의 연계와 관계에 대하여서는 Milgram, P., & Kishino가 아래의 그림과 같이 직관적으로 설명해 주고 있어 개념 간 관계와 이해에 유익합니다.

셋째, 빅데이터(Big Data)는 인간의 사고방식 및 유형, 행동의 유형 및 패턴, 감성의 방향 등을 분석하여 미래의 다양한 활동들을 대비할 수 있도록 만듭니다. 미래사회에서는 방대한 데이터베이스를

현실-가상의 연속성

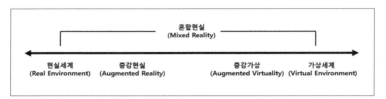

구축하고 이해하는 것은 핵심적인 역량이 될 것이며 그 중심에 빅데이터 관련 이슈들이 자리매김할 것입니다. 특별히 교육 영역에서의 빅데이터 이슈는 학습의 과정에서 학습자들의 특정 분야의 인지, 정서, 행동을 예측하도록 도와줄 수 있을 것이며 효과적인 교육방법과 성취 및 결과를 도출할 수 있도록 하는데 유익할 것입니다. 이러한 측면은 기독교 교육의 영역에서의 적용점도 제공해주는데 빅데이터의 활용을 통해서 신앙교육을 위한 맞춤형 접근의 가능성이 확보될 것으로 기대됩니다. 구체적으로 빅데이터를 활용하여 개인의 신앙상태, 신앙 수준, 관계성 등에 대한 데이터를 기반으로 성도 개인에게 맞는 맞춤형 신앙교육을 제공할 수 있을 것이며, 데이터 기반의 철저한 분석을 통한 사역 적용과 활용이 클 것으로 기대됩니다.

넷째, 메타버스(Metaverse)는 가상과 초월을 의미하는 ''메타'(meta)와 세계와 우주를 의미하는 '유니버스'(universe)를 합성한 신조어(송태정, 2015: 74)이며, 1992년 닐 스테픈슨(Neal Stephenson)의 과학 소설 '스노우 크래쉬'(Snow Crash)에서 처음 등장한 용어입니다. 메타버스는 전술한 가상현실, 증강현실, 빅데이터의 가치와 내용을 포함하여 새롭게 발전하고 있는 최신의 개념이며, 현재 지속해서 확장 및 발전되고 있는 개념이기도 합니다. 근래 메타버스에 대해 가장 세밀하면서도 학술적 접근을 취한 연구는 2007년에 소개된 미국미래가속화연구재단(Acceleration Studies Foundation: ASF)의 보고서입니다(Smart, et al., 2007).

Acceleration Studies Foundation의 메타버스 이해

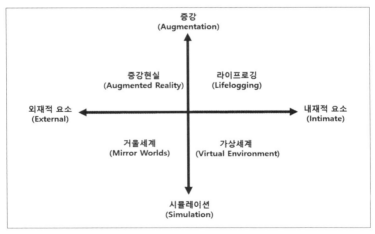

자료출처 : Acceleration Studies Foundation(2007), p.5.

ASF는 인터넷의 미래를 연구하는 '메타버스로드맵'(MetaVerse Roadmap: MVR)이라는 프로젝트를 진행했는데 이 프로젝트는 특히 가상화(Virtualization)와 3D 기술에 중심을 두어 2017년에서 2025년까지 발생할 미래에 대해 예측을 했습니다. 이 보고서에서 새로운 사회적 공간으로서 메타버스를 제안하였으며, 메타버스를 가상으로 강화/확장된 현실세계(Virtually enhanced physical reality)와 현실처럼 지속하는/영구화된 가상공간(Physically persistent virtual space)의 융복합적인 공간으로 이해했습니다.

3) 에듀테크의 성장 및 미래 전망

전 세계적으로 에듀테크의 성장은 폭발적으로 이루어지고 있으며 이는 특정한 국가에만 해당되는 사항이 아닙니다. 글로벌 시장조사 전문 기관 Holon IQ(https://www.holoniq.com/)의 2021년 자료에 의하면 지난 2010년부터 시작된 에듀테크 투자 상황은 5억 달러, 2019년에는 14배 증가한 70억 달러, 2020-2029년 사이에는 870억 달러가 투자될 것이라고 예상하고 있습니다. 그야말로 엄청난 자금이 에듀테크 시장으로 흘러 들어가고 있는 것입니다.

이러한 투자금은 다양한 교육벤처기업과 글로벌 유니콘(Unicorns) 기업을 탄생시켰으며 에듀테크와 관련된 연구와 안정적인 생태계가 조성되도록 하는 든든한 환경이 되고 있습니다. 실제로 2021년 전반기에만 새로운 에듀테크 유니콘 기업들이 나타났으며, IPO[2]를 통해 뉴욕증권거래소(New York Stock Exchange: NYSE)로 직행하고 있습니다. Holon IQ에 따르면 2021년 6월 현재 전 세계적으로 27개의 에듀테크 유니콘 기업들이 있으며, 그 가치로는 800억 달러 넘는 상황입니다(https://www.holoniq.com/).

에듀테크와 관련된 글로벌 자금 유입과 기업발전은 자연스럽게 에듀테크와 관련된 생태계의 성장을 선반영하는 모습으로 볼 수 있으며, 그와 관련된 논의가 시대적 변화 속에서 급속하게 진행되고 있음을 시사하는 것입니다.

3. 교회교육 내 에듀테크의 활용 가능성과 고신정신(개혁신앙)에 기초한 고려사항

이제 교회교육 내 에듀테크의 활용 가능성과 고신정신(개혁신앙)에 기초한 고려사항을 살펴보고, 이를 통하여 목회 및 사역 현장을 위한 기초적인 방향성을 제안하고자 합니다. 이는 최근 교회 내 에

---

2) IPO(Initial Public Offering)는 비상장기업이 유가증권시장에 상장하기 위해 그 주식을 법적인 절차와 방법에 따라 주식을 불특정 다수의 투자자에게 팔고 재무내용을 공시하는 것입니다.

듀테크 그리고 가상공간과 관련된 신학적 성찰과 논의에도 도움을 줄 것으로 기대합니다.

1) 교회교육을 위한 에듀테크 활용 가능성

에듀테크를 활용한 교회교육의 가능성은 교수-학습과 관련된 주요한 가치들을 고려할 때 의미가 크다고 할 수 있습니다. 교육의 장면은 교수자와 학습자 간의 상호작용을 통하여 이루어지며, 교수학습전략을 통한 적절한 수업의 설계 및 운용을 통해서 구현됩니다. 이 과정에서 학습자는 학습주제와 내용에 대한 몰입, 상호작용, 체험, 실습, 협동, 소통 등의 과정을 경험하면서 지식이 축적되고 성장한다고 볼 수 있습니다. 다시 말하면 학습자에게 학습주제와 내용에 대한 몰입, 상호작용, 체험, 실습, 협동, 소통 등이 원활하게 이루어질 수 있도록 잘 설계된 수업은 학습자들의 유의미한 학습의 결과를 구성케 하는 의미 있는 접근이 될 수 있는 것입니다. 그러므로 에듀테크를 활용하여 충족될 수 있을 것으로 기대되는 요소들을 살펴보는 것은 교회교육을 위한 에듀테크의 활용 가능성을 바라볼 수 있는 주요한 내용이 될 것입니다. 더불어 이는 세부적인 항목을 제한시켜 창의적인 교수학습 환경을 축소하지 않는 내용으로도 볼 수 있을 것입니다.

첫째, 에듀테크를 통한 '학습 몰입'의 측면입니다. 에듀테크를 활용한 학습활동은 학습자의 직접적인 학습 참여와 조작이 가능하기 때문에 학습자들의 학습에 대한 몰입성을 극대화할 수 있습니다. 실제로 학습자들은 고도의 컴퓨터 그래픽 상황 속 가상현실 혹은 증강현실을 경험하면서 특정한 학습 관련 미션을 수행해나가며 그 결과들을 학습자 스스로가 명확하게 인지할 수 있을 것입니다. 이는 에듀테크 환경과 체제가 전달하는 실재성을 통해서 더욱 생생한 학습 경험을 구축하게 될 것이고 이는 학습 몰입을 자연스럽게 경험케 하는 내용이 될 것입니다.

둘째, 에듀테크를 통한 '상호작용(소통) 학습'의 측면이다. 학습자는 에듀테크를 활용한 학습 환경에서 학습자와 학습자 간, 학습자와 교수자 간의 상호작용은 실시간으로 경험할 수 있습니다(한형종·임철일, 2020). 예를 들어 학습자는 자기 생각과 감정을 다양한 툴(tool)을 통해 행동, 표현, 전달할 수 있으며 그것에 대하여 즉각적인 소통과 반응을 에듀테크의 공간 안에서 확인이 가능합니다. 특별히 자기 생각을 발표하거나 표현하는 것에 부담을 가지고 있는 한국적 맥락과 풍토 속에서 전술한 상호작용적 측면은 에듀테크 체제 내 학습 과정의 큰 활용 가능성으로 판단할 수 있습니다.

셋째, 에듀테크를 통한 '협동 학습'의 측면입니다. 에듀테크를 활용한 교육적 활동은 소그룹 및 다수의 학습자와 협업을 효과적으로 수행할 수 있도록 지원합니다. 학습자들은 온라인 체제 속에서 특정한 학습 과제를 팀 미션으로 접근할 수 있으며 협업을 통해서 과제를 해결해나갈 수 있습니다. 이 과정에서 교수자는 PBL, Flipped Learning 등의 교수학습전략을 구체적으로 적용하여 에듀테크를 활용한 협동 학습의 측면을 극대화할 수 있습니다.

넷째, 에듀테크를 통한 '시뮬레이션 학습'의 측면입니다. 시뮬레이션 학습은 학습자들에게 학습과 관련된 모의 상황을 경험하게 해줌으로써 학생들의 역량을 증진하고 문제 상황에 대한 대응을 효과적으로 수행할 수 있도록 합니다. 특별히 목회 현장 및 교회교육 사역과 관련하여 특정한 신앙문제와 관련된 모의 상황을 에듀테크 환경 속에서 경험하게 한다면 성도들과 학습자들에게 실천적인 신앙과 역량을 길러주는데 유익한 접근이 될 수 있을 것입니다.

다섯째, 에듀테크를 통한 '게임 기반 학습'의 측면입니다. 에듀테크는 학습자들에게 게임 기반 학습을 제공할 수 있는 훌륭한 플랫폼이 됩니다. 코로나 상황 속에서 공교육이 수행하였던 다양한 비대면 교육 활동 중 상당수는 게임에 기초한 학습 전략이 적용되었으며 이는 저학년의 경우에 더욱 높은 비율을 차지합니다. 놀이는 학습자들의 성장과 발달에 있어 매우 중요한 활동이며 그 활동을 통해서 사회성, 신체, 언어, 정서적인 발달을 촉진할 수 있습니다. 물론 에듀테크 환경 속에서 대면적인 놀이 활동은 제한되지만 놀이의 내재적 가치의 구현은 가능한 것입니다.

〈표 1〉 교회교육을 위한 에듀테크 활용 가능성과 적용 예시

영역	활용 가능성	사역 현장 적용 예시
몰입	고도의 컴퓨터 그래픽 상황 속 학습자 직접적인 학습 참여와 조작을 통한 가능성	성경 지리 탐방, 선교지 탐방, 역사적 장소 탐방
상호작용	학습자와 학습자 간, 학습자와 교수자 간의 상호작용을 통한 가능성	성경공부, 교회학교 특별 프로그램, 가정 연계 프로그램, 부모 교실 및 세미나
협동	소그룹 및 다수의 학습자와 협업 지원 가능성	성경공부, 교회학교 특별 프로그램, 가정 연계 프로그램, 부모 교실 및 세미나
시뮬레이션	학습과 관련된 모의 상황 경험의 가능성	전도 훈련, 청소년 문제행동, 공동체 훈련 프로그램
게임	게임 기반 학습을 제공할 수 있는 효과적인 플랫폼 지원의 가능성	성경공부, 교회학교 특별 프로그램, 가정 연계 프로그램, 부모 교실 및 세미나

한편, 교회교육을 위한 에듀테크의 활용을 위해서는 학생 중심의 교수학습 전략이 전제될 필요가 있는데 이는 대표적으로 문제기반학습(Problem Based Learning), 플립러닝(Flipped Learning), 토론식 학습(Discussional Learning), 액션러닝(Action Learning), 블렌디드 러닝(Blended Leraning), 팀 티칭(Team Teaching), 게임기반 학습(Game Based Learning), 시뮬레이션(Simulation) 전략, 학습포트폴리오(Learning Portfolio) 등입니다. 해당 교수학습 전략들은 전통적인 교수자 중심의 교수학습 전략을 벗어나 학습자들의 자기주도성, 협동, 역량의 측면을 강조하며 구성되며, 에듀테크를 활용한 수업 설계의 완성도를 높일 수 있는 효과적인 전략이 될 수 있습니다.

2) 고신정신(개혁신앙)에 기초한 에듀테크 활용 시 고려사항

에듀테크는 코로나 19의 상황 속에서 교회교육 사역을 위한 흥미로운 장을 제공해주고 있습니다. 앞 절에서 논의한 학습 영역의 특성을 생각할 때 분명 사역을 위한 다양한 아이디어와 시사점을 준다고 볼 수 있습니다. 하지만 교회교육을 위한 에듀테크의 활용시 고신정신(개혁신앙)이 기초하여 고려해야 할 그리고 명확한 한계점을 인식하고 살펴볼 필요가 있을 것입니다.

구체적인 에듀테크와 관련된 논의는 아니지만 이미 신학계에도 비대면 및 온라인 이슈와 관련된 논의 속에서 비대면 가상의 신앙 활동, 온라인 예배의 정당성 여부, 온라인교회 등의 논쟁이 신학적으로 이루어지고 있다. 이에 본 절에서는 교회교육을 위한 에듀테크의 활용시 고려해야 할 사항을 제시해줌으로써 해당 신학적 논의를 위한 기초자료를 제공하고자 하며 나아가 현장 사역자들을 위한 지침을 제시해보고자 한다. 이는 실제적인 고신정신(개혁신앙)의 적용적인 의미도 가질 수 있을 것입니다.

첫째, 에듀테크를 활용한 사역의 모든 장에서 하나님의 절대주권을 선포하고, 그 영역 역시 하나님의 통치 아래에 있음을 유념해야 합니다. 에듀테크의 기술적 발전을 통해서 가상 및 증강현실의 공간이 구축되고, 현실 세계와는 다른 새로운 장이 이루어진다고 할지라도 삼위 하나님께서 모든 영역과 공간을 주권적으로 다스리시므로 에듀테크의 기술적 발전을 통해서 구축되는 어떠한 영역이라 할지라도 '그곳' 혹은 '그 시간' 역시 하나님의 통치 영역임을 기억하는 것입니다. 이러한 인식은 교회가 에듀테크를 활용한 교육적 활동을 하나님 나라 확장과 사역을 위한 공격적인 수단으로 활용할 수 있음과 더 나아가 관련된 적극적인/긍정적 입장을 취하는 전제가 될 수 있습니다. 이는 단순히 에듀테크와 관련된 사역과 활동에 대한 거부와 부정의 이분법적 입장과는 구분되는 것입니다. 교회의 사역은 우리의 삶 전 영역을 통치하시는 삼위 하나님의 주권에 기초하고 성경적 세계관을 바탕으로 비평적으로 사역해나갈 수 있는 적극적인 관점을 지향해야 하며 이는 에듀테크와 관련된 이슈와도 일맥상통하게 적용되어야 합니다.

둘째, 에듀테크를 활용한 사역은 예배와 관련하여서 한시적/제한적으로 활용되어야 함을 유념해야 합니다. 예배는 하나님의 부르심에 대한 피조물인 우리의 반응이며 이는 우리가 수행해야 할 마땅한 의무입니다. 이 예배는 하나님께서 제정하신 합당한 방법이 있으며 그 예배는 철저히 성경이 규정한 방법과 예전으로 이루어져야 합니다(웨스크민스터 신앙고백서 제21장 종교적 예배와 안식일 제1항). 다만 우리가 고민해야 할 것은 상황적 맥락 속에서 이 예배가 고려되어야 할 요소들도 있다는 것입니다. 하지만 이 상황적 맥락 역시 말씀의 일반 원칙을 따라 결정해야 하며, 교회 정치의 질서 속에서 안정감 있게 이루어져야 합니다. 그러므로 에듀테크를 활용한 예배는 그 적용 가능성에 있어 '제한적'이며, 특수한 상황을 고려하여 '한시적'으로 이루어져야 함을 분명히 인식해야 할 것입니다. 우리는 코로나 19와 같은 팬데믹 상황 속에서 예배의 소중함을 지키기 위하여 한시적/제한적으로나마 이를 힘들게 허용할 수밖에 없는 신앙의 중심을 왜곡하여 수용해서는 안 될 것입니다. 실제로 우리가 속한 고신총회는 2021년 제71회 총회에서 영상예배와 비대면 예배에 대한 분명한 신학적 견해를 밝혔으며 아주 예외적인 상황 속에서만 도움을 받을 수 있으므로 정리했습니다.

셋째, 에듀테크를 활용한 사역은 교회사역을 위한 '필요조건이지 충분조건이 아님'을 유념해야 합니다. 주지하고 있듯이 교회 사역의 핵심은 무엇보다 하나님의 백성들을 대상으로 이루어집니다. 이는 본질적으로 교회가 하나님께서 불러모으신 백성들(요 10:15~16; 계 17:14)의 모임이기 때문이며 그리스도를 머리로 그리고 그리스도의 몸(엡 1:22; 골 1:18)으로서의 공동체적 성격을 가지기 때문입니다. 이러한 교회와 교회 사역은 비대면 혹은 가상적 공간 안에서 온전히 그리고 충만하게 누릴 수 없습니다. 에듀테크가 성도들을 향한 사역적 효율과 다양한 접근을 구현하는 전략으로 '필요조건'이지만 그것에 의해서 모든 교회 사역이 '충분조건'으로서의 의미를 담보한다고 보아서는 안 될 것입니다.

넷째, 에듀테크를 활용한 사역을 위해서 사역자 및 교회학교 교사의 디지털 역량이 전제되어야 함을 유념해야 합니다. 교회사역을 위한 사역자 및 교사의 전문성에 대한 고민은 그들로 하여금 자신의 사역을 수행하는데 가장 핵심적인 요소임을 확인할 수 있습니다. 즉 사역자와 교사들은 자신의 교회 교육적인 역량에 대한 자신감 결여를 통해서 사역 내 딜레마적인 상황을 직면하고 있는 것입니다. 이 전문성과 관련된 사항에서는 교리와 신학, 교육학, 상담학, 행정 영역 등 다양한 영역들이 해당합니다. 더욱이 에듀테크를 활용한 사역을 위해서는 교육방법 및 공학적인 차원에서 사역자 및 교사들이 디지털 활용 역량도 필요하게 됐습니다. 이미 교회학교 내 학습자들은 다양한 매체와 디지털 역량이 앞서가 있는 상태이나 교사들의 디지털 역량이 학습자들의 그것과 차이가 나고 있는 현실을 바라보게 됩니다. 그러므로 기능적인 에듀테크 관련 사역을 위해서는 교육의 주체로서 사역자와 교사들이 디지털 역량을 강화하고 증진해야 함이 전제될 필요가 있습니다. 여기에는 에듀테크와 접목된 교수학습전략 구현의 전문성도 포함됩니다.

다섯째, 에듀테크를 활용한 사역은 철저한 교육 설계와 활동이 전제되어야 함을 유념해야 합니다. 에듀테크를 적용하지 않은 학습 과정에서도 학습의 성공적인 수행을 위해서는 치밀하게 설계된 수업 활동이 이루어져야 하는 데 에듀테크 활용 수업과 사역에서는 더욱더 세심한 준비와 관심이 요청됩니다. 그 이유는 에듀테크를 활용한 교육 활동의 영역이 학생 중심적인 교수학습전략의 측면과 영역을 담고 있을 뿐만 아니라 교수자가 미리 준비해야 할 내용이 많기 때문입니다. 실제로 Cuendet. Bonnard, Do-Lenh, & Dillenbourg(2013)는 에듀테크 체제 내 수업 설계가 얼마나 다양한 요소들을 고려해야 하는가를 제시해주었는데 그들은 교수자의 권한, 차시 수업 분량, 수업 콘텐츠 간의 통합, 학생 통제와 파악 등 에듀테크와 관련된 수업 설계의 치밀한 구성 및 교사의 고려사항들을 흥미롭게 제시했습니다.

4. 나가면서 : 교회교육의 재탄생과 스말로그(smalogue)

이 글에서는 교회교육의 새로운 장으로서 에듀테크의 활용 가능성과 고신정신(개혁신앙)에 기초한 고려사항을 탐색하여 교회교육 관련 사역자들에게 기초자료를 제공하고자 했습니다. 이를 위하여 국내·외 선행연구를 중심으로 에듀테크의 개념, 구성요소(가상현실, 증강현실, 빅데이터, 메타버스), 성장 과정을 분석하고, 교회교육을 위한 에듀테크의 활용 가능성으로 학습 몰입, 상호작용 학습, 협동 학습, 시뮬레이션 학습, 게임 기반 학습의 측면을 탐색했습니다. 또한 교회교육을 위한 에듀테크 활용 시 고려사항을 분석하여 하나님의 절대주권 인정, 예배와 관련된 제한성, 교회사역 내에서의 위치, 사역자 및 교회학교 교사의 디지털 역량과 전문성, 철저한 교육 설계 담보 등을 유념해야 함을 살펴보았습니다. 이러한 과정을 통하여 교회교육의 전환기를 맞이하고 있는 한국교회와 교회학교 교사 및 사역자들에게 교회교육을 위한 스말로그(smalogue)적인 사역과 방향을 제안하고자 합니다.

스말로그는 디지털 기반 스마트(smart) 교육과 전통의 대면 아날로그식(analogue) 교육을 조합한 용어인데 스말로그적 교육에서 강조하는 것은 스마트 기기와 다양한 앱을 포함한 첨단 디지털 기반 에듀테크를 활용하면서 기존의 대면적 가치들을 중히 여기는 접근이라는 것입니다. 우리가 이미 탐색하였듯이 교회교육을 위한 에듀테크의 활용 가능성은 학습 관련 몰입, 상호작용, 협동, 시뮬레이션, 게임 기반 영역 속에서 무한하게 성장 및 발전할 수 있으며 특정한 영역과 내용으로 제한하기가 불가능합니다. 더욱이 4차 산업혁명 시대에 발전하는 과학·기술은 고도화된 에듀테크의 장과 희망적인 미래를 기대하게끔 만듭니다.

하지만 그러한 에듀테크의 발전 속에서 전통적 대면 교육이 가지고 있는 아날로그적인 감성과 상호작용이 존재하지 않는 차가운 교육과 활동이라면 교회교육을 위한 에듀테크 활용 시 고려사항으로 살펴보았던 내용 모두가 한계점으로 다가올 것입니다. 특별히 삼위하나님과의 인격적인 관계 그리고 그것을 닮은 교사와 학생, 사역자와 학생 간의 관계는 최첨단의 에듀테크 기술이 대체할 수 있는 영역이 절대 아니며 대체할 수도 없는 가치들입니다. 그러므로 '교회 교육의 재탄생'을 에듀테크의 기술적인 차원에서만 고려할 것이 아니라 재탄생의 철학적 기반과 기독교 교육적 접근에 있어 스말로그(smalogue)적인 인식을 가지고 바라볼 것을 제안합니다. 이는 성경적 세계관에 기초하여 비평적으로 에듀테크의 가능성을 부정하지 않으면서도 기존의 교육적 가치와 사역적 의미를 손상하지 않는 이론적 틀이 될 수 있을 것으로 기대합니다.

나눔을 위한 질문

1. 당신은 교회교육과 관련된 사역과 활동 속에서 에듀테크를 활용해본 적이 있습니까? 에듀테크를 활용하였을 때 당신이 가졌던 생각에 대하여 나누어봅시다.

2. 교회교육 내 에듀테크를 활용한 교수-학습 전략에 대하여 나누어봅시다.

3. 고신정신(개혁신앙)에 기초한 에듀테크 활용 시 고려사항에 대하여 나누어봅시다.

4. 교회교육 내 스말로그(smalogue)적인 사역과 방향이 어떻게 이루어질 수 있는지 나누어봅시다.

문화

요즘 뭐하니? : 기독교 세계관으로 읽는 대중문화

*

송태경 목사(산성교회 부목사)

고려신학대학원(M.Div., Th.M.)을 졸업하고, 고신대학교 기독교교육학과 박사과정을 수료했다.
총회교육원 킹덤스토리 교재 집필에 참여했으며, 교회교육에 관심이 많다.

들어가면서

과거부터 예술과 자본은 뗄 수 없는 관계였습니다. 뛰어난 예술가는 재력가의 후원과 함께 예술 활동을 하는 경우가 많았기 때문입니다. 현대에는 다양한 매체와 기술의 발전에 따라 예술의 파급력이 극대화되었고, 예술과 상업이 합쳐진 대중문화가 주류를 이루고 있다고 볼 수 있습니다. 예술계에서는 순수예술과 대중문화를 구별하며, 대중문화를 천박한 예술이라고 비평하기도 합니다. 그럼에도 자본주의사회에서 대중문화의 영향력은 대단히 강력합니다.

그리스도인들도 대중문화의 영향을 받으며 살아갑니다. 대표적으로 아이돌 문화를 예로 들어보겠습니다. 어린이들은 유치원 장기 자랑에서 아이돌 댄스를 준비하는 경우가 많고, 초등학교에 진학하면 수업시간이나 친구들 사이에서 자연스럽게 아이돌 노래와 춤을 접하게 됩니다. 청소년들은 본격적으로 덕질(팬)을 시작하며 그들의 외모를 동경하는 경우가 많습니다. 청년들은 경제력을 동원하여 콘서트에 참여하고 굿즈(기념품)를 구매합니다. 현대 그리스도인들은 아이돌 뿐만 아니라 예능, 영화, 게임, 웹툰, 패션, 광고 등 여러 가지 대중문화를 마주하며 살아갑니다.

이런 현실 속에서 그리스도인들은 대중문화에 대해 어떤 자세를 가져야 할까요? 이 글에서는 우리의 기준이 되는 기독교 세계관에 대해서 정리한 후에 다섯 가지의 주제에 대해서 생각해보려고 합니다.

1. 기독교 세계관

세계관(Worldview)은 개인 또는 집단이 세상을 이해하는 관점입니다. 그래서 종종 세계관을 안경으로 비유합니다. 노란색 렌즈의 안경을 착용하면 세상이 노란색으로 보이는 것처럼 누구나 고유한 세계관을 가지고 세상을 바라보기 때문입니다. 또는 세계관을 창문으로 비유합니다. 집 안에서 밖을 내다볼 때 창문에 비친 풍경만 볼 수 있는 것처럼, 세계관을 통해서 인식하는 세상 이외의 것을 파악하기 어렵기 때문입니다. 이런 세계관의 특성 때문에 개인이나 집단 간의 세계관들이 충돌하기도 합니다. 세계관은 주관적이며 오류가 능성도 있기 때문입니다. 따라서 바른 세계관을 형성하는 것은 매우 중요한 문제입니다.

그리스도인들도 세계관을 가지고 살아갑니다. 우리는 이것을 기독교 세계관이라고 부릅니다. 기독교 세계관은 기독교공동체가 성경에 비추어 해석하고 역사와 상황 안에서 형성해 온 세계관입니다. 따라서 그리스도인이 기독교 세계관을 제대로 형성하기 위해서는 바른 성경해석이 선행되어야 합니다. 우리는 바른 성경해석을 통해 하나님의 뜻을 알 수 있고, 그에 합하는 삶의 양식을 갖출 수 있습니다. 또한 이렇게 형성된 기독교 세계관은 우리가 하나님의 뜻을 세상에 드러내며 살아가도록 올바른 방향을 제시합니다. 그뿐만 아니라 기독교 세계관은 세상을 향해 적극적인 태도를 가지고 복음으로 세상을 변혁해 나가는 것입니다. 그래서 기독교 세계관을 '성경적세계관', '변혁적세계관'으로 표현하기도 합니다.

2. 창조-타락-구속

종교개혁의 유산을 따르는 개혁주의 기독교 세계관(이하 '기독교 세계관'이라고 통칭)은 성경의 가르침을 토대로 형성됐습니다. 이것은 '창조-타락-구속'이라는 구속사를 창조세계 전체에 적용하고 있습니다. 그 내용은 다음과 같습니다.

1) 하나님의 창조

창조는 삼위일체 하나님의 아름다움을 보여줍니다. 푸른 하늘과 깊은 바다와 넓은 대지와 그곳에 가득 찬 다양한 생물들을 보며 우리는 그것을 확인할 수 있습니다. 성영은 교수의 저서들을 읽어 보면 거대한 우주와 지극히 작고 작은 원자 세계를 통해 하나님의 능력과 지혜에 감탄하게 됩니다. 심지어 비신자들조차도 압도적인 자연경관 앞에서 조물주를 생각하며 감탄을 쏟아내곤 합니다.

그중에서도 창조의 백미는 인간입니다. 하나님은 인간을 각각 다른 모습으로 창조하셨는데 모두 다 하나님의 걸작품입니다. 그뿐만 아니라 인간은 특별히 하나님의 형상을 따라 지음받았습니다. 아브라함 카이퍼는 칼빈주의 강연에서 이렇게 말했습니다. "인간은 하나님의 형상을 지닌 자로서 아름다운 것을 창조하고 그것을 즐길 수 있는 가능성을 소유한다. 이 '예술 능력'은 인간 안에서 영혼의 개별 기능이 아니라 하나님의 형상의 단절 없는(연속적) 표현이다."

인간은 하나님의 형상을 따라 창조되었기 때문에 자연스럽게 아름다운 것을 추구하게 되어 있습니다. 이것은 온 우주에서 가장 아름다운 하나님을 갈망하고, 창조적 문화활동을 통해 하나님을 드러내는 것으로 이어집니다. 이것이 하나님이 인간에게 주신 '생육하고 번성하라'는 문화명령입니다. 따라서 창조적 문화활동이란 성경의 원리 위에 구축해야 할 하나님의 영광입니다.

창조적 문화활동은 삶 전반에 걸쳐 다양하게 드러날 수 있지만 특히 예술의 영역에서 더 직접적으로 보여줄 수 있습니다. 예술은 하나님이 창조하신 것들을 깊이 고찰하여 하나님의 아름다움과 영광을 반영할 수 있기 때문입니다. 예를 들어, 존 번연의 '천로역정'이나 렘브란트의 '돌아온 탕자'를 비롯한 여러 가지 예술 작품들이 성경의 진리를 풍부하게 드러내고 있습니다. 또한 성경에도 여러 가지 문학적 표현이 등장합니다. 하나님의 보호를 날개로 표현하기도 하고(시 91:4), 예수님은 낙타가 바늘귀로 들어가는 것이 부자가 하나님 나라에 들어가는 것보다 쉽다고 말씀하시며 유머러스하게 표현하시기도 하셨습니다(마 19:24).

2) 타락한 인간과 예술

그러나 인간이 범죄하여 모든 것이 타락하고 왜곡됐습니다. 이것은 바벨탑을 쌓아 올리는 인간들의 목소리에서 잘 드러납니다. "또 말하되 자, 성읍과 탑을 건설하여 그 탑 꼭대기를 하늘에 닿게 하여 우리 이름을 내고 온 지면에 흩어짐을 면하자 하였더니"(창 11:4). 인간들은 하나님께 돌려야 할 영광을 가로채기 시작했습니다. 고대의 왕들은 스스로 자신을 신격화하여 숭배를 받았고, 인간들은 자신의 욕망을 투영한 음란하고도 폭력적인 이방 종교 제사를 드리며 여러가지 악기를 동원했습니다. 이렇게 예술은 인간의 욕망을 분출하는 수단으로 전락해버렸습니다.

이것은 오늘날에도 마찬가지입니다. 현대예술은 인간의 추악한 본성을 그대로 묘사할수록 '예술적'이라고 칭송합니다. 그래서 폭력적이고 선정적인 소재는 빠지지 않고 등장합니다. 또한 대중문화도 마찬가지입니다. 이목을 끌고 수익을 만들 수 있다면 자극적인 소재들도 상업예술이라는 이름으로 얼마든지 용납이 되는 시대입니다. 자녀들과 함께 전체관람가 애니메이션을 관람하러 극장에 갔었는데 예고편으로 나오는 광고들은 전체관람가가 아니라서 난감했던 경험이 있습니다. 이렇게 타락한 예술도 구속의 대상입니다.

하나님은 우리에게 일반은총과 특별은총을 허락하셨습니다. 일반은총은 신자와 비신자 모두에게 허락된 하나님의 은혜를 뜻하고, 특별은총은 신자의 구원과 관련된 하나님의 은혜를 의미합니다. 타락한 예술은 하나님을 찬양하는 본래의 목적을 상실했지만 하나님의 일반은총 아래서 허용된 것으로 볼 수 있습니다. 그래서 비신자들도 예술 활동이 가능합니다. 창세기 4장에는 가인의 후손들이 나옵니다. 가인은 불경건한 뱀의 후손으로 등장함에도 불구하고 하나님이 이들을 일반은총의 혜택 아래에서 살게 해주셨습니다. 그래서 이들은 다양한 문화를 만드는 시조가 됩니다. 야발은 목축의 조상이고, 유발은 수금과 퉁소를 만드는 예술의 조상이고, 두발가인은 청동과 철로 기계를 만드는 사람이 됩니다. 이들의 발명과 예술 활동은 하나님의 일반은총의 결과로 얻은 것입니다. 과학자들이 성경과 별개로 자연 현상을 관찰하고 연구하여 어느 정도 세상을 설명할 수 있듯이 예술가들도 아름다움을 추구할 수 있습니다.

하지만 하나님의 일반은총 아래 이것들이 허락되었다고 해서 모두 선한 것은 아닙니다. 두발가인이 만든 날카로운 도구들은 농사를 비약적으로 발전시킬 수 있는 동시에 무서운 전쟁의 도구로 사용될 수도 있습니다. 유발이 연주했던 음악도 마찬가지입니다. 음악이 자연의 아름다움을 노래하거나 인생의 여러 가지 감정들을 연주하여 기쁨과 위로를 제공할 수 있지만 이방 제사를 위한 도구가 될 수도 있기 때문입니다. 따라서 타락한 예술도 구속의 대상이 됐습니다.

3) 그리스도의 구속

그리스도의 구속은 우리의 생각보다 훨씬 큰 의미를 가지고 있습니다. 알버트 월터스는 이것을 다음과 같이 설명합니다. "그리스도의 구속은 타락한 세상을 선한 상태로 회복합니다. 그리고 이 회복은 창조된 세상의 모든 영역에 영향을 미칩니다." 그리스도의 구속을 통해 범죄했던 우리는 하나님의 형상을 회복하였고 이를 통해 다시 하나님의 뜻대로 문화 활동을 할 수 있는 존재가 됐습니다. 그래서 신자들은 타락한 예술도 하나님이 본래 의도하신 목적대로 사용해야 합니다.

그렇다면 우리는 예술을 어떻게 다루어야 할까요?

첫째, 우리는 하나님께 영광을 돌리는 예술 활동을 해야 합니다. 이것이 예술의 바른 사용법입니다. 가장 직접적으로는 교회와 관련한 문화 활동이 있습니다. 설교의 문학적 요소들, 찬송의 음악적 요소들, 교회 건축과 관련한 미술적 요소들 등 다양한 교회의 활동 속에서 직접적으로 하나님의 영광을 드러내고 찬양할 수 있습니다.

둘째, 우리는 일반은총 아래 발전하는 세상 예술을 인정하며 함께 누릴 수 있지만 만약 그것이 성경적이지 않으며 죄의 본성을 자극하는 것이라면 거부해야 합니다. 더 나아가 타락한 예술이 악한 영향력을 미치지 못하도록 경계해야 합니다. 예를 들어, 선정적이거나 폭력적인 소재가 무분별하게 쏟아지는 온라인콘텐츠에 대해 적절한 심의가 이루어질 수 있도록 관심을 가지고 건의해야 합니다. 이렇게 우리는 예술을 본래의 목적대로 바르게 사용하고 예술을 기독교 세계관으로 변혁시켜 나가야 합니다.

그렇지만 거룩한 것과 세속적인 것을 분리하는 이분법적 사고는 지양해야 합니다. 예를 들어, 교회 밖의 세속 문화는 모두 나쁘다고 단정하는 것입니다. 기독교가 급속도로 성장하던 시기에 교회는 회개를 외치며 세상과의 단절을 촉구했습니다. 그러나 아쉽게도 이 것은 회심 이후의 삶에서 세속 문화를 무조건 죄짓는 것으로 여기 고 정죄하는 분위기를 조장했습니다. 기독교 세계관은 세상과 단절 되어 사는 것이 아닙니다. 오히려 세상 속으로 침투하여 적극적으 로 변혁해 나가는 것입니다. 그래서 마이클 호튼은 "교회는 온 세상 과 관계를 맺어야 하지만 그 과정에서 고유한 독특성을 잃어서는 안 된다"라고 말했습니다. 이것은 쉽게 말하자면 대중음악을 즐기는 것 이 무조건 나쁜 것은 아니지만 예배 시간에 사용하는 음악과는 구분 이 되어야 한다는 의미입니다. 신자들은 비신자들과 함께 세상을 살 아가며 많은 것들을 공유하고 있습니다. 그래서 우리는 세속 문화와 무조건 담을 쌓기 보다는 기독교 세계관으로 무장하여 적극적으로 세상의 문화를 변혁해 나가야 합니다.

3. 대중문화에 대한 현실적 고민들

이상으로 기독교 세계관을 설명하고, 핵심 내용인 '창조-타락-구 속'에 대해서 살펴보았습니다. 다음으로는 대중문화에 대한 현실적 인 고민들을 살펴보겠습니다. 이를 위해 20-30대 그리스도인들에 게 대중문화와 관련하여 간략한 설문을 진행했습니다. 수집된 질문 들 중 가장 많았던 다섯 가지를 추려보았습니다. 이 주제들에 관하여 우리는 기독교 세계관으로 어떤 답을 내릴 수 있을지 고민해보았습니다.

1) 동성애와 성적지향이 존중받는 사회, 우리의 태도는 어떻게해야 하나요?

가장 많은 질문은 동성애와 관련된 부분이었습니다. 필자의 나이가 30대 후반인데 저의 개인적인 성장환경에서는 동성애에 관련한 접촉점이 거의 없었습니다. TV에 나오는 유명 동성애자나 트랜스젠더를 간접적으로 볼 뿐이었습니다. 그러나 오늘날 30대 이하의 청소년과 청년들의 이야기를 들어보면 상황이 많이 바뀌었다는 것을 느낄 수 있습니다. 이들은 여러 가지 매체에서 과거와는 비교할 수도 없을 만큼 빈번하게 동성애와 관련된 콘텐츠들을 마주하게 됩니다. 유튜브에서 커밍아웃한 이들의 경험담과 조언을 어렵지 않게 찾아볼 수 있고, 관련된 영화와 예능도 많아졌습니다. 심지어 청소년들이 즐겨보는 웹툰에도 BL(Boy's Love)은 하나의 장르로 분류되어 있습니다. 2015년부터 시작된 퀴어축제가 어느덧 9년이나 됐습니다. 20대 후반의 청년들은 대학교에 입학 할 때부터 퀴어축제가 계속 열린 셈이고, 이와 관련된 토론이나 방송도 많이 접했을 것입니다.

동성애가 죄라는 성경의 입장은 명확합니다. 하나님이 남자와 여자를 창조하셨고, 남자와 여자를 통해 가정을 이루도록 하셨습니다. 인간은 하나님의 창조질서에 순응함으로 하나님을 영화롭게 합니다. 부부가 서로 사랑하며 하나님의 사랑을 느끼고, 오직 부부에게만 허락된 성관계를 통해 하나님이 허락하신 아름다운 쾌락을 경험합니다. 그리고 가정에서 새로운 생명이 탄생하는 것은 사랑의 절정이며 인간이 창조주 하나님을 닮았다는 큰 증거입니다.

따라서 동성애를 비롯한 현대의 여러 가지 성적지향들은 반성경적입니다. 하나님의 창조질서를 거스르는 타락한 인간의 본성이 드러난 것입니다. 그래서 이들에게도 그리스도의 구속이 필요합니다. 간혹 청년들에게서 동성애자도 구원을 받을 수 있냐는 질문을 받습니다. '오은영의 금쪽상담소'에 홍석천 씨가 출연해서 "태어날 때부터 이미 신을 믿고 섬겨온 내게 교회에서 하는 말은 저에게 불지옥에 타 죽을 죄인이라는 거예요"라고 말했습니다. 이것은 그가 커밍아웃을 통해 그동안 짊어졌던 사회적 시선들에 관해 이야기한 후에 어렵게 밝힌 내용이었습니다. 그런데 이 고백은 기존 신자들에게도 어느 정도 충격과 혼란함을 주었던 것 같습니다. 왜냐하면 교회에서는 하나님이 사랑이라고 말하는데 사랑을 실천해야 할 교회에서 배척받은 것으로 보이기 때문입니다.

그러나 이것은 구원에 관한 문제입니다. 복음을 믿는 사람은 이전에 즐기던 세상의 것들을 내려 놓고 구체적인 행동으로 믿음을 드러납니다. 이것은 구원의 조건이 아니라 구원에 대한 넘치는 감사로 일어나는 자연스러운 모습입니다. 따라서 그들도 복음을 믿는다면 성경에 따라 자신들이 주장하는 성적지향을 포기해야 합니다. 왜냐하면 구원은 성경의 모든 가르침을 믿고 인정하는 것이기 때문입니다. 성경에서 감동적인 부분만 취사 선택하거나, 기독교공동체의 따뜻한 관심과 사랑만 누릴 수는 없습니다. 참된 신자는 세속적인 세계관을 떠나 기독교 세계관으로 살아야 합니다. 또한 교회도 회심한 그들에 대해서는 성숙한 태도로 용납할 수 있어야 합니다.

특별히 교회는 동성애와 관련된 문화들에 대해서 바르게 가르쳐야 합니다. 그리고 우리의 자녀들은 전혀 다른 환경 속에서 살아간다는 것을 인정하고 인식해야 합니다. 과거에 당연하게 생각되었던 기준들은 오늘날 더 이상 당연하지 않습니다. 문화와 표현의 자유라는 명분으로 여과 없이 쏟아져 들어오는 동성애 콘텐츠들을 경계해야 합니다.

2) 동거해도 되나요?

"누구나 한 번쯤 경험하지만 누구에게도 쉽게 털어놓기 힘든 가장 보통의 고민들과 현실 밀착 연애 이야기를 담는다." 이것은 토크쇼 '마녀사냥'의 프로그램 소개 문구입니다. 그런데 이 방송은 미성년자 관람 불가로 편성되었음에도 유튜브에서 방송을 시청할 수 있습니다. 방송은 사연을 읽고 출연진들이 관련된 이야기를 풀어내는 방식입니다. 주로 연인 간의 성(性)관계와 관련된 에피소드들이 많습니다. 이렇게 자극적인 소재들을 방송사에서는 "가장 보통의 고민들과 현실 밀착 연애"라고 프로그램을 소개합니다. 문제는 그리스도인들도 이런 사고방식에 그대로 노출되어 연애에 대한 세계관을 형성해간다는 점입니다.

유튜브에서 비뇨기과 의사가 대학교에 찾아가 동거에 관해 질문하는 콘텐츠를 시청한 적이 있습니다. 그 영상에서 등장한 학생 대부분은 '동거'에 대해 긍정적인 반응을 보여주었습니다. 경제적인 부분과 연애 속궁합이 주된 이유였습니다. 그뿐만 아니라 발라드 가사, 드라마, 웹툰, 예능 등 대부분 대중문화에서 성관계를 연인들의 자연스러운 사랑으로 표현합니다. 음담패설은 '섹드립'(sexual+adlip)이라고 포장하여 온라인 예능에서 여과 없이 송출됩니다. 왜냐하면 시청율, 조회수는 곧 광고와 수익으로 연결되기 때문입니다.

성관계는 하나님이 오직 부부에게만 허락해주신 은밀하면서도 아름다운 선물입니다. 부부는 이것을 통해 육체적 쾌락과 정서적 쾌락을 경험할 수 있습니다. 또한 부부는 이 세상에서 가장 사랑하는 배우자에게서 극도의 친밀함과 소속감을 누릴 수 있습니다. 이를 위해 결혼 전에는 반드시 자신의 몸을 소중하게 여기고, 연인의 몸도 보호해주어야 합니다. 사랑하는 연인을 위해 성적 충동을 절제할 때, 그들은 훗날 배우자와 함께 더 높은 차원의 사랑과 연합을 경험할 수 있습니다. 그리고 이 사랑과 연합은 궁극적으로 삼위일체 하나님과의 교제를 더 깊이 사모하게 만듭니다.

따라서 그리스도인들은 혼전순결을 반드시 지켜야 합니다. 아마 대부분은 이것 때문에 학교나 직장에서 또는 친구들 사이에서 고리타분하거나 시대에 뒤떨어진 사람 취급을 받게 될 것입니다. 최악의 경우에는 연인으로부터 선을 넘기자는 유혹을 받을 수도 있습니다. 오늘날 결혼 적령기가 높아지며 이 충동은 더욱 강력하게 다가옵니다.

그러나 우리는 성적 충동에 사로잡히거나 사탄의 간교한 거짓말에 속지 말아야 합니다. 끓어오르는 성적 충동은 더 강력한 은혜로만 이길 수 있습니다. 그리고 혼전순결 때문에 당하는 조롱의 시선이나 손가락질은 복음 때문에 겪는 환난으로 볼 수 있습니다. 그러니 위축되지 말고 하나님의 위로와 용기를 간구해야 합니다. 또한 혼전순결은 타락한 세상에 경종을 울리는 빛과 소금의 역할도 합니다. 세상은 신자의 혼전순결을 보며 진실한 사랑에 대해 다시 생각해보는 기회를 얻거나 아니면 그들을 조롱하며 하나님의 진노를 쌓게 될 것입니다. 이렇게 신자의 혼전순결은 구속사적으로도 의미를 가지고 있습니다.

혹시 만약 혼전순결을 지키지 못한 신자들이 있다면 그들은 어떻게 해야 할까요? 우선 하나님 앞에 진실한 회개가 필요합니다. 하나님의 말씀을 지키지 못한 것을 극복하기 위해서 치러야 할 대가가 많을 것입니다. 하지만 예수님의 십자가 은혜가 회개에 합당한 행동을 수반하게 할 것입니다. 그다음에는 '칭의의 눈'이 필요합니다. 하나님은 범죄한 자신 또는 그 사람을 예수님만큼 의롭다고 선언(칭의)해주셨습니다. 그러니 자신 또는 그 사람을 '예수님 안에서 의롭게 된 모습'으로 보고 용납해야 합니다.

동거는 혼전순결을 부정하는 것과 같습니다. 경제적인 여건이나 들끓는 성적충동에 따라 동거를 결정하면 안 됩니다. 은밀한 중에 새겨진 죄의 흔적은 우리의 영혼을 잠식하여 황폐하게 만들 것입니다.

3) 아이돌은 어디까지 좋아하고 동경해도 되나요?

한국의 아이돌 문화는 전 세계적으로 인정받을 만큼 특별합니다. 아이돌은 연습생 시절을 거치며 예리하게 단련된 노래와 춤을 구사하고, 패션모델과 연기 활동을 하기도 합니다. 그들의 일거수일투족은 각종 매체를 통해 중계되고, 그들을 담은 다양한 물건들은 팬들에게 소장 욕구를 불러일으킵니다. 이런 면들을 볼 때 아이돌은 자본주의와 대중문화의 이해관계가 맞아떨어진 최적의 결과물이라고 볼 수도 있습니다.

그리고 그 영향력은 대단합니다. 아이돌의 팬클럽은 온라인 매체의 발달과 함께 연령과 지역을 초월하여 형성되었고, 팬들은 하나의 왕국(kingdom)을 이루어 팬덤(fandom)을 건설했습니다. 이들은 자신들의 아이돌에게 선물을 하고 또 아이돌의 이름으로 많은 기부 활동을 펼치기도 합니다. 게다가 90년대에 청소년기를 보내며 서태지와 아이들, HOT, 젝키 등 팬클럽 활동을 했던 이들 중 일부는 경제력을 갖춘 장년이 되어서 팬덤 시장을 확대했습니다.

하나님이 비신자들에게도 일반은총으로서 예술을 허용하셨습니다. 그래서 사람들은 자기 생각을 예술적으로 표현할 수 있습니다. 청년들에게서 "가끔은 답이 정해져 있는 신앙적인 부분보다, 답을 모르겠다는 가요에서 더 위로를 받는데 경건하지 못한 태도인가요?"라는 질문을 받기도 합니다. 비록 우리가 죄와 비참함 가운데 살아가는 인생이지만 그 안에서 느끼는 희노애락이 있습니다. 그것을 예술로 승화했을 때 비신자와 신자 모두 공감과 위로를 경험할 수도 있습니다.

그러나 문제는 앞서 언급했듯이 예술도 타락했기에 우리가 모든 예술을 수용할 수는 없습니다. 예를 들어, 아이돌 문화 저변에 있는 세속적 가치관들을 간파하는 안목이 필요합니다. 기획사에서 아이돌을 상품화하여 소위 '덕질'을 부추기는 행태를 경계해야 합니다. 왜냐하면 아이돌을 한 사람의 인격체로 대하기보다는 우상화할 위험이 크기 때문입니다. 콘서트에 참여하기 위해서 주일성수를 소홀히 하거나, 올콘(콘서트 기간 동안 모든 콘서트에 참여)을 위해 시간과 비용을 무리해서 지불하거나, 아이돌의 사생활을 침해하는 사생팬으로 전락할 수도 있습니다. 또 아이돌의 명품 착장이 완판되는 경우도 흔하며 청소년들이 무리하게 따라 하기도 합니다. 신자들은 세속적 자본주의의 속셈에 끌려가면 안 됩니다.

또한 날이 갈수록 심해지는 외모지상주의도 문제가 됩니다. 대부분 10-20대로 구성된 아이돌들은 청소년들의 외적 기준이 되는 경향이 있습니다. 실제로 교복모델 대부분이 아이돌입니다. 그 결과, 폭발적인 성장기에 과도한 다이어트로 건강을 해치거나 외모 때문에 열등감에 휩싸이기도 합니다. 하나님은 우리를 걸작품으로 창조하셨는데 세상이 제시하는 외적인 기준에 압도되어 건강한 내면을 형성하는 일은 뒷전이 되어버렸습니다.

따라서 우리는 아이돌 음악과 문화를 기독교적 세계관을 통해 보아야 합니다. 그들이 무엇을 노래하는지, 어떤 영향력을 미치는지 인지하고 있어야 합니다. 긍정적인 측면은 아이돌을 통한 한류 열풍이 선교 현장에서 접촉점을 만들어 주기도 하고, 사회적으로는 기부활동을 하는 선순환적인 요소도 있습니다. 동시에 부정적인 측면은 세속적 자본주의와 외모지상주의 등 비성경적 가치관들도 있습니다. 따라서 무작정 비판하고 거리를 두기보다는 분별할 수 있는 안목을 길러야 합니다. 그럼에도 절제하지 못하고 중독될 것 같다면 완전히 거리를 두는 것도 좋습니다.

4) 술을 마셔도 되나요?

성경에서 포도주는 하나님이 주시는 풍요로움의 상징입니다. 또 아가서에서 포도주는 연인을 향한 사랑을 비유할 때 등장합니다. 술은 이스라엘 백성들의 음식이었고, 포도 이외에도 대추야자, 무화과, 석류 등 과일과 각종 곡류를 이용한 술이 있었습니다. 백성들은 즐거운 날을 즐기기 위해 포도주를 마시기도 했고(신 14:26), 마음에 근심하는 자에게 포도주를 주기도 했습니다(잠 31:6).

그러나 동시에 성경은 술 취하는 것에 대해서는 반복적으로 엄격하게 경고합니다. 잠언과 전도서에서 술 취하는 사람은 어리석은 사람의 전형으로 등장하며 그들과는 사귀지도 말라고 강력하게 말합니다. 또한 여러 본문에서 술이 주는 해악에 대해 발견할 수 있습니다. 예를 들어, 아론의 아들들이 다른 불을 사용해서 제사를 드리다가 불에 삼켜져 죽는 심판을 받았습니다. 그런데 이어지는 본문에서 "… 회막에 들어갈 때에는 포도주나 독주를 마시지 말라 그리하여 너희 죽음을 면하라…"(레 10:9)라고 말하는 것으로 보아 이들은 술 취한 상태로 판단력이 흐려졌을 가능성이 매우 큽니다. 또한 술에 취해 다윗의 호의를 문전박대하고 조롱했다가 몰살당할 뻔했던 나발의 이야기도 있습니다(삼상 36-37). 신약성경에서도 술 취하지 말라는 교훈은 여러 번 반복됩니다(고전 5:11; 갈 5:21; 엡 5:18). 따라서 술에 대한 성경의 교훈은 '술을 마시지 말라'는 것이 아니라 '술 취하지 말라'는 것입니다.

그런데 한국교회에서 금주와 금연은 미덕이 되어 있습니다. 그 출발은 내한한 선교사들이 금주와 금연 운동을 추진했던 것입니다. 이를 통해 생활을 단정하게 정돈하고, 금주와 금연을 통해 절약한 재화로 나라는 전도를 위해 사용됐습니다. 이런 운동의 결과로 한국교회 초기부터 신앙생활은 금주와 금연을 당연하게 생각했던 것입니다. 우리는 이 전통을 소중하게 여기고 실천할 필요가 있습니다.

그리고 우리는 교회의 덕을 세우기 위해서 금주하는 것이 더 좋습니다. 사도 바울이 교회의 덕을 세우고 믿음이 약한 자들이 넘어지지 않도록 스스로 자유를 조심하라고 권면했습니다(고전 8:9). 한 번은 청년이 술과 관련된 상담을 요청했습니다. 처음 취업한 직장에서 회식을 했는데 상사가 술을 권했던 것입니다. 청년은 교회 다닌다고 말하며 정중하게 거부했는데 돌아온 답변은 "괜찮아, 나도 교회 다녀~"였습니다. 그 청년은 이 말을 듣고 더 이상 어떻게 거절을 해야 할지 막막했다며 속상한 심정을 토로했었습니다. 우리는 금주와 금연을 통해 믿음이 연약한 지체를 배려해야 합니다. 또한 이 미덕을 통해 사회에서 복음을 전할 수 있다면 스스로 절제할 수 있어야 합니다. 복음과 교회를 위해 자신을 희생하는 것이 기독교의 정신입니다.

5) 온라인에도 하나님이 계신가요?

현대인들은 온라인에서 많은 시간을 보내고 있습니다. 유튜브 콘텐츠를 시청하고서 '좋아요'를 누르거나 댓글을 달기도 합니다. 페이스북, 인스타그램, 틱톡 등 다양한 SNS 활동을 통해 서로의 근황을 소통하거나 정보를 주고 받습니다. 그뿐만 아니라 PC와 스마트폰을 이용한 온라인 게임의 공간에서도 작전을 주고받는 등 수많은 소통이 일어납니다. 따라서 온라인 세상(가상현실)은 우리에게 굉장히 익숙한 공간이 됐습니다.

그런데 이런 긍정적인 기능에도 불구하고 문제도 있습니다. 그것은 SNS를 통해 무분별하게 퍼지는 선정적인 콘텐츠들과 폭력적인 언어들입니다. 그뿐만 아니라 외모지상주의와 물질만능주의를 은연중에 부추기는 현상도 걱정이 됩니다. 온라인 공간에서 실명제가 실행되었다곤 하지만 여전히 익명성을 보장 받는 곳이 많으며 채팅창에는 욕설과 음담패설이 난무합니다. 또한 게임에 패배한 후에 상대방을 향해 패드립(패륜+애드립)으로 화풀이를 하기도 합니다. 이런 것들이 미성년자들에게도 가감없이 흘러들어가고 그들 사이에서 재생산되고 있습니다. 그뿐만 아니라 SNS나 온라인 게임에 대한 중독도 굉장히 심각한 문제입니다. 어렸을 적에 주일오후에 형들과 운동하는 시간이 참 즐거웠는데 요즘에는 삼삼오오 모여 폰게임하는 것이 더 자연스러운 풍경이 됐습니다.

그리스도인들은 온라인 속에서 활동할 때도 여전히 그리스도인으로서의 정체성을 유지해야 합니다. 온라인 세계도 하나님이 통치하시는 영역이기 때문입니다. 온라인 세계에 모여드는 사람들과의 활동은 얼마든지 공적으로 작용할 수 있으며 파급력도 대단합니다. 따라서 그리스도인들은 SNS에 글을 작성하고 댓글을 통해 소통할 때, 복음적인 단정한 언어와 내용을 사용해야 합니다.

이를 위해 교회에서는 주일학교에서 미디어 리터러시 교육을 강화해야 합니다. 리터러시는 '문해력'이라는 뜻인데, 인쇄 매체를 넘어서 이제는 미디어 매체들에 대한 문해력이 필요합니다. 교회는 일반적인 미디어 리터러시 교육에 더하여 기독교 세계관으로 온라인 속의 넘쳐나는 정보들을 분별하고 활용할 수 있도록 교육할 수 있습니다. 자라나는 세대들은 여러 가지 미디어에 익숙한 만큼 이것을 복음적으로 활용할 수 있는 가능성도 무궁무진합니다. 또한 미디어 중독이나 게임 중독의 문제도 전문가의 도움을 받으며 기독교 세계관으로 바른 기준을 정립해야 할 문제입니다. 이를 통해, 그리스도인들은 온라인에서도 복음적인 삶을 견지해야 합니다.

나가면서

문화는 성경의 원리 위에 구축해야 할 하나님의 영광입니다. 신자들은 이를 통해 하나님을 영화롭게 하며, 하나님의 영광을 세상에 드러낼 수 있습니다. 이것이 하나님이 세상과 인간을 창조하시고 문화를 허락하신 목적입니다. 그러나 인간이 타락하여 문화를 잘못 사용했습니다. 예술의 경우 하나님을 예배하기보다 자신을 높이거나 우상을 숭배하는 수단으로 전락해버렸습니다. 오늘날 대중문화는 세속자본주의와 함께 돈이 된다면 선정적이고 폭력적인 것들도 아주 관대하게 허용하고 있습니다. 대중들은 일상 속에서 이런 것들을 소비하며, 물질만능주의나 외모지상주의와 같은 세속적인 가치관들에 휩싸여 살아갑니다.

그래서 구속받은 그리스도인들은 하나님의 형상으로서 예술 활동을 펼쳐가야 합니다. 우리는 하나님의 형상대로 창조되었기 때문에 예술을 통해 하나님의 아름다움을 창조적으로 구현해 낼 수 있습니다. 이를 통해, 그리스도인 예술가들은 예술 본연의 목적을 회복할 수 있습니다. 교회 예식, 건축, 음악, 미술, 문학, 패션 등 우리 삶의 다양한 영역에서 하나님의 아름다움을 드러낼 인재들이 필요합니다.

또한 교회는 이를 위해 기독교 세계관을 토대로 다양한 문화 활동을 시도해야 합니다. 90년대에는 시대의 정서에 따라 문학의 밤이나 찬양의 밤으로 교회의 문화가 유행했던 적이 있습니다. SFC는 문화금식운동을 지속적으로 펼치며 자체적인 문화행사를 발전시켜가고 있습니다. 총회교육원에서는 킹덤스토리에 이어 'BACK'(초등부 공동체 훈련프로그램)을 개발하여 학습과 놀이를 결합하려고 시도합니다. 그뿐만 아니라 교회는 젊은 세대들과 예술가들에게 자신들의 언어로 마음껏 표현할 수 있도록 자리를 마련해 주어야 합니다. 이 모든 노력은 아름다우신 창조주로부터 모든 예술이 시작되었고, 모든 예술은 다시 하나님을 찬양한다는 것을 세상에 보여줄 것입니다.

나눔을 위한 질문

1. 기독교 세계관은 바른 성경해석을 통해서 형성되는 '성경적 세계관'입니다. 또한 기독교 세계관은 세상 속에서 적극적으로 개혁해 나가는 '변혁적 세계관'입니다. 이것에 대해 어떻게 생각하시나요?

2. 기독교 세계관의 핵심 내용인 '창조-타락-구속'에 관하여 정리해서 설명해 해봅시다.

3. 다섯 가지 주제들(동성애, 동거, 아이돌, 술, 온라인 활동)과 관련한 경험들이 있었다면 이야기해 봅시다.

4. 위에서 다루었던 다섯 가지 주제들 이외에 의아했거나 난감했던 주제들이 있었다면 이야기해 봅시다. 그리고 기독교 세계관을 기준으로 함께 고민해 봅시다.

인간관계

관계 수업

*
윤치원 목사(은혜중심교회 담임)
고려신학대학원(M.Div., Th.M)을 졸업했다. 은혜중심교회를 개척하여 섬기고 있으며, 지속 가능한 교회를 세우기 위해 힘쓰고 있다.

들어가면서

우리나라 1인 가구가 급속하게 늘어가고 있습니다. 특히 3040 세대들 가운데 비혼주의가 늘어나면서 혼밥, 혼영, 혼술이 하나의 생활 양식이 되어가고 있습니다. 다른 누군가와 관계를 맺고 살아가기보다 혼자만의 시간을 즐기는 사람들이 늘어가고 있습니다. 인터넷의 발달로 페이스북, 인스타, 카카오톡, 유튜브 등 소셜 네트워크를 통해 대면보다는 비대면으로 관계를 맺고 있습니다. 대한민국 사회가 집단주의가 강하기에 개인의 삶과 선택을 존중하는 방향으로 가는 것은 이점이 있지만 반면에 관계가 축소되고 자신도 모르는 사이에 고립에 이를 위험이 있습니다. 특히 고립이 가져오는 외로움은 자신의 육체적, 정신적 건강뿐만 아니라 그가 속한 공동체에 해로움을 끼칩니다.

영국은 2018년에 세계 최초로 '외로움부'(Minister of Loneliness)을 신설했고 이웃 나라인 일본은 2021년 2월에 '고독, 고립 담당 장관'을 임명했습니다. 고립과 외로움이 사회와 국가에 주는 위험이 크기에 정부가 직접 나서서 해결방법을 찾고 있는 실정입니다.

교회도 혼신(혼자서 신앙생활) 성도가 늘어나고 있습니다. 많은 청년이 취업난과 여러 경제적 원인으로 인해 연애와 결혼에 대한 마음을 접으면서 교회에서 또래의 청년들과 관계 맺기를 포기하고 교회를 떠나 가나안 성도가 되거나 온라인 예배에 만족하며 지내고 있습니다. 교회 내의 장년층 성도들도 예외가 아닙니다. '성도의 교제'가 피상적인 수준에 머물러 있고 예배 순서 중에 교인들과 서로 인사하는 순서도 대개 목례 정도로 끝나고 맙니다. 하나님은 사람을 관계적 존재, 사회적 존재로 창조하셨습니다. 그러기에 사람은 혼자 살 수 없고 사람과의 관계를 맺고 살아갈 수밖에 없습니다. 사회 문화적으로 빠른 변화의 시대를 살고 있는 성도들은 세상과 교회 내에서 어떻게 하면 대인 관계를 잘할 수 있을까요?

1. 관계의 기초 : 건강한 자존감

무엇보다 우선 건강한 자존감을 가져야 합니다. 사람과의 관계를 맺기 이전에 우선되는 것이 자신과의 관계를 잘 맺는 것입니다. 자기 자신을 무가치하게 생각하고 부정적인 자아상을 가지고 있으면 사람들과 좋은 관계를 맺기 어렵습니다. 자존감이 낮은 사람들은 이렇게 생각합니다. '사람들이 나를 좋아하지 않을 거야!' '나의 진짜 모습을 알면 실망할 거야!' 자기 자신에 대해 부정적이기에 사람들이 자신을 좋아하지 않을 거라고 미리 예단하고 사람들에게 적극적으로 다가가지 않습니다. 또한 자기에게 다가오는 사람들을 차갑고 냉담하게 대합니다. "네 이웃을 네 자신과 같이 사랑하라"(마 22:39, 막 12:31)와 "남편들도 자기 아내 사랑하기를 자기 자신과 같이 할지니"(엡 5:28)라는 말씀은 자기 자신에 대한 사랑이 이웃 사랑과 아내 사랑의 기준이 된다는 것을 보여줍니다.

어떻게 하면 건강한 자존감과 자기 사랑을 가질 수 있을까요? 세상 사람들은 자신들의 외모, 학벌, 돈, 집안 배경 등을 자신들의 자존감 근거로 삼습니다. 이러한 조건들은 상황과 환경에 따라 언제든지 변할 수 있습니다. 사고가 나서 신체에 손상을 입을 수도 있고, 갑작스러운 경제적 어려움을 당해서 자신의 학벌과 집안 배경이 아무런 도움이 되지 않을 수도 있습니다. 모래 위에 지은 성이 무너지듯이 모래와 같은 토대 위에 형성된 자존감과 자기 사랑은 언제든지 무너질 수 있습니다. 그러나 기독교 신앙은 하나님 앞에서 자신이 얼마나 소중하고 가치 있는 존재인지 발견하도록 가르쳐줍니다. 건강한 자존감과 자기 사랑의 근거는 예수 그리스도가 나를 사랑하심 같이 자신을 스스로 사랑하는 것입니다. 우리는 하나님이 자기 아들을 아끼지 않고 십자가에 내어 주시까지 사랑한 존재입니다. 여전히 죄와 상처, 연약함과 부족함이 많지만 우리를 향한 하나님의 사랑은 변함이 없습니다.

예수 그리스도 안에서 건강한 자존감과 자기 사랑을 가지고 살아가는 대표적인 두 사람을 소개합니다. 이지선 교수(이화여대, 사회복지학과)와 호주의 닉 부이치치입니다. 이지선 교수는 대학 4학년 때에 끔찍한 교통사고를 만나 중화상을 입었습니다. 그러나 40번이 넘는 고통스러운 수술을 이겨내고 미국에서 박사학위를 받고 한동대학교를 거쳐 지금은 모교인 이화여대에서 학생들을 가르치고 있습니다.

"제가 할 수 있는 일은 두 가지밖에 없었어요. 아파트 옥상을 향해 가거나 하나님을 찾거나 둘 중 하나였어요. 희망이 보이지 않았기 때문이죠. 하지만 죽기 전에 하나님께 따져봐야겠다고 생각했어요. 뭔가 대책이 있지 않겠나 나를 이렇게 만들어놓고 살려주신 데에는 다 이유가 있지 않겠나. 그래서 교회를 나갔죠. 화상을 입고 처음 교회를 나갔을 때 저는 모자를 푹 눌러쓰고 마스크를 쓰고 갔어요. 혹여나 누가 볼까 하고 말이죠. 그리고 예배당에 앉아 성가대를 바라봤는데 '이젠 다시 저기에 설 수 없겠구나!' 하는 생각에 가슴이 무너져 내리더라고요. 그리고 하나님께 도와달라고 기도만 했었어요. 예배가 끝나고 목사님께서 저를 찾아오셨어요. 그리고 기도해주시는데 "사랑하는 딸아…" 이렇게 시작하더라고요. 근데 더 이상 목사님의 기도로 들리지 않았어요. 하나님의 음성으로 들리더라고요. 하나님이 저를 사랑하신다는 말이었죠. 기도 가운데 하나님이 저에게 주신 약속이 있어요. "너를 세상 가운데 반드시 다시 세울 것이다", "너는 병들고 힘들고 약한 자들에게 희망이 될 것이다." 말도 안 되는 얘기를 하시는데요. 저는 믿어졌어요. 그래서 저는 사람들을 도와야겠다는 마음에 미국으로 유학을 갔어요. UCLA에서 사회복지학을 전공했고요. 박사과정을 끝냈어요."

팔 다리 없이 태어난 닉 부이치치는 자신의 선천적인 장애로 인해 몇 번이나 자살 시도를 했습니다. 그러나 하나님 안에서 소망을 발견하고 전 세계를 다니며 책과 강연을 통해 사람들에게 꿈과 희망을 전하고 있습니다.

"8살 때 처음으로 어머니에게 "죽고 싶다"라고 얘기했어요. 10살 때 욕조에서 자살을 시도하기도 했죠. 정말 하나님의 은혜로 지금 이 자리에 앉아 있게 됐죠. 당시 제 삶에 소망이 없다고 느껴졌을 뿐 아니라 저를 향한 하나님의 계획을 발견할 수 없었어요. 저는 부모님의 인생에 짐이 되고 싶지 않았어요. 많은 분이 더 좋은 환경에서 자라났다면 훨씬 좋지 않았겠느냐고 묻곤 하죠. 저는 그때 반문합니다. 속사람이 상했는데, 겉이 멀쩡하면 무엇이 좋겠는가라고요. 우리는 예수님만이 우리의 진정한 치료자, 친구이자 구원자이시라는 것을 믿어야 합니다. 하나님은 우리를 위한 계획을 갖고 계세요. 저는 하나님의 계획을 끝까지 좇아가려고 해요. 예수님께서 나면서 장님이었던 한 사람을 고치시면서 하나님의 뜻을 이루기 위함이라고 하셨던 말씀을 읽을 때 저는 그 사실을 깨달았습니다. 따라서 저는 어려움이 올 때마다 그 말씀을 떠올리곤 합니다."

위의 두 가지 예는 평범한 사람들이 겪기도 힘든 일들을 당했지만 하나님의 사랑과 말씀을 통해서 자존감을 잃지 않고 많은 사람에게 선한 영향력을 끼치고 있는 삶을 보여줍니다.

예수 그리스도 안에서 자신이 누구이며 얼마나 보배롭고 가치 있는 존재인지를 알아야 합니다. 성경은 나 자신이 얼마나 사랑스러운 존재인가를 말해주는 격려의 자원입니다. 하나님의 말씀은 우리 영혼의 자존감을 세워주고 하나님 앞에서 자신이 얼마나 소중한 존재인지 자기의 가치를 발견하게 해줍니다. 삶의 다양한 문제들로 인해 자존감이 흔들릴 때 다음과 같은 말씀들로 자신의 영혼을 굳게 지키고 건강하게 자존감을 세워나가기를 바랍니다.

스바냐 3장 17절
"너의 하나님 여호와가 너의 가운데 계시니 그는 구원을 베푸실 전능자시라 그가 너로 인하여 기쁨을 이기지 못하여 하시며 너를 잠잠히 사랑하시며 너로 인하여 즐거이 부르며 기뻐하시라 하리라."

시편 139편 14절
"내가 주께 감사하옴은 나를 지으심이 심히 기묘하심이라 주께서 하시는 일이 기이함을 내 영혼이 잘 아나이다."

요한복음 1장 12절
"영접하는 자 곧 그 이름을 믿는 자들에게는 하나님의 자녀가 되는 권세를 주셨으니"

에베소서 2장 10절
"우리는 그가 만드신 바라 그리스도 예수 안에서 선한 일을 위하여 지으심을 받은 자니 이 일은 하나님이 전에 예비하사 우리로 그 가운데서 행하게 하려 하심이니라."

2. 관계의 원리 : 섬김

아무리 재능과 은사가 탁월해도 다른 사람과 좋은 관계를 만들지 못하면 그가 속한 공동체와 조직에서 인정을 받지 못하고 두각을 나타내지 못합니다. 다른 사람과 좋은 관계를 만들어 가는 것은 지혜와 노력, 시간이 필요한 영역입니다. 하루 아침에 배울 수 있는 것이 아닙니다. 좋은 사람을 만날 수 있지만 더욱 중요한 것은 좋은 관계를 계속 유지, 발전시켜 나가는 것입니다. 성경을 통해 몇 가지 원리와 기술을 나누겠습니다.

1) 황금률을 기억하십시오

예수님께서 우리에게 관계에 대한 지혜의 말씀을 이미 주셨습니다. '황금률'이라고 불리는 마태복음 7장 12절 말씀입니다. "그러므로 무엇이든지 남에게 대접을 받고자 하는 대로 너희도 남을 대접하라." 대인 관계에서 최고의 베스트셀러는 데일 카네기가 쓴 '인간관계론'입니다. 이 책이 황금률에 기초하여 쓰여다고 널리 알려져 있습니다. 남들이 나에게 대접해 주기를 바라는 대로 남을 대접하라는 뜻입니다. 사랑받고 싶으면 먼저 사랑하고, 칭찬받고 싶으면 먼저 칭찬하고, 존중받고 싶으면 먼저 존중하라는 것입니다. 황금률을 따라 살면 황금(?)이 따라옵니다.

   2) 상대방을 알기 위해 공부하십시오.

   기독교 상담심리학자 게리 채프먼이 쓴 '5가지 사랑의 언어'는
부부관계 속에서 각자의 사랑의 언어가 있다고 말합니다. 인정하는
말, 함께하는 시간, 선물, 봉사, 스킨십이 바로 5가지 사랑의 언어입
니다. 저자는 사람마다 사랑의 언어가 달라서 서로 사랑하고 있음에
도 불구하고 상대가 사랑하지 않고 있다고 오해하고 갈등과 편견을
가지게 된다고 말합니다. 의외로 남편은 아내를, 아내는 남편을 모
릅니다. 내가 낳은 자식도 어떤 성향과 기질인지 모릅니다. 예를 들
어 남편은 사랑의 언어가 '인정하는 말'이고 아내는 사랑의 언어가
'봉사'라고 가정해봅시다. 남편은 아내로부터 칭찬과 인정의 말을
들을 때 아내로부터 사랑받는다는 느낌을 받습니다. 그런데 아내가
칭찬과 인정의 말 없이 아침, 점심, 저녁으로 밥만 차려준다면 남편
은 아내가 자신을 사랑한다고 느끼지 못합니다. 반대로 아내는 남편
이 저녁 식사를 마치고 설거지를 해주기를 바라고 있습니다. 반면에
남편은 아내가 해준 밥이 맛있다고 칭찬만 하고 있으면 아내는 남편
이 자신을 사랑하고 있다는 것을 느끼지 못합니다. 사랑하지 않아서
가 아니라 상대방이 원하는 방식이 아닌 나의 방식으로 사랑을 표현
한 것이 잘못이라는 것입니다. 자기가 표현하고 싶은 방식이 아닌

상대방의 사랑의 언어에 맞게 표현할 때 진정한 사랑과 소통이 이루어집니다. 나와 상대방은 다르며 나와 다른 사랑의 언어를 가지고 있음을 알아야 합니다. 가정도 이러한데 하물며 교회 혹은 세상에서 직간접적으로 관계 맺고 있는 사람들에 대해서 얼마나 무지하겠습니까! 아마도 자기 자신에 대해서도 잘 모를 것입니다.

최근에 다양한 심리 검사와 대인 관계 유형 검사(MBTI, TCI)가 있습니다. 이러한 도구들을 잘 활용한다면 나와 상대방을 잘 이해하고 관계를 맺는데 도움이 될 것입니다.

3) 상대방의 필요를 채워주기 위해 노력하십시오

가는 곳마다 좋은 사람이 나타나고, 문제가 생길 때마다 돕는 사람들을 만나는 것은 그냥 우연히 하늘에서 뚝 떨어진 복이 아닙니다. 평소에 뿌려놓은 씨앗이 때가 되어 열매를 맺는 것입니다. 상대방의 필요를 채워주고 고통과 아픔을 위로하며 돌본 것이 어우러져 만들어낸 아름다운 결과입니다. 예수님은 섬김을 받으려 함이 아니라 섬기시기 위해 이 땅에 오셨다고 말씀하셨습니다(막 10:45).

섬김이란 무엇입니까? 어떤 분은 섬김을 상대방을 성공시켜주는 것이라고 간명하게 정의했습니다. 자신의 성공이 아닌 남의 성공을 위해 수고하고 애쓴다면 그 사람은 관계 맺는 사람들로부터 사랑과 인정을 받을 것입니다. 물론 '순수한 동기로 섬기는가? 불순한 동기로 섬기는가?'에 대한 의구심을 가질 수 있겠지만 진정성 있는 섬김인지 아닌지는 어느 순간 대부분 사람은 알아차릴 것입니다. 예나 지금이나 사람들은 자기중심적이라서 자기의 필요와 문제해결에만 매달려 살고 있습니다. 이러한 시대에 예수님을 닮아 섬김의 정신으로 사람을 대한다면 사람들로부터 좋은 평판과 신뢰를 얻게 될 것입니다.

3. 관계의 위기 : 장애물 극복하기

사람들과 관계를 맺다 보면 의도하지 않게 오해와 갈등, 비난을 당할 때가 있습니다. 관계의 위기를 겪을 때 지혜롭고 효과적으로 대처하지 못하면 상처와 아픔을 겪게 되고 극심한 스트레스로 인한 신체적, 정신적 질병을 얻게 됩니다. 이로 인해 사회생활에 어려움을 겪게 되고 삶의 질이 급격히 떨어지게 됩니다.

1) 갈등 관리
(1) 갈등은 당연한 것입니다
갈등 자체를 어려워하고 염려하지 마십시오. 갈등은 나쁜 것이 아닙니다. 각자 기질과 성향이 다르고 어떤 한 문제에 대한 관점이 서로 다릅니다. 서로 다르기에 갈등은 있을 수밖에 없습니다. 다른 것은 틀린 것이 아니기에 우선 서로의 다름을 인정하는 것이 필요합니다.

(2) 갈등할 때 상대방을 비난하지 마십시오

갈등이 다툼과 분열로 이어지지 않도록 조심해야 합니다. 섣부른 판단과 정죄로 죄에 빠질 수 있습니다. 나와 다른 생각과 견해를 인정하지 못하고 상대방을 비난하고 정죄하는 것이 죄입니다.

(3) 갈등의 원인을 분석하고 열린 마음으로 대화해야 합니다

대부분 사람은 갈등할 때 갈등 자체를 외면하거나 회피하려고 합니다. 그러면 상대방과의 관계의 진전이나 발전은 기대하기가 어렵습니다. 갈등을 직면하고 갈등을 풀어가기 위해서는 상당한 심력이 필요합니다. 내가 원해도 상대방이 원하지 않으면 갈등을 원만히 풀어가기 힘든 것이 사실입니다. 상대방의 마음은 내가 주장할 수 없지만 먼저 내가 열린 마음으로 다가가려는 태도와 자세가 중요합니다.

2) 비난받을 때

비난은 상대방의 잘못이나 결점을 책잡아서 나쁘게 말하는 것입니다. 모든 사람이 나를 좋아하거나 모든 사람이 나를 싫어하지도 않습니다. 나에 대해서 좋게 이야기 해주는 사람도 있지만 나에 대해 나쁘게 말하는 사람도 있습니다. 내가 어디에 있든지, 어디로 가든지 항상 나에 대해 비난하는 사람은 만날 수밖에 없습니다. 비난을 받을 때 제일 중요한 것이 태도입니다. 비난 그 자체 때문에 쓰러지는 것보다 비난을 대하는 태도에 의해 쓰러질 수 있습니다. 비난을 어떻게 지혜롭고 효과적으로 다룰 수 있을까요?

(1) 비난을 자기 성찰의 기회로 여기십시오

비난하는 사람에 대해 분노하기보다 비난하는 내용을 곰곰이 생각해보십시오. 억울하게 당하는 비난도 있지만 대부분 우리의 잘못이나 흠이 드러나서 비난받는 경우가 많습니다. 사람은 대부분 자신에게는 관대하고 상대방에 대해서는 냉정합니다. 자기 자신에 대해서 좋은 점, 잘한 점만 보려고 합니다. 비난을 통해 '내가 보는 나'가 아닌 '다른 사람들에게 비친 나'의 모습을 볼 수 있어야 합니다. 비난을 통해 자신의 부족한 점이나 고치고 다듬어야 할 부분이 없는지 살펴본다면 인격 성장에 큰 유익이 될 수 있습니다. 자기 성찰과 자기 객관화를 통한 인격의 변화와 성장이 없으면 사람들로부터 존중과 인정을 받지 못합니다.

(2) 비난을 하나님의 관점에서 바라보십시오

성도는 사람의 관점이 아닌 하나님의 관점에서 모든 상황과 일들을 해석하고 적용할 수 있어야 합니다. 다윗의 탁월한 점은 아들 압살롬의 추격으로 인한 고통 속에서도 시므이의 비난을 하나님의 관점에서 바라보았다는 것입니다. "그가 저주하는 것은 여호와께서 그에게 다윗을 저주하라 하심이니 네가 어찌 그리하였느냐 할 자가 누구겠느냐 하고 또 다윗이 아비새와 모든 신하들에게 이르되 내 몸에서 난 아들도 내 생명을 해하려 하거든 그에게 명령하신 것이니 그가 저주하게 버려두라"(삼하 16:11-12). 부당한 대우와 판단 속에서도 하나님의 섭리를 볼 수 있는 눈을 가지시기를 바랍니다.

(3) 분노와 우울의 감정을 잘 다스리십시오

비난당할 때 두 가지 감정이 나타납니다. 비난하는 대상에 대한 분노와 상처받음으로 인한 우울함입니다. 부정적인 감정을 잘 극복하지 못하면 삶이 피폐해지고 여러 가지 육체적, 정서적인 질병에 시달리게 됩니다. 한편으로는 하나님께 간절히 기도함과 동시에 주위에 나보다 더 지혜롭고 경건한 분들에게 조언과 기도를 부탁하며 마음을 잘 관리해야 합니다. "모든 지킬 만한 것 중에 더욱 네 마음을 지키라 생명의 근원이 이에서 남이니라"(잠 4:23).

(4) 소망을 가지십시오

비난을 받게 되면 삶에 대한 자신감이 떨어지고 미래에 대한 두려움과 불안이 엄습합니다. 무엇보다 권세 있는 사람으로부터 근거 없는 비난과 위협을 당할 때 미래에 대한 두려움과 공포는 폭증합니다. 우리의 미래는 사람에게 달려 있지 않습니다. 우리의 미래에 대한 안전과 보장은 하나님께 달려 있습니다. 위축되고 눌려 있는 마음을 내버려 두지 마시고 하나님과 하나님의 말씀을 힘입고 소망을 가지시기를 바랍니다.

> 시편 146편 3~5절
> "3) 귀인들을 의지하지 말며 도울 힘이 없는 인생도 의지하지 말지니 4) 그의 호흡이 끊어지면 흙으로 돌아가서 그날에 그의 생각이 소멸하리로다 5) 야곱의 하나님을 자기의 도움으로 삼으며 여호와 자기 하나님에게 자기의 소망을 두는 자는 복이 있도다."

3) 용서와 화해

그리스도인들의 대인 관계에 있어서 가장 큰 고민이 용서의 문제입니다. 나에게 상처를 주고 부당하게 대하는 사람들을 어떻게 용서할 수 있는가 하는 것입니다. 팀 켈러는 그의 책 '용서를 말하다'에서 용서를 이렇게 정의합니다. "용서란 당신에게 베푸신 하나님의 은혜를 상기하면서 앞의 세 가지(첫째 상대를 직접 해치지 않는다. 둘째 다른 사람들에게 상대를 비난하지 않는다. 셋째 마음속에 악감정을 품지 않는다)를 하지 않겠다는 약속이고, 가해자를 위해 기도

하겠다는 약속이다."

용서는 하나님이 그리스도인에게 주신 사명이고 명령입니다. 그러나 용서는 쉽지 않습니다. 사람들과의 관계 맺음에서 생기는 크고 작은 상처의 문제들을 적절하게 다루지 못하면 자신 영혼뿐만 대인 관계에 큰 걸림돌이 됩니다. 더 나아가 용서하기도 힘든데 어떻게 다시 화해를 이룰 수 있는가는 우리 삶에 큰 과제입니다. 어떻게 하면 용서와 화해를 실천할 수 있을까요?

(1) 용서의 기초는 하나님이 그리스도 안에서 우리를 용서하심에 있습니다.
"서로 용서하기를 하나님이 그리스도 안에서 너희를 용서하심과 같이 하라"(엡 4:32).
"누가 누구에게 불만이 있거든 서로 용납하여 피차 용서하되 주께서 너희를 용서하신 것같이 너희도 그리하고"(골 3:13).

나에게 상처와 아픔을 준 누군가를 용서하기 힘들 때 먼저 나를 향한 하나님의 용서를 생각해보시기를 바랍니다. 하나님이 우리 죄를 용서하지 않고 심판하기로 작정하셨다면 우리는 하나님의 진노와 저주를 면할 수 없었을 것입니다.

(2) 용서는 자신의 의지가 아닌 성령의 도우심으로만 가능합니다

용서하지 못함은 우리에게 상처와 아픔을 준 대상에 대한 미움과 분노, 복수심에 사로잡히게 합니다. 이로 인해 마음에 평안함이 없고 부정적인 감정에 휩싸여서 고통 가운데 살게 됩니다. 용서하라는 하나님의 말씀이 마음에 와닿지 않습니다. 머리로는 이해가 되어도 용서하고픈 마음이 생기지 않습니다. 그러기에 성령의 도우심과 능력이 필요합니다. 성령의 도우심과 능력으로 용서하기 힘든 사람을 용서하기로 선택하고 결단하게 됩니다. 성령은 상대방에 대한 불쌍히 여기는 마음을 가지게 하고 상대방 속에 있는 상처와 아픔을 보게 합니다. '얼마나 상처와 아픔이 많으면 사람들의 마음을 아프게 하는 말과 행동을 하며 살아가고 있겠는가?'라는 통찰을 얻게 됩니다. 그를 위해 애통하며 축복하는 마음을 가지게 됩니다.

(3) 용서를 구하는 용기를 가져야 합니다.

우리는 누군가를 용서해야 하지만 때로는 누군가에게 용서를 구해야 합니다. 상처는 받기도 하지만 주기도 합니다. 사람은 본성상 상처받은 것은 오래 기억하지만 자신이 형제에게 상처를 준 일에 대해서는 깨닫거나 잘 기억하지 못합니다. 형제와 말다툼이나 의견 충돌로 인해 미워하고 화를 냈다면 하나님께 용서를 구하는 것과 함께 그 형제에게 가서 용서를 구하는 것까지 나아가야 진정한 회개입니다.

영화 '밀양'에서 가해자가 성경이 말하는 용서를 얼마나 피상적으로 이해하고 있는지를 보여줍니다. 자신은 이미 하나님께 용서받았다고 말하면서 피해자인 주인공 신애에게 사과와 용서를 구하는 것을 회피합니다.

우리가 누군가를 용서해야 할 이유는 우리 또한 과거에 누군가에게 잘못했었고 앞으로 잘못을 할 가능성이 크기 때문이기도 합니다. 자신을 돌아보며 용서를 구할 누군가가 없는지 살펴보시기를 바랍니다.

(4) 용서와 화해를 구분해야 합니다

용서가 어려운 이유 중 하나가 바로 화해에 대한 문제 때문입니다. 용서는 할 수 있겠는데 그 사람과 이전에 가졌던 관계를 다시 회복하는 것에 대한 두려움과 불안이 있다는 것입니다. 이와 같은 생각은 용서가 곧 화해라는 잘못된 이해에서 나온 것입니다. 용서를 통해 화해가 이루어지고 비가 온 뒤에 땅이 더 단단하게 굳어지듯이 관계가 더욱 더 견고해지는 계기가 되면 좋겠지만 우리가 생각하는 대로 해피엔딩의 결과로 나타나지는 않습니다. 용서는 한편에서 일방적으로 하는 것이라면 화해는 쌍방의 문제입니다. 상처를 준 사람은 자기가 상대방에게 상처를 준 일을 모를 수 있고 자신에게는 문제없다고 여길 수 있기 때문입니다.

용서를 넘어 화해를 위해서는 가해자 쪽의 진정한 사과와 책임 있는 변화가 필요합니다. 상황에 따라서는 적절한 배상도 필요합니다. 관계의 회복은 우리가 지향해야 할 목표이지만 섣부른 화해는 또 다른 상처로 이어질 수 있습니다. 예를 들어 평소에 친분이 있던 가해자의 욕설과 폭력으로 인해 상처를 받은 피해자가 심리적으로는 용서할 수 있지만 이전의 관계 회복은 가해자의 변화가 없이는 불가능합니다. 왜냐하면 똑같은 문제를 겪을 수 있기 때문입니다. 이런 문제에 대해 기독교 윤리학자 폴 와델(Paul Wadel)은 "용서의 한계를 두지 말아야 한다는 예수님의 부르심이 건강하지 않고 위험한 상황 가운데 머물러야 함을 의미하지 않는다"라고 말합니다.

화해에 대한 강박을 버리고 우선 상대방을 진심으로 용서하는 마음을 가지시기를 바랍니다. 용서를 통해 내가 먼저 상처와 아픔의 부정적인 늪에서 벗어나는 것이 중요합니다. 용서의 과정을 통해서 화해로 나아간다면 가장 이상적이지만 현실은 그렇지 않습니다. 하나님은 이러한 우리의 연약함과 형편을 아시기에 "할 수 있거든 너희로서는 모든 사람과 더불어 화목하라"(롬 12:18)라고 말씀하셨습니다. 나의 책임을 다하는 가운데 상대가 수용하는 만큼 좋은 관계로 지내라는 것입니다.

4. 관계의 분별 : 사랑에도 거리가 있다

최근 우리 사회에 '가스라이팅'이라는 단어가 많이 사용되고 있습니다. '가스라이팅'이란 타인을 위한다는 명목으로 심리나 상황을 조작해 그 사람을 통제하고 조종하는 것을 말합니다. 건강한 관계는 상대방의 인격과 생각을 존중하고 배려하지만 건강하지 못한 관계는 한쪽에서 일방적으로 자신의 의견을 강요하고 상대방을 억압해서 자기가 원하는 방향으로 이끌어갑니다. 우리가 지속해서 관계 맺고 있는 사람에 대한 지식과 분별력이 없으면 관계의 유익이 아닌 파괴적인 결과로 인한 해로움을 경험하게 될 것입니다.

하나님의 말씀을 따라 모든 사람을 조건 없이 사랑해야 하지만 그 사랑도 거리가 있음을 알아야 합니다. 우리 주위에는 나를 진정으로 사랑하고 섬겨주는 좋은 분들도 있지만 자기 유익을 위하여 나를 이용하고 조종하고 억압하려는 소위 '독이 되는 사람'이 있음을 알아야 합니다. 게리 토마스는 '고통스러운 관계 끝내기'에서 우리가 독이 되는 사람과 관계를 맺고 있는지 알 수 있는 몇 가지 질문을 제공합니다.

그들과 접촉하고 나면 거기서 회복하는 데 오랜 시간이 필요한가?
그들과의 관계가 당신의 평온함, 즐거움, 용기, 희망을 파괴하는가?

그들이 다른 건전한 인간관계에 대한 당신의 여력과 참여를
방해하는가?

그들은 살의를 드러내는가?

그들은 통제하는가? 그들에게 조종당하는 기분이 드는가?

그들 때문에 위축되는 기분이 드는가?

그 사람은 분함과 노여움과 악의를 드러내고, 비방과 부끄러
운 말과 거짓말을 할 때 활기를 띠는가?

우리가 관계 맺고 있는 사람에 대해 성급한 판단은 경계해야 하
지만 '건강한 관계를 맺고 있는지? 건강하지 못한 관계를 맺고 있는
지?'에 대한 분별은 해보아야 합니다. 더 이상 서로의 성장과 발전은
없고 관계 속에서 독성이 느껴진다면 관계의 거리를 두어야 합니다.
어떤 경우에는 과감하게 떠나야 할 수도 있습니다. 독이 되는 관계
는 우리의 시간과 돈과 에너지를 갉아먹고 우리의 영혼을 피폐하게
만들며 하나님을 바라보지 못하게 만듭니다. 하나님은 때로는 독이
되는 사람을 통하여 우리의 신앙과 인격을 연단하시지만 독이 되는
관계를 오래 하는 것은 좋지 않습니다. 상대방을 변화시키려고 섣부
른 조언과 충언을 하는 것은 관계를 더 악화시킬 수 있습니다. 잠언
9장 7절의 말씀을 기억하십시오. "거만한 자를 징계하는 자는 도리
어 능욕을 받고 악인을 책망하는 자는 도리어 흠이 잡히느니라." 우

리는 하나님이 아니기에 누군가를 변화시킬 능력이 없습니다. 다만 사랑하고 섬기며 그 사람을 하나님께 맡길 뿐입니다.

5. 관계의 윤활유 : 매력적인 성품 만들기

좋은 관계를 맺고 유지하며 더 나은 관계로 만드는 비결은 성품에 있습니다. 성품은 한 사람의 인격 또는 사람됨입니다. 사람들은 성품이 좋은 사람들을 좋아하고 가까이하고 싶어 합니다. 반대로 성품이 좋지 않고 자기중심적이며 이기적인 사람들은 사람들이 가까이하지 않으려고 합니다. 성품은 꽃의 향기와 같아서 벌들이 찾아오게 만듭니다.

그리스도인에게 성품은 구원받은 신자에게서 반드시 나타나야하는 성령의 열매입니다. "오직 성령의 열매는 사랑과 희락과 화평과 오래참음과 자비와 양선과 충성과 온유와 절제니 이 같은 것을 금지할 법이 없느니라"(갈 5:22-23). 성령의 열매들을 하나씩 살펴보면 예수님의 성품임을 알 수 있습니다. 성령의 열매는 하나님의 생명이 한 사람 안에서 살아 움직일 때 모든 평범한 인간의 삶 속에서 하나님이 직접 만드시는 속성들입니다.

과거 한국교회는 성령의 은사와 능력은 많이 강조했지만 성령의 열매에 대해서 간과한 부분이 많았습니다. 한국교회가 세상으로부터 비난과 조롱을 받는 이유가 성령의 은사가 부족해서가 아니라 우리의 인격과 삶 속에서 나타나는 성령의 열매가 부족해서 일 것입니다. 앤디 스텐리는 '성품은 말보다 더 크게 말한다'에서 성품의 중요성에 대해서 이렇게 강조합니다.

"당신의 모든 인간관계는 성품 때문에 잘 되기도 하고 깨지기도 한다. 노력과 행운으로 얻은 재산을 당신이 얼마나 오래 지킬 수 있을지도 성품을 보아 가늠할 수 있다. 성품은 실패와 성공과 부당한 대우와 고통에 대한 당신의 반응을 결정짓는 내면의 각본이다. 성품은 당신 삶의 모든 면과 맞닿아 있다. 성품이 미치는 범위는 당신의 재능, 교육, 배경, 인맥보다 넓다. 그런 것들로 문이 열릴 수는 있으나 일단 그 문에 들어선 후 어떻게 될지는 성품으로 결정된다. 외모와 재산으로 결혼은 성사될지 모르나 결혼을 유지키시는 것은 성품이다. 하나님께 받은 생식 기관으로 자녀는 낳을지 모르나 자녀와 관계를 맺고 대화하는 능력은 성품으로 결정된다."

성품은 강력한 은혜체험 한 번으로 이루어지는 것이 아닙니다. 오랜 세월 동안 성령에 의해 다듬어지고 연단되어서 빚어진 결과입니다. 성품의 중요성을 알고 지속적인 관심과 경건의 훈련을 통해 예수님의 모습을 닮아가야 합니다. 좋은 성품은 하나님 안에서 우리 자신을 행복하게 만들 뿐 아니라 우리의 맺고 있는 관계를 풍요롭게 하고 좋은 평판으로 인해 미래에 대한 든든한 자산을 쌓게 합니다. 단순히 사람들의 칭찬과 인정을 넘어 하나님 앞에서 예수 그리스도의 인격을 닮아가는 우리 모두가 되기를 원합니다.

나가면서

어떤 작가가 창세기 1장 1절을 패러디해서 책 제목으로 '태초에 관계가 있었다'라는 책을 출판했습니다. 이 책을 읽어보지는 않았지만 책 제목을 처음 보았을 때 기발하다라는 생각을 했습니다. 인간의 본질과 삶 전체를 아우르는 문장이라고 생각했기 때문입니다. '우리는 관계 속에서 태어나고, 관계 속에서 살며, 관계 속에서 죽는구나!'라는 생각을 했습니다. 사람은 홀로 살 수 없고 소수이든, 다수이든 여러 사람과 다양한 관계를 맺고 살아갈 수밖에 없습니다. 인생을 산다는 것은 곧 관계를 배워간다는 말입니다.

그리스도인에게 있어서 신앙은 곧 관계입니다. 하나님과의 관계이자 사람과의 관계입니다. 좋은 신앙인은 하나님과 좋은 관계를 맺을 뿐 아니라 사람과도 좋은 관계를 맺어가는 사람입니다. 우리가 맺고 있는 관계를 아름답고 풍성하게 가꾸어 가기 위해 노력하고 힘쓰는 우리 모두가 되기를 바랍니다.

1. 이지선 교수와 닉 부이치치의 이야기를 통해 어떻게 하면 건강한 자존 감을 가질 수 있을까요?

2. 사람들과 관계를 맺을 때 나는 상대방을 섬기는 사람인가요? 아니면 상대방의 섬김을 받기 원하는 사람인가요?

3. 관계의 위기가 올 때 나는 어떻게 대처하고 반응하나요?

4. 성령의 열매 중에 내가 힘쓰고 노력해야 할 열매는 무엇일까요?

성도의 노후준비

*
주두형 목사(밀양우리교회 부목사)
고려신학대학원(M.Div.)을 졸업했다. 투자자산운용사(금융투자협회)와 연금상담전문가(FP협회)
로 목회자들의 재정설계와 노후에 관심을 가지고 있다.

들어가면서 : 전직 5대 시중 은행원이 알려주는 금융 꿀팁!

성경에 등장하는 인물 가운데 요셉은 애굽의 토지법을 세운 사람입니다. 애굽에 노예로 팔려가서 힘든 삶을 살았지만 그는 하나님을 경외했고 바로의 꿈을 해몽할 수 있도록 지혜를 주십니다. 애굽의 온 땅이 7년 동안 큰 풍년이 들었을 때 곡식의 5분의 1을 비축했고 흉년의 시기에 곡식을 팔아 애굽의 백성뿐만이 아니라 아버지와 형제들까지 기근에서 구할 수 있었습니다. 그리고 제사장의 토지를 제외한 애굽의 토지를 거둬들이고 나머지 80%를 소작료로 받아가는 애굽의 토지법까지 세우게 됩니다. 요셉을 통해 하나님의 구속사역을 이어가도록 하셨던 것입니다.

하나님 나라를 소망하며 살아가는 성도라도 반드시 노후가 찾아옵니다. 애굽 땅에 7년의 풍년과 7년의 흉년이 찾아왔던 것처럼 인생의 절반은 왕성한 사회생활을 하겠지만 남은 절반의 인생은 노후를 맞이하게 됩니다. 일할 수 있을 때 건강과 재정이 준비되지 않으면 질병과 빈곤이 노후를 맞이하게 될 것입니다. 특히 재정에 관한 준비는 빠를수록 좋습니다. 하지만 빠른 준비와 함께 그 방향성은 더욱 중요합니다. 성도가 준비해야 할 노후준비의 큰 방향을 제시하고자 합니다.

1. 국민연금편-하루라도 빨리 가입하고 오랫동안 납입해야 하는 이유

국민연금만으로 풍족한 노후를 기대할 수 없어도 빈곤한 삶으로 내몰리지 않도록 든든한 사회보장의 역할을 해 주는 제도입니다. 소득이 있는 18세 이상 60세 이하의 국민이라면 반드시 가입해야 하는 조세의 성격을 띠고 있습니다. 필자는 만18세가 되던 해에 처음으로 사회생활을 시작했습니다. 지금 생각해보면 그때 국민연금을 필수가 아니라 선택이었다면 선택하지 않았을 것입니다. 청년의 시절에 은퇴를 생각해 본 적이 없고, 노후 또한 먼 미래의 일이었기 때문입니다. 하지만 은퇴가 가까워져 오는 것을 느끼면서 노후에 기댈

것은 국민연금이라는 생각이 듭니다. 국가에 의해 강제적으로 가입하고 중간에 해지할 수도 없었던 국민연금이 은퇴를 앞둔 시점에서 노후를 위한 든든한 버팀목이 되고 있는 현실입니다.

1) 피할 수 없다면 당장 준비하라!

성인이면 직장인이 되거나 자영업자가 되어 사회구성원으로서 역할을 감당하게 됩니다. 1988년에 국민연금이 시행되면서 자영업자는 물론 모든 직장인이 의무가입으로 바뀌었습니다. 소득의 3%를 국민연금으로 납부하던 것도 꾸준히 올라서 지금은 소득의 9%를 납부해야 됩니다. 물론 직장인은 회사가 소득의 4.5%를 부담하고 나머지 4.5%는 급여에서 공제해서 일괄 납부합니다. 사실상 사회생활을 하는 모든 국민은 국민연금 가입은 피해 갈 수 없다는 사실입니다. 현실적인 대안은 지금이라도 당장 국민연금을 가입하는 것이 현명합니다. 아래의 표는 국민연금을 당장 준비해야 할 이유를 보여줍니다.

월 9만 원씩 20년을 납부하거나, 그 두 배인 18만 원을 10년을 납부한다면 모두가 총 납부금액 2,160만 원으로 동일하지만 수령하게 되는 연금액은 매월 389,720원과 247,610원으로 142,110원이나 차이가 발생합니다. 이번에는 월 9만 원씩 30년을 납부하거나 그 세배인 27만 원을 10년 납부한다고 가정해 보겠습니다. 납부하는

월납부 연금보험료 (9%)	가입기간			
	10년	20년	30년	40년
90,000	196,670	389,720	582,780	775,830
180,000	247,610	490,660	733,720	976,770
270,000	298,540	591,600	884,650	1,177,710
360,000	349,480	692,540	1,035,590	1,378,650

(자료1) 2023년 노령연금 예상연금월액표(출처-국민연금관리공단)

금액은 두 사람 모두가 3,240만원으로 동일하지만 수령하는 연금액도 매월 582,780원과 298,540원으로 284,240이나 차이가 발생한다는 것을 알 수 있습니다. 정리하면 납부금액을 늘리는 것보다 납부기간을 늘리는 것이 더 유리하다는 사실입니다. 이러한 내용을 이해했다면 지금 당장 국민연금을 가입하고 연금을 수령하기 전까지 계속 납부하여 보다 더 안정된 노후를 맞이하시기 바랍니다.

2) 소득이 적다면 국민연금부터 챙겨라!

국민연금은 저소득층에게는 적게 걷고 고소득층에게는 많이 걷어서 일정부분 비슷하게 나눠주는 소득 재분배 기능이 있습니다. 아래의 표는 국민연금을 20년 수령한다고 가정을 하고 연금수령 총금액을 연금납부 총금액으로 나눈 것입니다.

월납부 연금보험료(9%)	10년 연금 납입후 20년 연금 수령시 환급률	20년 연금 납입후 20년 연금 수령시 환급률	30년 연금 납입후 20년 연금 수령시 환급률
90,000	437%	433%	432%
180,000	275%	273%	272%
270,000	221%	219%	218%
360,000	194%	192%	192%

(자료2) 2023년 기준 노령연금 환급률 (66세 수령 시작 85세 사망)

결과적으로 9만 원을 납부할 경우가 36만 원을 납부할 경우보다 환급률이 더 높다는 사실을 확인할 수 있습니다. 소득이 적다면 반드시 국민연금부터 반드시 챙겨야 하는 이유입니다. 직장 가입자는 정해진 소득만큼을 연금으로 납부하지만 임의 가입자는 연금 납부액을 조절할 수 있기 때문에 최소금액을 납부하고 남는 금액을 저축이나 투자를 하면 노후를 효과적으로 준비할 수 있습니다.

3) 물가가 상승할수록 국민연금은 빛을 발한다

물가는 매년 상승합니다. 물가의 상승은 보유하고 있는 돈의 가치를 하락시켜 더 비싼 가격을 지불하고 물건을 사야 합니다. 예를 들어 매월 100만 원씩 연금을 수령하는 사람이 매년 3%의 물가상승이 10년간 지속하였다고 가정하면 연금 수급권자는 생계에 큰 곤란을 겪게 될 것입니다. 10년 후 수령하는 연금 100만 원은 30%(연물가승율 3%*10년)가 줄어든 70만 원의 가치 밖에 되지 않기 때문입니다. 하지만 국민연금은 물가상승으로 인해 연금의 실질 가치가 떨어지는 것을 막기 위해 매년 물가 상승률을 반영합니다. 일반적인 금융상품에서 찾아볼 수 없는 국민연금만의 매력이자 장점입니다. 참고로 2023년도 국민연금 수령액은 2022년도 물가 상승률을 반영한 5.1% 인상하여 지급하고 있습니다. 현재 예상 연금액과 미래에 받게 될 실질 연금액의 괴리를 줄이는 장치를 해 놓은 것입니다.

구 분	15년	16년	17년	18년	19년	20년	21년	22년	23년
전국소비자 물가변동률	1.3%	0.7%	1%	1.9%	1.5%	0.4%	0.5%	2.5%	5.1%

(자료3) 연금액 인상비율(출처-국민연금관리공단)

4) 국민연금을 중도에 하차했다면?

그동안 국민연금의 탁월한 장점들을 이해하지 못해서 납부를 중단하고 있거나 특정한 시기에 국민연금을 중도에 해지했던 사람들에게도 특별한 기회를 주고 있습니다. 바로 추후납부제도와 반납제도가 그것입니다. 국민연금 납부 공백이 발생했다면 최대 119개월을 추후납부제도를 이용해서 연금납부기간 공백을 메울 수 있도록 만든 제도입니다. 또한 중간에 일시금으로 국민연금을 수령했다면 반납제도를 이용해서 해지되었던 국민연금을 다시 살릴 수도 있습니다. 이 두 가지 제도는 연금가입 기간을 늘려 주는 효과가 있기 때문에 잘 활용하면 연금 수령액을 획기적으로 증대시킬 수 있습니다.

5) 소득이 줄어들거나 없더라도 최소금액은 납부하라!

소득이 없는 자녀라도 명절이 되면 어른들로부터 용돈을 받습니다. 대부분은 자녀 명의로 통장을 만들어 저축을 해줍니다. 만일 자녀가 만 18세가 넘는다면 최소금액이라도 임의계속가입제도를 통해 국민연금을 납부하는 것이 더 좋은 투자방법입니다. 또 가입자가 60세에 도달하게 되면 더 이상 의무적으로 연금을 납부하지 않아도 됩니다. 그래서 일정 부분 직장에서 부담해 주던 국민연금을 더 이상 부담하지 않습니다. 하지만 의무가입대상이 아니라도 계속해서 국민연금 보험료를 납부하는 것이 유리합니다. 국민연금 납입의무가 없는 무소득자나 60세 이상은 임의 납부제도를 활용할 수 있기 때문입니다. 국민연금 납부 기간인 10년을 채우지 못해 연금수령 대상이 아닌 사람들은 물론이고 10년을 채웠다 하더라도 가입 기간을 최대한 늘리기 위해 활용할 수 있습니다. 국민연금 가입 기간을 늘릴 수 있는 마지막 기회로 연금을 수령하기 전월까지 계속 납부하는 것이 유리합니다.

6) 국민연금은 고무줄이다

국민연금은 형편이 어려우면 당겨 받고 넉넉하면 늦춰 받을 수 있습니다. 1969년생부터는 국민연금을 수령할 수 있는 나이가 65세입니다. 하지만 개인적인 사정에 따라 최장 5년까지 당겨 받을 수 있는데 이를 '조기노령연금'이라 부릅니다. 조기노령연금을 신청하면 1년 앞당길 때마다 연금 수령액이 6%씩 줄어들기 때문에 60세에 연금을 수령하면 30% 줄어든 연금을 받게 됩니다. 이와는 반대로 늦춰서 받을 수도 있는데 이를 '연기연금'이라 부릅니다. 최장 5년까지 늦춰 받을 수 있는데 1년을 늦출수록 7.2%의 연금을 더 받게 되어, 36%까지 늘어난 연금을 받게 됩니다. 조기노령연금을 수령할 경우 평균 13년이 경과하는 시점(78세)부터 원래 받기로 했던 수령액의 역전이 발생하고 연기연금을 신청할 경우 평균 18년이 경과하는 시점(83세)부터 이익이 발생합니다. 조기노령연금이나 연기연금은 자신의 경제 상황이나 건강상태를 고려해서 미래의 손해를 감수할 것인지를 판단하는 것이 중요합니다.

7) 언젠가 고갈될 국민연금이 걱정이라면?

요즘 30, 40세대들이 국민연금을 받을 수 있느냐가 큰 논란이 되고 있습니다. 그래서 현재 65세인 연금 개시연령을 높이고, 현재 9%인 보험료율을 인상하며 40%인 소득대체율을 조정하려는 논의가 지금도 계속되고 있습니다. 하지만 국민연금은 우리가 내는 돈을 국가가 불려서 나중에 돌려주는 적금이 아닙니다. 설령 적립기금이 모두 소진된다고 하더라고 그해 지급에 필요한 재원을 그해에 걷어서 주는 부과방식으로 전환하게 되어있습니다. 어떤 제도라도 확실한 미래를 보장할 수는 없지만 그렇다고 아무것도 하지 않는다면 더 큰 어려움에 직면하게 될 것입니다. 국민연금을 납부하는 동안 계획을 바꿔야 할 사정이 발생하면 그때마다 위험에 대비하고 준비하는 것이 최선의 방법입니다. 아직까지는 국민연금이 노후준비에 가장 좋은 상품이라는 사실입니다.

현재 세계적으로 공적연금제도를 시행하고 있는 나라는 170여 개국에 달하지만 연금 지급을 중단한 나라는 한 곳도 없습니다. 우리나라도 연금법 3조의 2항에서 "국가는 연금급여가 안정적. 지속적으로 지급 되도록 필요한 정책을 수립 시행되어야 한다"라고 국가의 책무를 규정해 놓고 있습니다. 국민연금은 국가가 책임질 수밖에 없는 구조이니 너무 걱정하지 마시기 바랍니다.

국민연금에 대한 특이한 현상 한 가지가 있습니다. 연금에 대해서 아는 사람과 연금을 모르는 사람들 사이에 정보의 차이가 대단히 크다는 사실입니다. 필자는 첫째 아들이 만 18세가 된 해에 성인이 된 선물로 국민연금을 가입시켰습니다. 금액도 임의계속가입자가 납입해야 할 최소 금액인 9만 원을 납부했습니다. 저희 자녀도 언젠가 대학 생활과 군 복무를 마치고 취업을 하게 될 것입니다. 당연히 첫 월급을 받을 때, 국민연금도 반드시 납입하겠지만 국민연금 1개월 차인 입사 동기와는 많은 차이가 발생합니다. 바로 추후납부제도를 활용할 수 있기 때문입니다. 추후납부제도는 최고 119개월 범위 안에서 국민연금가입 기간을 늘일 수 있는 선택지 하나가 생기게 되는 것입니다. 결국 이 선택지 때문에 자녀는 노후를 훨씬 빨리, 더욱 안정적으로 준비하게 될 것입니다. 이처럼 누구에게나 익숙한 국민연금이지만 그 구체적인 내용을 파악하지 못해서 효율적으로 노후를 준비할 기회를 놓치는 분들이 많습니다. 건강보험이 누구나 가입해야 하는 것이고 누구나 받아야 할 사회보장이듯이 국민연금도 동일합니다. 노후를 위해 국민연금을 최대한 활용하고 부족한 부분을 채워 가시기 바랍니다.

2. 주택구입편-무리한 영끌투자(영혼까지 끌어 모은다의 줄임말)는 이제 그만!

안정적인 연금과 함께 쾌적한 주거는 노후준비의 필수입니다. 하지만 인구가 지속적으로 감소하고 주택보급율이 100%를 초과한 상황에서 주택구입을 위해 영끌 투자를 하는 것은 위험합니다. 자신의 소득 규모와 매월 지출되는 생활비를 감안해서 주택 구입 시기를 결정해야 합니다.

1) 한국주택금융공사-주택금융을 위해 만든 준정부기관

일반적으로 대출을 받지 않고는 주택을 구입하기 어렵습니다. 그래서 국가에서 복지개념으로 만든 기관이 한국주택금융공사입니다. 서민의 전세자금부터 주택구입까지 주택에 관한 모든 것을 취급하기 때문에 자격과 요건을 미리 파악해 놓는다면 필요한 시기에 안정적으로 주택을 구입할 수 있습니다.

2) 주택청약저축-무조건 가입해야 하는 이유

청약저축을 가입하는 것이 좋다는 이야기는 들어보셨을 겁니다. 하지만 왜 좋은지에 대해서는 단편적으로 알고 있는 경우가 많습니다. 대부분 아파트 청약하기 위한 용도로 가입해야 되는 것으로 생각합니다. 지역에 따라 조금씩 다르지만 300-400만 원 정도를 일시로 넣고 아파트 1순위 청약도 할 수 있기 때문입니다. 또 직장인들은 소득 공제 때문에 청약을 가입하는 경우도 있습니다. 월 20만 원씩 1년을 불입하면 240만 원의 40%인 96만 원 소득 공제가 가능하기 때문입니다. 하지만 대부분 잘 모르는 청약저축의 장점 하나가 더 있습니다. 젊은 직장인들이 돈을 모아 신혼집을 구할 때나, 싱글이라도 처음 내 집을 마련할 때 받는 한국주택금융공사의 디딤돌대출은 우대금리에 더해 주택청약저축 보유 여부를 심사해서 금리를 깎아 준다는 사실입니다. 지금 당장 은행에 가서 주택청약저축 통장을 개설하여 매달 2만 원씩만 적금을 드시기 바랍니다. 그러면 최장 15년 동안 매달 2만 원씩 총 3백60만 원 적금 들고 30년 동안 총 3천8백만 원 이상을 절약할 수 있습니다. 아래는 주택청약 저축 보유 기간별 주택구입자금대출 우대금리표입니다.

기간	1년 이상	3년 이상	5년 이상	10년 이상	15년 이상
우대금리	0.1%	0.2%	0.3%	0.4%	0.5%

(자료4) 주택청약저축 보유기간별 주택구입자금대출 우대금리(출처-한국주택금융공사)

주택청약 저축 보유 기간별로 1년 이상 0.1%에서 최장 15년 이상 0.5%를 대출금리를 깎아 준다고 하니 별 것 아닌 것같아 보입니다. 하지만 주택의 특성상 큰 금액을 대출받기 때문에 많은 차이가 발생합니다. 아래는 실제로 대출을 받아 아파트를 구입했을 때 원리금을 계산한 표입니다.

아파트를 구입할 때 한국주택금융공사의 디딤돌대출 4억 원을 30년 원리금 균등분할로 받으면 매월 175만 원을 내야 합니다. 그

금리	3.3%	2.8%	청약우대 0.5%
디딤돌대출 금액	30년 원리금		월 금리 차이
₩100,000,000	₩437,955	₩410,894	₩27,061
₩200,000,000	₩875,910	₩821,788	₩54,122
₩300,000,000	₩1,313,865	₩1,232,683	₩81,182
₩400,000,000	₩1,751,820	₩1,643,577	₩108,243
청약 우대금리 30년 차액			₩38,967,480(4억 원, 30년 대출)

(자료5) 주택구입자금대출 금액 및 기간별 계산표 (2023년 8월 11일 금리 기준)

런데 주택청약저축 15년 동안 2만 원씩 들어놓았다면, 금리 0.5% 우대를 받습니다. 그럼 매월 164만 원만 내면 됩니다. 매월 10만 8천 원을 아낍니다. 이 금액을 30년 동안 모으면 3천8백96만 원이나 절약하게 됩니다. 웬만한 소형차 한 대 값은 나오는 것입니다. 그러니 주택이 없는 분들은 당장 주택청약 저축 2만 원짜리 하나 가입하시기 바랍니다. 자녀들 용돈 받은 것도 아무 적금이나 넣지 마시고 자녀들 명의로 주택청약 저축 2만 원짜리 가입해서 자동납부를 해두면 자녀들이 주택을 구입할 때 큰 도움을 받을 수 있습니다.

주택구입 편은 비교적 짧게 주택금융공사와 청약저축 활용팁을 소개하는 이유가 있습니다. 현재 주택시장은 양극화되고 있고 더 가속화될 것이기 때문입니다. 이러한 현상은 소위 똘똘한 집 한 채를

선호하는 현상으로 나타나고 있습니다. 그러니 무작정 주택 구입을
위해 무리하는 것 보다는 거주하고 싶은 곳의 주택가격의 동향을 살
펴보면서 접근하는 것이 바람직합니다.

3. 저축편-노후준비의 걸음마

자녀를 위해 통장을 만들어 줄 때나 급여통장을 만들 때도 고려
해야 할 것이 있습니다. 가입하고 있는 통장이 예금자 보호는 되는
지, 그 은행의 영업점이 전국에 골고루 분포되어 있는지, 금융사고
에 대한 보안이 완벽한지를 살펴봐야 합니다. 특별히 해외 유학과
외국으로의 여행이 보편화 되어있는 상황에 외국환거래를 편리하게
할 수 있도록 인프라가 갖춰져 있는지도 함께 살펴봐야 합니다.

1) 예금자보호-예금자 보호가 안 되는 은행은 없고, 예금자 보호가 안 되는
상품이 있다.

예금자보호법은 금융기관이 파산하거나 부도가 발생하더라도 예
금자의 예금을 보호하는 법입니다. 예금자 한 사람당 원금과 이자
를 포함하여 최대 5천만 원까지 예금을 보호합니다. 제1금융권과 증
권사나 보험사 그리고 저축은행과 같은 제2금융기관도 보호받을 수
있습니다. 단 신협, 새마을금고, 지역농협, 산림조합은 각 금융사 자

체기금으로 보호하고 우체국은 국가가 보호합니다. 예금자 보호를 받을 수 없는 것은 금융기관이 아니라 금융상품에 있습니다. 출자금과 펀드와 증권회사의 CMA통장은 예금자 보호를 받을 수 없기 때문입니다. 따라서 금융기관에서 저축 상품에 가입할 때 예금자 보호가 되는지를 살펴보시기 바랍니다.

2) 금융회사의 편리성과 안전성-점포수와 BIS비율만 보면 된다.

최근 카카오뱅크나 토스뱅크와 K뱅크 등 온라인 전문은행이 등장했습니다. 손쉽게 은행 업무를 처리할 수 있다는 것과 제1금융기관에 속하고 예금자 보호를 받을 수 있는 장점을 내세워 젊은 층에 많은 인기를 끌고 있습니다. 하지만 고려해야 할 것이 있습니다. 사고처리 등 당장 위급한 업무와 제신고 등이 발생했을 때 직접적으로 도움을 받기 힘들다는 것입니다. 필자도 1년 전 본인 계정 관련 업무를 처리하는데 적지 않은 답답함과 혼란을 겪은 적이 있었습니다. 점점 금융기관의 점포 숫자는 줄어들겠지만 상대적으로 점포 수가 많은 금융기관을 이용하는 것이 편리합니다. 또 지방에 거점을 두고 있는 지방은행과 거래하는 때도 신중해야 합니다. 제주은행 같은 경우 31개의 점포가 있지만 대부분 점포가 제주도에만 분포되어 있고 서울과 부산에 각 한군데씩밖에 없기 때문입니다. 이처럼 지방에 거점을 둔 금융기관은 혹시 모를 이사나 발령으로 타지역에서는 해당

금융기관의 도움을 직접 받기 어려울 수도 있습니다. 또 중간에 주 거래은행을 옮기는 것도 문제입니다. 은행을 옮기는 순간 그동안 거 래해왔던 모든 실적이 소멸하므로 그동안 주거래은행을 통해 누려 왔던 혜택들이 사라지게 됩니다. 그러므로 금융기관을 선택할 때 가 급적 시중은행과 거래하는 것을 추천해 드립니다. 아래의 표를 참고 하면 금융기관의 편리성과 안전성을 확인할 수 있습니다. 금융기관 의 안전성은 BIS비율로 확인됩니다. 국제결제은행(BIS)이 정한 은행 의 위험자산(부실채권) 대비 자기자본 비율이 8% 이상이면 안전한 은행입니다.

시중은행명	NH농협은행	KB국민은행	신한은행	우리은행	하나은행
점포수	1,108개	914개	784개	768개	613개
총자산	400조원	517조원	454조원	440조원	487조원
당기순이익	1조5,164억원	2조2,813억원	2조2,361억원	2조368억원	1조9,852억원
BIS비율	18.41%	16.83%	17.51%	15.18%	16.54%

(자료6) 21년 5대 시중은행 현황 (출처-금융감독원)

현재 5대 시중은행 모두가 안전하지만, 점포 수와 BIS비율만을 보면 NH농협은행이 우수하고, 총자산과 당기순이익만을 보면 KB 국민은행이 우수합니다.

3) 국민연금 안심통장-안심하고 연금을 받을 수 있도록 만든 통장

예금자 보호도 살펴보고, 금융기관의 편리성과 안전성도 검토하여 신중하게 통장을 개설했는데 법원으로부터 덜컥 압류명령이나 체납처분을 받는다면 황당할 것입니다. 더군다나 연금에 기대어 매달 생활하는 입장이라면 더 답답하겠죠? 그래서 나온 통장이 바로 국민연금안심통장입니다. 이 통장은 법원의 압류명령 및 체납처분으로부터 보호받을 수 있습니다. 매월 150만 원 이내로 보호받을 수 있으니 국민연금 수령시 반드시 참고하시기 바랍니다.

지면 관계상 금융기관별로 예금상품까지는 구체적으로 소개할 수 없습니다. 평소에 금융상품에 관심을 가지셔야 합니다. 주택을 구입하기 위해서는 종잣돈이 있어야 하고 마땅한 투자처를 발굴해도 마찬가지입니다. 비교적 금리가 낮아도 은행을 통해 종잣돈을 마련하시기 바랍니다.

4. 주식편-투자인가? 투기인가?

우리는 자본주의 사회를 살아갑니다. 생산 수단을 가진 자본가가 노동자로부터 노동력을 제공받아 이익을 추구해 나가는 경제 체제를 자본주의라고 말합니다. 그래서 많은 회사가 대규모로 자본을 조달하기 위해 주식을 발행하는 형태를 취하는데 이렇게 설립된 회사가 주식회사입니다. 그러므로 주식에 투자한다는 것은 주식회사에 자본을 조달하는 것을 의미하고, 회사의 주인인 '주주'가 되는 것입니다. 기업의 중요한 결정에 참여할 수 있는 것은 물론이고 주주로서의 다양한 권리를 얻게 됩니다. 회사가 경영을 잘해서 이익이 발생하면 기업이 내는 세금으로 국가를 윤택하게 만들고, 누군가에게 더 많은 일자리를 제공하며, 소비자들에게는 좋은 제품과 서비스를 제공합니다. 당연히 주주들에게는 많은 이익도 안겨주게 되겠죠! 이런 이유로 주식을 자본주의의 꽃이라고 말합니다. 하지만 주식은 많은 사람으로부터 오해를 받아왔습니다. 도박이나 불로소득으로 인식되기도 했습니다. "주식으로 망하고 주식 때문에 자살했다"라는 뉴스 기사라도 듣게 되면 해서는 안 되는 나쁜 일을 하는 것처럼 사실과는 다르게 인식됐던 것입니다. 주식은 해서도 안 될 것으로 터부시되거나 반대로 사회생활이 안 될 정도로 너무 빠져있어서는 안 됩니다. 주식 편에서는 건전한 투자가 되기 위한 몇 가지 조언을 드리고자 합니다.

1) 가치 있는 기업에 투자하라!

당연한 말 같지만 매년 이익을 남기고 미래도 기대되는 기업에 투자해야 합니다. 기업 재무제표를 보는 법과 기업 평가를 위한 툴

인 PER(Price Earning Ratio, 주가수익비율), PBR(Price Book Val
ue Ratio, 주가순자산비율) 등을 통해 기업의 현재가치를 평가할 수
있습니다. 좀 복잡해 보이지만 이미 계산해 놓은 자료도 많이 있으
므로 참고해서 조금씩 가공하면 기업의 미래 가치를 평가해 볼 수도
있습니다.

2) 오랜 시간을 두고 분산 투자, 분할 매수하라!

한 기업이 성장하려면 많은 시간이 걸립니다. 가치 있는 기업이
성과를 내는 데에도 상당한 시간이 필요합니다. 짧게 보면 기업의
주가가 상승과 하락을 반복하는 것처럼 보여도 장기적인 관점으로
보면 지속적으로 우상향하게 됩니다. 항상 자신이 평가한 기업가치
에 대한 평가도 틀릴 수 있다는 겸손한 마음을 가지고 2개 기업 이
상의 기업에 분산 투자하셔야 합니다. 안정적인 노후를 위해 3년 이
상을 투자한다고 생각하고 매월 적금 불입하듯이 계속해서 분산 투
자와 분할 매수하시기 바랍니다. 그러면 위험이 분산되고 장기적으
로 안정적인 수익을 거두는 데 도움이 됩니다.

3) 주식은 빌려서 투자 하지 마라!

자본을 빌려서 투자하는 것을 레버리지(Leverage)라고 부릅니
다. 레버리지를 활용하면 투자 수익률을 높일 수 있지만 손실도 커

질 수 있으므로 노후를 위한 장기 투자에는 적합하지 않습니다.

4) 공모주 투자

공모주란 '투자를 받기 위해 투자자들에게 기업을 공개(IPO, Initial Public Offering)하는 행위'라고 정의할 수 있습니다. 신주를 발행하는 경우와 구주를 매출하는 경우로 나뉘는데, 시중 예금금리나 코스피지수 상승률과 비교하여 높은 이익률을 보입니다. 최근 높은 경쟁률로 인해 배정받는 주식 수량은 적지만 기업의 내용과 경제의 흐름을 살펴볼 수 있는 장점이 있습니다.

5) 주식이 어렵다면 전문가가 운영하는 ETF에 투자하자!

ETF(Exchange Traded Fund, 상장지수펀드)는 '거래소에서 거래되는 펀드'라는 뜻입니다. 저렴한 수수료로 여러 종목의 주식을 분산하여 펀드를 만들고, 전문펀드 매니저가 운영하며, 장기 투자까지 할 수 있는 장점이 있습니다. 세계적인 투자자인 워런 버핏은 자신의 유산 90%를 S&P500이라는 인덱스펀드에 투자하라고 아내에게 유언으로 남겼습니다. S&P500은 미국에서 가장 오래되고 유명한 ETF입니다. 전업투자자가 아닌 자신의 아내를 위해 ETF를 추천했다는 사실은 누구나 가장 쉽고 안전하게 접근하는 투자방법이라는 것을 알려줍니다.

6) 자산의 얼마만큼을 투자해야 하나?

총자산에서 주식에 투자해야 하는 비율은 자신의 투자 성향에 따라 차이가 있으므로 정답은 없습니다. 일반적으로 젊을 때는 투자비율을 늘리고, 은퇴가 가까울수록 투자비율을 줄여서 현금을 확보하는 것이 현명합니다. 투자 성향에 따라 공격적으로 투자하는 분들은 20대는 자산의 80%를 50대는 자산의 50%로 100에서 자신의 연령대를 뺀 비율 정도로 투자하는 경우도 있으니 참고하시기 바랍니다.

주식을 활용하는 것은 맛있는 음식을 만드는 요리사의 칼이 될 수도 있고 사람을 상하게 만드는 강도의 칼이 되기도 합니다. 어떻게 사용하느냐에 따라 결과가 달라지는 것입니다. 반드시 주식은 투자의 관점으로 접근하셔야 합니다. 투자는 기업가치를 보는 것이고 투기는 주가의 움직임만을 보는 것입니다. 경영학에서는 기업을 살아 있는 생명체라고 말합니다. 우리가 살아 가야 할 경제와 기업경영에도 관심을 가져 효과적으로 노후를 준비하시기 바랍니다.

나가면서

예수님이 "내일 일을 염려하지 말라"고 명하셨다고 해서 노후를 위해 아무런 대책을 세우지 않는 것은 잘못된 태도입니다. 성경을 읽다 보면 경제에 대한 예수님의 해박한 지식에 깜짝 놀랄 때가 있습니다. 마태복음의 달란트 비유를 통해 장사를 통해 이윤을 창출한 종에게 "착하고 충성된 종"이라고 칭찬까지 하십니다. 심지어 누가복음에 등장하는 므나 비유를 통해서는 열사람의 종들에게 장사하라고 명령을 하는가 하면 금융 수익을 창출하지 못한 종에게는 꾸짖기까지 하셨습니다. "그러면 어찌하여 내 돈을 은행에 맡기지 아니하였느냐 그리하였으면 내가 와서 그 이자와 함께 그 돈을 찾았으리라 하고"(눅 19:23). 예수님은 당시 제자들이 살았던 경제 체제에도 많은 관심을 가지셨던 것입니다.

이 글을 쓰면서 한 가지 고민을 했습니다. 한국교회의 특성상 목사가 돈 문제 특히 성도들의 노후준비에 대해 글을 쓴다는 것이 자칫 좋지 않은 이미지를 남기지는 않을까? 하는 생각 때문입니다. 목사가 성도의 현실적인 노후 문제에 얼마나 조언해 줄 수 있을까? 더군다나 금융계를 떠난 지 10년이나 지난 시점에서 성도의 노후준비를 위한 돈에 관한 글을 쓴다는 것은 쉽지만은 않았습니다. 하지만 예수님의 삶의 태도를 통해 힘을 얻게 됐습니다.

성도들의 삶에서 돈과 경제가 큰 비중을 차지하고 대다수의 성도가 돈에 많은 관심이 있다는 사실 때문입니다. 하루의 가장 많은 시간을 생계를 위하여 움직이고 물질적 풍요를 위해 많은 노력을 한다는 것을 알기에 용기를 낼 수 있었던 것입니다. 자칫 전공의 기억을

되살려서 너무 복잡하게 들어가면 현실적으로 와닿지 않을 것이고 남들 다 아는 내용으로 쓰면 그저 그런 이야기가 될 것을 우려하여 최대한 균형을 유지하려고 노력했습니다. 부족한 부분은 스스로 경제를 공부하면서 보충하시고 미흡한 부분은 전문가들을 통해 채워가시기 바랍니다.

성도는 가능한 한 사치와 낭비를 피하고 검소하고 절약하는 삶을 살기 위해 노력해야 합니다. 노후준비는 농사와 비슷합니다. 돈을 국민연금, 부동산, 예금, 주식이라는 씨앗으로 나눠 내가 가진 한정된 텃밭에 심는 것입니다. 풍년을 위해서는 경제라는 환경에 관해서도 공부해야 합니다. 경제의 기후가 어떤 농사에 적합한지를 알아야 하고 씨앗을 심기 위한 토지의 영양분이 충분한지도 알아야 합니다. 안정된 노후준비를 위한 작은 도움이 되기를 기대합니다. 샬롬!

.

1. 성경에서 발견한 미래에 대한 준비(저축, 투자)와 관련된 사례들을 나눠봅시다.

2. 성도들도 노후를 준비해야 한다는 사실에 대해 어떻게 생각합니까?

3. 소득 가운데 얼마를 소비하고, 저축(투자)합니까?

4. 저축과 투자에 대해 어떻게 생각합니까?

5. 노후를 위해 구체적으로 준비해야 할 것에 대해 나눠봅시다

정치

세상 정치 – 불문의 금기 영역인가?

*
진상원 목사(범서서부교회 담임)
고려신학대학원(M.Div.)을 졸업했다. 역사적 개혁주의 신학에 근거하여 삶과 신앙이 조화를 이루는 교회를 세우고자 애쓰고 있다.

들어가면서

한 목사님이 로마서 13장을 설교하고 내려오자 성도 한 사람이 질문했습니다. "목사님은 그동안 설교 시간에 정치 이야기를 한마디도 하지 않으시더니 갑자기 왜 정치 이야기를 하세요?" 그러자 목사님이 대답했습니다. "이유는 간단합니다. 로마서 1장에서 12장까지는 구원에 관한 내용이라 구원에 관한 설교를 했습니다. 하지만 13장은 정치에 관한 이야기가 담겨 있습니다. 그동안은 로마서 본문에서 정치 이야기를 하지 않았기 때문에 설교에서 언급하지 않은 것이고 13장은 정치 이야기가 담겨 있기 때문에 본문에 충실하여 성경에서 말하는 정치가 어떤 것인지를 전하는 것입니다"라고 말했다는 것입니다.

1. 한국교회와 정치 문제

목회자가 강단에서 정치에 관한 설교가 낯설고, 위의 경우와 같이 정치 설교를 성도들이 그다지 좋게 보지 않는 이유가 무엇일까요? 아마도 우리나라의 상황에서 정치 프레임이 어떤 사회적인 문제보다 더 강력하기 때문이 아닐까 생각합니다. 굳이 선거철이 아니라 하더라도 누구에게 투표할 것인가 하는 문제로 수십 년간 우정을 다져온 친구가 싸워서 갈라졌다는 이야기를 듣는 것은 새삼스럽지 않습니다. 심지어 부모와 자식 간에도 정치 성향 문제로 갈등을 겪고 급기야 원수만도 못하게 지내는 경우도 생깁니다.

이렇듯 어떤 이념이나 성향도 다 녹여버리는 것이 정치 영역이다 보니 건강한 토론이나 논의가 이루어질 수 없습니다. 처음에는 논의나 토론으로 시작되지만 약간만 예민한 문제가 나오거나 한쪽에서 약간만 감정을 자극하는 주장이 나와도 갈등과 다툼으로 이어지기 때문에 교회에서는 논의 자체를 피합니다. 그러다 보니 성경에서 수없이 말씀하고 있고 엄청난 분량의 정치 행위가 기록되어 있으며 심지어 방법을 가르치기까지 하지만 설교 시간만 아니라 성도들이 나누는 대화에서조차 정치를 말하는 것은 불문의 금기처럼 굳어져 버린 것입니다.

그렇다면 정말 정치는 말해서는 안 되는 금기사항일까요? 가르치지 않는 것이 상책이며 하나님도 간섭할 수 없는 치외법권의 영역일까요? 목회자는 정치에 관해 설교하지 않는 것이 옳은 태도일까요? 그렇지 않습니다. 정치는 외계인의 이야기가 아닙니다. 오히려 우리가 사는 현실 세계의 가장 중요한 이슈 가운데 하나입니다. 심지어 남자들은 두 사람만 모여도 정치 이야기를 한다고 할 정도로 우리 모두의 삶에 밀착된 영역입니다.

성경이 분명히 말하고 있는 주제이고 하나님의 다스림 속에 있는 영역이기에 교회는 성도들에게 가르쳐야 합니다. 더구나 삼위일체 하나님 역시 정치를 하고 계시고 정치를 통해 세상을 다스리고 계시기에 하나님의 형상대로 지음을 받은 인간이 정치를 가르치고 배우고, 그래서 성경적 원리에 입각하여 정치하도록 하는 것이 바람직한 자세라 생각합니다.

2. 삶 속에 자리 잡은 정치

고대 그리스의 철학자 아리스토텔레스(B.C 384-B.C 322)는 인간을 가리켜 "정치적 동물"이라고 표현했습니다. "국가 없이 살 수 있는 자는 인간 이상의 존재이거나 아니면 인간 이하의 존재다"라는 그의 주장은 헌법상 보장된 정치적 기본권의 의미를 되새기게 할 뿐만 아니라 '인간은 사회적 동물'이라는 그의 말과 맞물리면서 인간은 결코 혼자 살아갈 수 없으며 한데 어울리다 보면 결국 정치적인 행위가 일어나게 됨을 웅변합니다.

인간을 향하여 정치적 동물이라는 표현은 중학교 윤리 시간에 한 번쯤 들어본 가르침입니다. 최근에는 초등학교에서도 가르치는데 초등교육의 핵심 교육 방향 가운데 하나가 '민주시민 교육'입니다. 민주시민 교육이란 다름 아닌 국가라는 공동체에 속한 시민으로서 어떻게 정치적 행위에 참여하는 것이 그리고 어떻게 국민으로서의 권리를 행사하는 것이 바람직한지를 가르치고 배우는 것을 의미합니다. 이러한 사회 교육의 양상으로 볼 때 지금은 과거 어느 때보다 정치의 대중화가 실현되고 있다고 할 수 있을 것입니다. 대한민국 국민이라면 누구도 정치와 상관없이 살 수 있는 사람은 아무도 없습니다.

세상은 그렇다 치고 그리스도인 이 땅에 하나님의 나라를 건설해야 하는 하나님의 백성들에게 정치는 어떤 것일까요? 특별히 중·고등학생 시절부터 SFC 강령을 외우면서 성장한 우리, 그래서 SFC 강령처럼 "전통적 웨스트민스터 신앙고백서 및 대소 교리문답을 신조로 하고, 이 신조를 신앙의 근거로 삼아 개혁주의 신앙의 대한교회 건설과 국가와 학원을 복음화"하는 것을 사명으로 여기고 살아가는 우리 고신교회의 성도들과 다음세대 성도들에게 정치란 어떤 것이어야 할까요?

1) 세상은 하나님의 주권 아래 있습니다

개혁주의 신앙의 근본 핵심 원리 가운데 하나가 '하나님의 절대주권을 믿는 신앙'입니다. 복음의 정체성은 근본적으로 하나님의 주권 신앙에 근거합니다. 그렇다면 하나님의 주권이란 무엇일까요? 하나님의 주권은 제네바(Geneva) 종교개혁자 칼빈(Jean Calvin)의 핵심 신학 사상입니다. 세상 속에 사는 그리스도인은 세상과 하나님의 나라를 이원화하지 않고 오히려 세상의 모든 영역 가운데 하나님의 경륜과 통치를 실현함으로 세상을 변화시키고 '오직 하나님께만 영광'(soli Deo gloria)이 돌아가도록 해야 한다는 것입니다.

"우리 인간 삶의 모든 영역에서 만유의 주재이신 그리스도께서 '나의 것'이라고 외치지 않는 영역은 한 치도 없습니다."

이 말은 영역 주권에 대해 아브라함 카이퍼(Abraham Kuyper)가 한 말입니다. 아브라함 카이퍼의 주장에 따르면 하나님의 주권이 실현되는 방식은 개인 주권과 함께 사회의 영역마다 침해할 수 없는 고유한 주권이 있습니다. 하지만 모든 영역에 있어서 하나님의 통치는 부인할 수 없습니다. 하나님의 통치와 일하심을 믿고 실천하는 것이며, 자신에게 있어서만 아니라 타인에 대해서도 하나님의 주인 되심을 실천하는 것입니다. 따라서 개인이든 국가나 집단이든 그 영역을 침해하는 것은 하나님의 주권에 대한 도전입니다.

2) 하나님의 주권이 미치는 영역의 범위는 어디까지일까요?

세상이 부패했다고 과거 불교의 승려들처럼 머리를 깎고 산으로 들어가서는 안 됩니다. 그럴수록 오히려 세상으로 들어가야 합니다. 세상은 하나님께서 그리스도인들에게 주신 삶의 영토입니다. 그리스도인의 정체성인 소금과 빛의 가치를 실현할 수 있는 공간입니다. 아브라함 카이퍼의 말처럼 이 세상에서 하나님의 주권이 미치지 않는 영역은 단 한 곳도 없습니다.

시인은 시편 139편 7-10절에서 "내가 주의 영을 떠나 어디로 가며 주의 앞에서 어디로 피하리이까? 내가 하늘에 올라갈지라도 거기 계시며 스올에 내 자리를 펼지라도 거기 계시니이다. 내가 새벽 날개를 치며 바다 끝에 가서 거주할지라도 곧 거기서도 주의 손이 나를 인도하시며 주의 오른손이 나를 붙드시리이다"라고 고백합니다. 음부든 하늘이든 모두 다 여호와께서 계신 곳이며 다스리는 곳입니다. 예수님께서는 하늘을 나는 참새도, 이름도 없이 피었다 지는 들풀도, 심지어 우리 머리카락 하나까지도 하나님의 주권은 작동하고 있음을 말씀하십니다.

이 세상은 카이퍼가 주장한 것처럼 하나님의 주권 아래 모든 영역이 서로에게 영향을 주면서 톱니바퀴처럼 맞물려서 돌아가며 이런 과정을 통해 하나님의 뜻이 이루어집니다. 그러므로 하나님의 뜻이 이루어지기 위해 그리스도인은 모든 영역에 존재해야 합니다. 그곳에서 하나님의 뜻에 순종하는 하나님의 사람으로 살아야 합니다. 세상 사람들이 자신의 이해와 성공을 추구할 때 그리스도인은 하나님의 뜻에 복종하는 구별된 삶 곧 거룩한 삶을 살아야 하는데 정치 분야도 예외일 수 없습니다.

3) 정치 영역이라고 예외일 수는 없습니다

(1) 정치의 올바른 역할

한자로 그 의미를 풀어보면 '정사 정'(政), '다스릴 치'(治)라는 두 글자로 이루어져 있습니다. 국어사전에서는 국가의 주권자가 영토와 국민을 다스리는 행위를 정치라고 합니다. '정치'라는 단어는 사람들 사이의 의견차이나 이해관계를 둘러싼 다툼을 해결하는 것을 의미합니다. 그리고 국민이 인간다운 삶을 영위하게 하고 개인이나 집단 사이에 발생하는 이해를 조정하며, 사회 질서를 바로잡아 평안하게 살도록 하는 역할을 한다는 의미입니다.

이런 의미에서 정치학자 데이비드 이스턴(David Easton)이 말한

"사회적 희소가치의 권위적 배분 과정"이라는 정의는 정치에 대한 의미를 잘 설명하고 있다고 할 수 있습니다. 모두가 가지고 싶어 하는 것이지만 수요가 적다 보니 서로 가지려는 과정에서 갈등이 발생하게 됩니다. 이 갈등을 해소하는 것이 정치입니다. 집단이나 개인 간의 갈등은 사실 쉽게 해소되지 않을 경우가 많습니다. 소유하고 싶은 사회적 재화가 가치 있고 한정적일 경우 또는 집단이나 개안 간의 갈등이 지나치게 첨예할 경우는 문제 해결이 훨씬 복잡하고 어렵습니다. 이럴 경우에 사회적 권위를 가진 누군가가 재화의 분배나 갈등의 중재자가 된다면 문제는 더 쉽게 해결될 수 있을 것입니다. 혹여 불만이 있더라도 중재자가 가진 권위 때문에 쉽게 거부하지 못할 것입니다. 사회적 권위를 가진 중재자의 행위를 권위적 배분이라 하고 그 모든 행위를 정치 행위라고 합니다.

이렇게 본다면 정치는 모든 사람을 이롭게 할 수 있는 대단히 훌륭한 일입니다. 하지만 현실은 그렇지 못할 때가 많습니다. 사람을 이롭게 하는 정치의 이상적 가치 실현을 우리 사회에서는 거의 찾아보기 어렵습니다. 그래서 정치를 불편하게 여기고 해서는 안 될 혐오스러운 일처럼 여기는지도 모릅니다. 정치가 배신의 아이템이 되거나 정치 집단이 가장 신뢰받지 못하는 불신의 대명사처럼 되어버렸습니다. 우리의 의식 속에는 정치가 싸움이나 갈등을 중재하고 해소하여 더욱 나은 사회를 만드는 고상한 도구이기보다는 오히려 악

당들의 싸움판처럼 이전투구(泥田鬪狗)의 장면을 더 쉽게 연상시키는 불쾌한 것입니다. 이런 까닭에 교회의 정치 참여나 목회자의 정치 설교에 대해 심한 거부감을 느끼는 것이 아닐지 생각합니다.

(2) 정치꾼이 되느냐, 정치철학을 구현하느냐 사이의 갈림길

갈등이 있다는 것은 집단 간의 이익이 충돌한다는 것을 의미합니다. 대립이나 충돌이 일어나지 않는다면 정치는 필요 없는지도 모릅니다. 입력한 데이터대로 움직이는 로봇이 서로 간의 갈등을 일으키고 이를 중재하기 위해 중재자가 나서서 정치를 해야 한다는 말은 들어본 적이 없습니다. 정치란 다른 생각을 가진 사람들이 하는 것이므로 갈등과 싸움은 불가피합니다. 다만 그 싸움은 집단 전체의 이익을 위한 정책이나 정당한 방법에 관한 합리적이고 적법한 논쟁이어야 합니다. 그런데 지금 우리 사회는 전혀 그렇지 못합니다. 팬덤 정치에 매몰되어 있기 때문입니다. 자기 생각과 지지자들만 옳다는 신념에 사로잡혀 여기에 동조하지 않거나 조금만 비판적이어도 모두 적으로 간주하는 비이성적이고 소모적인 전쟁만 벌이고 있습니다. 그래서 더 큰 갈등이 일어나고 사회적 에너지와 역량이 얼마나 많이 소모되는지 모릅니다.

우리 사회에서 전통적으로 가장 예민한 정치적 대립은 진보와 보수 간의 대립입니다. 최근에는 젠더(Gender) 갈등 역시 심각한 정치적, 사회적 문제로 대두되고 있습니다. 이러한 정치적 이슈에 대한 사회적 갈등 비용은 엄청납니다. 쉽게 봉합되지 않는 사회정치적 갈등은 이념이나 가치를 넘어 특정 집단의 이익을 추구하거나 대변하는 이상한 방향으로 진행되기도 하는데 이것은 올바른 정치가 아닙니다. 특히 사이버 공간에서 익명성을 이용하여 떼를 지어 몰려다니면서 자기들의 생각이나 가치만 옳다고 주장하는 선동가들의 패거리 정치는 정당한 정치의 종말을 고하는 만행입니다. 이들에게는 정치적 타협이나 정치철학의 구현을 위한 노력을 찾아보기 어렵고 오직 자기가 속한 집단의 이익만 추구하는 이기적인 주장만 무성할 뿐입니다. 이러한 정치 놀음에 그리스도인들이 휩쓸려 다니는 일은 바람직하지도 정의롭지도 않습니다. 정치 영역에서도 하나님의 뜻을 실현하고 하나님 나라를 건설해야 하는 사명자로서 우리는 편향된 정치이념에 매몰된 정치꾼이 되지 말아야 합니다. 이념과 가치가 첨예하게 대립되는 정치 영역도 하나님께서 자신의 뜻을 이루시는 주권적 대상에서 제외되지 않는다고 믿는 우리는 개혁주의 정치철학으로 무장하여 하나님 나라 건설의 사명자로 살아야 합니다.

이러한 삶의 대표적인 모습이 예수 그리스도이십니다. 예수님은 로마의 지배를 받는 피지배 국가인 이스라엘에서 태어났습니다. 그런 사회적 환경에서 대중의 지지를 받는 지도자로 산다는 것 자체가 정치적인 삶이었을 것입니다. 그뿐만 아니라 당시 사회 지배계급이었던 종교 지도자 세력과 대치되는 매우 민감한 시대를 사셨습니다. 하지만 예수님은 공생애 내내 한순간도 하나님의 뜻을 이루는 사명자의 길에서 벗어난 적이 없습니다. 보리떡 다섯 개와 물고기 두 마리로 오천 명을 먹이신 기적을 경험한 가난한 백성들이 그분을 왕으로 옹립하려는 시도에 직면하기도 하시고 십자가의 죽음을 앞둔 겟세마네 동산에서 기도하시던 중에 너무나 고통스러운 십자가를 바라보며 잠시 흔들리는 모습을 보여주기도 하신 것처럼 위태로운 순간이 많았지만 결코 흔들리지 않으셨습니다. 오히려 유대인들 사이의 보수와 개혁이라는 정치 색깔을 뛰어넘어 모두를 아우르는 광폭 행보로 초월적인 신앙 세계의 정치 역량을 보여주셨습니다. 오직 하나님의 뜻과 사명을 이루기 위하여 대속의 죽음인 십자가를 지심으로 삼위일체 하나님의 경륜을 성취하셨습니다. 희생의 십자가는 기독교적인 삶의 본보기입니다.

4) 성경에 나타난 그리스도인의 정치

성경 속에는 수많은 정치와 관련된 스토리가 있습니다. 어쩌면 아담과 하와가 선악을 알게 하는 나무의 열매를 따 먹은 이후 모든 이야기는 정치 스토리라고 해도 과언이 아닐지도 모릅니다. 특히 믿음의 족장 가운데 요셉 이야기는 하나님의 사람으로서 애굽이라는 세상 정부를 다스리고 백성들을 살리는데 뛰어난 정치력을 발휘하는 모범 사례를 제시하고 있습니다. 요셉은 애굽에서 바로 왕 다음 가는 실권자이자 정치가였습니다. 총리로 일하면서 애굽 전역을 다스렸습니다. 바로가 스스로 말하기를 "내가 너보다 나은 것이 자리밖에 없다"라고 인정할 정도로 애굽의 정책을 결정하고 집행하는데 결정적인 영향력을 행사하는 정치가였습니다. 그 결과 7년 동안 있었던 풍년의 시기를 보내면서 잘 준비된 양식으로 7년의 흉년을 극복해 내는 탁월한 정치력을 발휘하여 애굽만 아니라 주변 나라들과 사람들을 7년 동안의 흉년에도 살리는 결정적인 역할을 했습니다.

이뿐만이 아닙니다. 그리스도인으로서 가장 탁월한 정치가라면 다윗을 꼽는데 시비를 거는 사람은 아무도 없을 것입니다. 특히 현대적 의미에서 바람직한 정치인의 자질로 꼽히는 소통과 섬김이라는 관점에서 볼 때 가장 뛰어난 면모를 보인 사건은 아무래도 기브온 족속을 대하는 통치자로서의 모습일 것입니다.

앞에서 '정치란 국가의 주권자가 국민을 다스리는 행위'라고 정의했습니다. 또한 사람들 사이의 의견차이나 이해관계를 둘러싼 다툼을 해결하는 과정을 의미하며 국민이 인간다운 삶을 영위하게 하고 개인이나 집단 사이에 발생하는 이해를 조정하며, 사회 질서를 바로잡아 평안하게 살도록 하는 역할이라고 말했습니다. 그와 같은 정치 행위가 기브온 주민들의 마음을 달래어 주는 과정에 그대로 녹아 있습니다.

다윗은 전임 왕 사울에게 큰 고통을 당하여 한을 품고 있었던 기브온 사람들을 찾아가 그들의 아픔을 들어주는 소통의 능력을 보여주었습니다. 또한 그들의 억울함을 해결해 줌으로써 섬기는 왕의 모습을 보여주었습니다. 이것은 우는 자들과 함께 울고 웃는 자들과 함께 웃는 진정한 지도자의 면모입니다. 억울한 자들의 마음을 달래기 위해 허리를 굽혀 그들의 아픔을 경청하고 분별하여 신상필벌(信賞必罰)을 분명히 하는 바람직한 통치자의 모습입니다.

5) 역사 속에 나타난 그리스도인의 정치

⑴ 미국 헌법

미국은 독립 전쟁을 거치면서 기독교 신앙을 기반으로 하는 성숙한 시민 사회를 이루게 됩니다. 독립 전쟁의 과정에서 독립선언서를 채택한 미국 시민들은 기독교 신자들이었습니다. 따라서 1776년에 작성된 독립선언서를 비롯하여 1787년의 헌법과 수정헌법 1조부터 10조까지를 담은 1789년의 권리장전에는 기독교 신앙이 담겨 있습니다. 특히 "우리는 다음과 같은 사실을 자명한 진리로 받아들인다"라는 말로 시작되는 선언은 곧이어 "창조주는 몇 개의 양도할 수 없는 권리를 부여했다"라고 말합니다. 물론 여기서 창조주는 성경에 나오는 삼위일체 하나님입니다. 그리고 마지막 결론부에 가서도 "우리는 이에 우리의 생명과 재산과 신성한 명예를 걸고 신의 가호를 굳게 믿으면서 이 선언을 지지할 것을 서로 굳게 맹세하는 바이다"
로 마무리합니다. 여기에 나오는 신도 삼위일체 하나님이심은 말할
필요가 없습니다.

이렇게 볼 때 독립선언문은 첫 문단부터 마지막 문단까지 심오한
성경적 가치관이 심겨 있음을 부정할 수 없습니다. 이것은 미국이라
는 나라가 기독교 신앙을 기초로 건국된 것이며 앞으로도 기독교 신
앙 정신과 가치관을 근본으로 삼아 국가를 경영해 갈 것을 천명한
것이라 볼 수 있습니다.

특히 주목할 것은 독립선언문에 담긴 기독교 정신입니다. 그것은
"모든 인간은 동등하게 창조되었으며 그들은 창조주로부터 생명과
자유와 행복의 추구와 같은 양도 불가능한 일정한 권리들을 부여받
았다"라는 '천부인권사상'입니다. 이 선언문은 하나님께서 모든 인
간에게 동등하게 사람의 권리는 부여하셨음을 분명하게 말합니다.
따라서 인간의 평등사상이나 평등하기 때문에 누리는 자유 역시 특
권이 존재하거나 부당하게 압박을 받아서는 안 된다는 정신이 강조
되어 있으며 나아가 신앙의 자유가 보장되는 근간입니다.

미국 연방 헌법은 1787년 필라델피아 내 헌법제정회의에서 55
명 대표가 모여 제정했습니다. 대부분 나라에서 헌법은 제정 후 시
간이 지나면서 시대와 사회의 요청에 따라 필요가 발생할 때는 개헌
을 통해 내용을 변경하는 것이 일반적입니다. 하지만 미국의 헌법은

분명하게 다른 특징이 있습니다. 그것은 과거 항목을 계속 보존하면서 시대 변화와 사회적 요구에 맞춰 개정해야 할 필요성을 느낄 때마다 새로운 조항을 끝에 추가하는 방식을 사용합니다. 이렇게 해서 추가된 조항을 수정헌법이라 합니다.

그중 1789년 발의되어 1791년 시행된 제1조부터 10조까지는 인간이 살아가는 데 가장 기본적인 권리를 담고 있습니다. 법에는 법 정신이 있고, 시대와 사회에서 가장 중요하게 여기는 것을 제일 먼저 둡니다. 마치 우리나라 헌법의 제1조에서(1항 대한민국은 민주공화국이다. 2항 대한민국의 주권은 국민에게 있고, 모든 권력은 국민으로부터 나온다) 우리나라의 정체성과 국가의 주인이 누구인지를 나타내는 것과 같습니다. 대한민국의 헌법을 제정한 사람들에게는 우리나라가 어떤 나라인지를 천명하는 것이 가장 중요하다고 여겼기 때문입니다.

이처럼 미국 역시 가장 중요하다고 여긴 것을 1조에 두었습니다. 미국 연방 수정헌법 제1조는 "미합중국 의회는 국교를 정하거나 종교 행위를 금지하는 법을 제정하여서는 아니 된다. 또 의회는 언론·출판의 자유 또는 국민이 평화적으로 집회할 수 있는 권리와 고충 처리를 위해 정부에 청원할 수 있는 권리를 제한하는 법을 제정하여서는 아니 된다"라고 천명하고 있습니다.

이걸 보면 좀 놀랍다고 생각하게 됩니다. 왜냐하면 민주주의 사회에서 금과옥조와도 같이 여기는 표현 혹은 언론과 출판의 자유보다 종교와 신앙의 자유를 먼저 천명하고 있기 때문입니다. 이것은 표현의 자유를 보장하는 것보다 종교의 자유를 지키는 것이 더 소중한 가치라 여긴 것으로 볼 수 있습니다.

이런 점에서 본다면 종교의 자유는 어떤 것보다 소중한 자유이며, 이것을 당시 기독교 신앙을 가진 정치인들이 정치적 합의라는 정치 행위를 통해 만들어 낸 것입니다.

(2) 노예해방

영국에서 노예해방 운동을 통해 노예제도를 폐지하고 노예들에게도 인권과 자유를 허락하는 법을 제정한 윌리엄 윌버포스(William Wilberforce. 1759-1833)는 영국의 정치인입니다. 그는 1759년 영국 요크셔의 킹스톤 어폰 헐에서 태어났습니다. 부유한 상인이었던 아버지 로버트 윌버포스(Robert Willberforce)의 아들로 태어난 그는 18세가 되던 1776년 영국 케임브리지대학교의 세인트 존스 칼리지에 입학했으며 그곳에서 영국보수당의 당수로서 1783년 24세의 나이에 영국의 수상이 되는 윌리엄 피트(William Pitt)와 만나 우정을 쌓게 됩니다. 1780년 대학 동창인 윌리엄 피트와 함께 하원의원에 당선됩니다. 당시 의회에서 노예무역 금지법을 제정할 것을 강력하게 요청하던 그랜빌 샤프(Granville Sharp)와 노예 상인으로 일하다 노예들의 참상을 보고 회심한 존 뉴턴(John Newton) 그리고 여러 사람이 일으킨 노예제도 폐지 운동에 동참하게 됩니다.

마침내 윌버포스도 1786년 11월경에 이 운동에 동참하여 다음해에 '노예무역 폐지 협회'(Society for the Abolition of the Slave Trade)를 창설합니다. 이들이 추구한 최종목표는 노예제의 완전 폐지였습니다. 노예제도에 익숙해 있던 당시 사회적인 분위기에서 강한 반발이 예상되었기 때문에 이 목표를 달성하는 것이 쉽지 않았지만 그들은 마음을 굽히지 않았습니다. 노예제도의 완전한 폐지를 위한 사회적 분위기 조성을 위해 흑인 노예들의 참상을 알렸습니다. 반 인권적이고 반 신앙적인 악습이라는 여론을 만드는 노력을 기울였습니다. 그뿐만 아니라 의회에서 법을 만들어 법적이고, 제도적으로 노예제도를 폐지하는 법을 만들어 제도화하기 위해 입법 활동을 위한 노력도 병행했습니다. 그 결과 1788년 영국 총리 윌리엄 피트가 노예무역 검토를 위한 자문위원회를 설치하며 노예제도 폐지 운동에 힘을 실어주었습니다. 이러한 노력에도 불구하고 1791년에 제출된 노예무역 폐지 법안은 부결됩니다. 윌버포스는 좌절하지 않았습니다. 그들은 점진적 폐지로 방향을 바꾸어 의원들을 설득하였고 마침내 1792년에 하원에서 이 법안을 통과시키게 됩니다. 이 과정에서 보여준 그리스도인으로서 정치인 윌버포스는 자기가 속한 정당이 추구하는 가치보다 더 높은 가치를 추구하는 존재임을, 더 나아가 조국의 경제적 이익과 가치보다 더 높은 성경적 가치를 추구하는 존재임을 보여주었습니다.

비록 오랜 시간이 걸리긴 하였지만 그때 노예제도가 폐지되지 않았더라면 얼마나 더 많은 희생자들이 나왔을지, 얼마나 오랫동안 비성경적 가치가 지배하는 것으로 희생자가 발행하였을지 짐작하기조차 어려울 것입니다. 윌버포스를 통해 보는 것처럼 성경적 가치를 추구하는 그리스도인 정치인이 어떤 일에 사명감을 가지고 감당할 때 성경적 가치가 실현되는 위대한 역사는 만들어지게 될 것입니다. 이처럼 정치는 그리스도인이 터부시해야 할 영역이 아닙니다. 오히려 하나님의 뜻을 실현하는 모범이라 불러도 될 것이며 그리스도인의 정치 참여가 권장해야 할 일임을 증명합니다.

(3) 정교분리

이상의 경우에서 보듯이 그리스도인이 정치에 참여하는 것이 하나님 나라 건설과 사회를 유익하게 하는 일에 큰 도움이 되는 일임에도 불구하고 한국교회가 성도들에게 정치를 가르치지 못하는 이유 그리고 한국교회 성도들에게 정치에 관한 설교가 불편하거나 혹은 낯선 이유는 정교분리에 대한 그릇된 이해가 큰 몫을 차지하고 있다고 해도 과언이 아닙니다. 위에서 살펴본 것처럼 서구사회에서 그리스도인들이 정치에 참여하고 사회를 바람직한 방향으로 변화시킨 많은 경우만 봐도 그리스도인의 정치 참여는 바람직하며 나아가 하나님의 뜻을 실현하는 아주 중요한 활동으로 권장해야 할 일입니다. 그렇기에 한국교회와 교회의 지도자들은 성도들에게 정치에 참여할 것을 권하고 성경적이며 바람직한 정치 참여의 방법에 대하여 가르쳐야 합니다. 이는 목회데이터 연구소에서 발표한 기독교 총계 21호에도 나타나 있는 내용입니다.

2019년 11월에 발표된 위 연구소의 설문 조사에 따르면 개신교인들의 80%에 해당하는 절대다수는 그리스도인들이 정치에 참여하는 것에 대하여 반대합니다. 오히려 그리스도인이 정치에 참여하는 것을 찬성하는 비율은 단지 5%에 불과하다는 것이 설문 조사에 나타난 현실입니다. 이에 반해 같은 날 같은 연구소에서 발표한 '비 기독교인들에게 질문한 교회의 역할'에 대한 설문 조사에서는 정반대의 결과가 나타났습니다. 즉 세상 사람들은 오히려 교회가 사회에 올바른 방향성을 제시해 주기를 더 바라고 있습니다. 그러니까 세상이 교회와 그리스도인들에게 바라는 것과 교회가 하고자 하는 일 사이에 충돌이 일어나고 있는 것입니다. 이러한 바람은 비기독교 언론인들에게조차 동일하게 나타났습니다. 기독교 신앙을 갖지 않은 일반인과 언론인 모두가 그리스도인과 교회를 향하여 도움을 요청하고 있는 데 반하여 교회는 그 요청을 거부하고 있는 셈입니다.

이런 충돌 현상을 극복하고 교회가 세상을 향한 파수꾼의 역할을 감당하기 위해서는 무엇보다도 먼저 우리 그리스도인들이 세상 정치도 하나님의 주권 아래 있으며 기독교적인 사명을 감당해야 할 영역임을 바르게 인식하고 가르쳐야 합니다. 또한 정부와 교회의 관계 즉 정교분리에 대한 바른 이해를 가르칠 필요가 있습니다.

정교분리는 미국 독립선언문에서만 아니라 미국 수정헌법 제1조에서도 가장 소중하게 다루는 원칙입니다. 정교분리의 역사를 여기서 다룰 필요는 없습니다. 다만 핵심적인 내용은 알아야 합니다. 1789년 발의되어 1791년 시행된 수정헌법 제1조에서는 "연방의회는 국교를 수립하거나 종교의 자유로운 행사를 금지하는 법을 제정할 수 없다"라고 선언합니다. 이로써 정치와 종교를 분리하는 원칙이 제정되었고 종교의 자유가 헌법에 명시됐습니다. 이렇게 한 것은 '국교'를 정하는 것을 부인하며 국가와 교회 사이에 '분리의 장벽'을 세움으로써 종교의 자유를 보장하고 누구나 신앙의 자유와 평화를 누리도록 한 것입니다. 그러므로 데오도르 베자(Theodor Beza)의 주장대로 "진정한 종교의 행위의 자유가 주어지면… 통치자는 이것을 보존할 더 큰 의무를 가지며 통치가 그 의무를 지키지 못하는 것은 명백한 폭정이며 [그의 권속들은] 얼마든지 그에게 저항할 자유가 있다. 우리는 그 무엇보다 우리 영혼의 구원과 우리 양심의 자유에 더 큰 가치를 두고 더 많은 노력을 해야 한다"라는 가르침은 통치자들의 정치적 부담과 의무를 의미합니다.

미국 3대 대통령인 토마스 제퍼슨(Thomas Jefferson)은 정교 원칙을 주장하면서 세상 정부가 지켜야 할 세 가지 원칙을 규정했습니다. 이러한 원칙은 세상 정부가 종교의 자유를 보장하기 위한 것으로 첫째, 정치는 교회의 활동에 관여해서는 안 되며 둘째, 정치는 교회에 해가 되는 법을 만들지 말아야 하고 셋째, 정치는 교회에 세금을 해서는 안 된다는 것입니다. 이렇게 정교분리의 원칙이 제정된 것은 종교의 자유를 찾아 배를 타고 대양을 건너온 자신들이 교파별 신앙의 자유를 탄압하는 역설적 현상을 본 자기반성에서 비롯된 것이라 할 수 있습니다.

이를테면 매사추세츠 같은 곳에서는 "청교도 회중 교회만 참 교회이고 나머지는 교회가 아니다"라고 함으로써 청교도 회중 교회가 로마 가톨릭교회처럼 다른 교파 신자들을 핍박하는 사실상의 국교가 되어버린 현상입니다. 침례교도들을 비롯하여 다른 교파 신자들은 탄압을 받게 되는 교파가 다르다는 이유로 차별을 당하는 일이 발생했습니다. 회중 교회가 사실상 국교가 되는 현상을 보면서 영국과 다를 바가 없다고 판단한 제퍼슨은 종교나 교파가 다르다는 이유로 차별당하거나 탄압을 받지 않는 완전하면서도 안전한 사회를 만들기 위한 법적, 제도적 장치를 마련해야 한다고 생각했던 것입니다. 이렇게 해서 정교분리의 원칙이 수정헌법 제1조에 명문화된 것입니다.

이런 역사적인 배경으로 볼 때 정교분리가 가진 본래 목적은 지금 우리가 이해하는 것처럼 '종교가 정치에 개입하지 말라'거나 '정치와 종교는 별개의 영역'이라는 것이 아닙니다. 목사는 복음만 전하고 그리스도인은 정치 문제에는 관여하지 말아야 한다는 것이 아닙니다. 이는 바울이 성경에서 말하는 성경적 국가관에 위배되는 일입니다. 오히려 정부가 혹은 정치가 종교에 간섭해서는 안 되며 신앙의 자유를 유지하고 보존하는 일을 해야 한다는 데오도르 베자의 주장을 따른 것입니다. 그리고 "정교분리의 핵심은 어떠한 이유로든 국가권력이 신앙에 대한 개인의 자유를 억압하는 것을 법으로 정하지 말라는 것이며 어떤 특별한 교단이나 종교만을 국교로 정해 하나만 인정하고 나머지는 다 인정하지 않는 차별을 막는 것"입니다. 이러한 자유가 지켜진다면 그리스도인은 모든 권력이 하나님으로부터 온 것임을 믿고 정치 권력에 순종해야 합니다. 다만 정부가 기독교 신앙을 억압하거나 성경의 가르침과 반대되는 정책으로 교회의 고유한 권리 영역을 침범할 경우 이는 명백한 폭정이므로 저항해야 합니다.

6) 그리스도인의 정치 참여, 어떻게 할 것인가?

정교분리 원칙이 그리스도인의 정치 참여를 금지하거나 배제하는 것이 아니라면 어떻게 참여할 것인지! 즉 정치 참여의 방법 문제는 대단히 중요한 부분입니다. 국민이 이성을 잃고 집단으로 광분할 때, 무관심하고 무력한 자세로 수수방관할 때 국가와 사회가 얼마나 큰 손해를 보며 얼마나 심각한 위기를 초래하는지 우리는 지난 역사를 통해 분명히 보았습니다. 그러므로 우리 그리스도인들은 성경의 가르침에 따라 국가와 사회뿐만 아니라 우리의 교회공동체를 위해서라도 소극적으로든 적극적으로든 반드시 세상 정치에 참여해야 합니다.

⑴ 소극적 참여로서의 불복종 운동

프란시스 쉐퍼(Francis Schaeffer)는 '기독교 선언'이라는 책에서 시민 불복종 운동을 주장합니다. 그는 그리스도인은 교회와 국가라는 두 왕국에 속한 시민으로서 합법적인 지도자의 지도력에는 순종해야 하지만 국가나 통치자가 존재의 목적을 잃어버리고 불법을 저지르거나 인류 보편적 가치 실현이나 정의 구현이라는 목적에 부합하지 못할 때는 복종하지 않고 저항할 수 있다고 말합니다. 모든 폭정에 저항할 수 있다고 말하는 저자는 종교개혁자들의 사례를 가지고 자신의 주장을 펼칩니다. 이를테면 존 번연(John Bunyan)이 국가의 허가 없이는 설교할 수 없다는 법을 어기고 설교하다 감옥에 갇혔던 사실뿐만 아니라 스코틀랜드 종교개혁자 존 녹스(John

Knox)의 영국에 대한 경고도 인용합니다.

　정부의 폭정에 대한 저항 형태는 종교개혁자들 사이에서도 다양하게 나타납니다. 황대우 교수는 '개혁주의 국가관 : 그리스도의 주권'이라는 글에서 이렇게 말합니다. "칼빈은 소크라테스처럼 악법도 법이라 생각했다. 법 집행자에게 불복종하는 것은 무질서를 초래하고 국가적인 혼란을 야기할 수 있기 때문에 절대복종을 강조했다. 무질서 즉 무정부 상태를 질서의 하나님을 무시하고 기독교의 대원리인 사랑을 침해하는 죄악으로 보았던 것이다. 그리고 불법을 저지르는 정부는 하나님께서 직접 자신의 손으로 처리할 것이라고 덧붙였다. 그렇다면 이러한 칼의 권세를 하나님으로부터 부여받은 세상 정부에 대한 복종의 한계는 없는 것인가? 칼빈은 정부의 명령이 하나님의 명령과 상충할 때, 특히 합당한 예배의 자유를 강탈할 때는 하나님의 법에 복종하도록 종용한다. 그러나 불복종의 방법은 항거가 아니라 순교 아니면 망명이다"라고 말합니다. 그리고 만약 불의한 정부에 대항하려고 한다면 국민의 관원 즉 정부의 하급 관리들이 그들에게 주어진 다른 공권력을 가지고 교정할 수 있다고 말합니다.

　하지만 칼빈의 후임자였던 데오도르 베자의 생각은 다릅니다. 베자는 통치자와 백성을 '계약관계에 있는 존재'로 보았습니다. 따라서 그 둘은 하나님 앞에서 자신의 역할을 성실하게 감당해야 합니다. 아무리 하나님으로부터 권력을 위임받은 통치자라 할지라도 계약을 어기고 폭정을 행한다면 백성들은 혁명을 일으켜 통치자에게 저항할 수 있고 심지어 사형에 처할 수도 있는 것으로 여겼습니다.

이것은 칼빈이 '하급 관원'에게 제한적으로 저항권을 인정한 데서 한 걸음 더 나아간 개념입니다. 하급 관원들이 아니라 백성들이 직접 저항할 수 있다는 베자의 주장은 1572년 8월 24일에 파리에서 발생한 성 바돌로뮤 날의 대학살(Massacre de la Saint-Barthélmy)과 무관하지 않습니다.

케더린(Catherine)은 자신의 딸이자 왕 샤를르(Charles)의 동생 마가렛(Margeritte)과 개신교 지도자 나바르 왕자 앙리(Henri)와의 결혼식을 기회로 잔인한 살육을 저질렀는데 이것이 바돌로뮤 대학살 사건입니다. 로마 가톨릭교도인 신부와 개신교도인 신랑의 결혼이었기에 이 결혼식으로 내란이 종결되고 평화의 시기가 올 것이라 기대하였던 프랑스인들의 소망은 공포와 절망으로 바뀌었습니다. 많게는 무려 7만 명이나 되는 위그노들이 로마 가톨릭교도들에 의해 살육을 당한 비극적인 사건이었기에 그 충격은 상상을 초월할 정도였고 베자에게 큰 영향을 미쳤던 것입니다.

이런 점에서 쉐퍼는 칼빈보다 베자의 주장에 더 가깝다고 볼 수 있습니다. 쉐퍼는 타락한 세계 속에서 사회 질서를 유지하기 위해 국가가 공권력을 사용할 수 있는 것처럼 시민들 역시 필요한 경우 무력을 행사할 수 있는 경우가 있다고 말합니다. 물론 상시적이거나 사소한 일에 무력을 동반한 저항은 반대하지만 정부의 기본적인 구조가 무너졌을 때는 가능하다고 주장합니다.

(2) 적극적인 참여로서의 선거

청교도 설교자 토마스 후커(Thomas Hooker)는 1638년 신명기 1장으로 코네티컷의 회중에게 설교하면서 모세가 하늘의 별같이 많은 이스라엘 민족을 어떻게 다스릴 수 있었는지를 전했습니다. 그는 신명기 1장 9-15절의 말씀을 인용하면서 성경의 말씀과 원리를 따라 모세 혼자서는 감당할 수 없으므로 각 지파에서 지혜와 지식이 있는 인정받는 자들을 택하여 그들을 세워 수령으로 삼아야 한다고 말했습니다. 그 후 길지 않은 시간이 지나고 마침내 자유로운 개인의 의사를 따라 시민이 선출한 대표자를 통하여 공동체를 다스리는 법이 제정됩니다. 이것이 1639년에 제정된 최초의 성문 헌법인 코네티컷 기본법으로 미국 최초로 정부 형태를 밝힌 문서입니다. 이것을 기본으로 해서 미국의 다른 주도 법을 만들었고, 이로부터 150년이 흐른 후 미국 헌법도 만들어집니다.

이처럼 선거는 아주 미약한 힘을 가진 것처럼 보이지만 실상은 세상을 바꿀 수 있을 정도로 강합니다. 한 표에 의해 역사가 바뀐 사례는 얼마든지 찾을 수 있습니다. 따라서 그리스도인이 바르게 투표하기 위해서는 성경적 가치관을 가지고 있어야 합니다. 그리고 성경적 가치를 실현해 줄 수 있는 후보를 고르기 위해서는 후보자나 후보자가 내세우는 공약을 바르게 분별하기 위한 정보를 수집해야 합니다. 거짓에 속아서는 안 되며, 실현 가능한 공약인지, 도덕성과 자질이 검증된 후보인지를 가릴 수 있어야 합니다. 이런 성도들이 되기 위해서는 교회 안에서 기독교 신앙과 정치에 관한 바른 교육이 이루어져야 합니다.

목회자와 교회는 사회에 영향을 미치는 이슈들에 대해 성경적 관점에서 가르쳐야 할 의무와 책임이 있습니다. 특히 동성애, 낙태, 차별금지법 등과 같이 성경적 가치를 훼손하고 하나님의 뜻을 거스르는 법이나 문제들에 대해 분명하게 가르쳐야 합니다. 선동적인 정치 이념에 휩쓸리는 것도, 성도들이 듣기 불편하다는 이유로 가르치는 것을 회피하는 것도 잘못입니다. 교회는 기독교 가치 실현에 부합하는 후보에게 투표하도록 반드시 신자에게 가르쳐야 합니다. 그리스도인이 기독교 가치관에 입각하여 적극적인 정치 행위 즉 투표에 임한다면 이것이야말로 하나님의 뜻을 이루는 것이며 이 시대가 요구하는 순교 신앙이라 할 수 있을 것입니다. 순교란 그리스도를 따르기 위해 자신의 모든 것을 거는 삶이기 때문입니다. 만약 이 땅의 그리스도인들이 동성애나 낙태와 같이 명백하게 반성경적인 주장을 하는 정당이나 법 혹은 각종 선거에 출마하여 유권자들에게 득표를 호소하는 후보를 투표로 심판하지 않는다면 이것은 참된 그리스도인의 자세라고 보기 어려울 것입니다. 분명하게 반대 의사를 밝히고 적극적으로 정치에 참여하여 그들이 주장하는 바가 조국 땅에 서지 못하도록, 악이 선이 되지 못하도록 하는 것이야말로 그리스도인의 가장 적극적인 정치 활동일 것입니다.

나가면서 : 다시 하나님의 주권으로

최근 한국교회는 정치적인 문제와 성향으로 심각한 분열 양상을 보입니다. 이것은 그리스도의 몸을 찢는 행위입니다. 교회가 태극기 부대로 불리는 극우 세력과 촛불로 불리는 좌파 세력의 양극단 진영 논리에 매몰되어 있는 것은 아닌지 심히 걱정스럽습니다. 우리가 마땅히 추구해야 할 하나님의 나라와 그 이름의 영광보다 서로 다른 진영을 공격하고 비난하고 원수로 만드는 일에 광분하는 것은 교회적 비극입니다. 양극단의 진영논리에 매몰된 시위와 투쟁이 비단 광장에서만 벌어지는 일은 아닙니다. 교회 안에서도 심지어 설교 가운데서도 일어나고 있는 일입니다.

살펴본 것처럼 국가와 교회를 완전히 분리시킬 수도 없고, 정치 없는 세상에서 살 수 있는 그리스도인도 없습니다. 신앙과 정치를 떼어서 생각하고 분리시켜 살아가는 것은 불가능합니다. 그건 공기 없는 세상에서 호흡하며 살라고 요구하는 것과 같습니다.

서울대 정치외교학부 김영민 교수는 '인간으로 사는 일은 하나의 문제입니다'(정치적 동물의 길)라는 책에서 정치를 이렇게 이야기합니다.

"정치가 어디 있느냐고? 어느 날 눈을 떠 보니 이 세상에 태어나 있고 태어난 바에야 올바르게 살고 싶고, 이것저것 따져보고 노력해 보지만 혼자 힘으로 할 수 있는 것은 없고, 다른 사람과 함께 하려니 합의가 필요하고, 합의하려니 서로에 대하여 알아야 하고, 합의했는데도 지켜지지 않고 합의 이행을 위해 규제가 필요하고, 규제를 실천하려니 권력이 필요하고, 권력 남용을 막으려니 자유가 필요하고, 자유를 보장하려니 재산이 필요하고, 재산을 마련하니 빈부격차가 생기고, 빈부격차를 없애자니 자원이 필요하고, 납득시키려니 수사학이 필요하고, 논리와 수사학을 익히려니 학교가 필요하고, 학교를 유지하려니 사람을 고용해야 하고, 일터의 사람은 노동을 해야 하고, 노동하다 죽지 않으려면 인간다운 환경이 필요하다. 이 모든 것을 다 말하기가 너무 기니깐 싸잡아 간단하게 정치라고 부른다."

가만히 읽어 보면 우리는 이걸 일상이라고 하는데 정치학 교수는 정치라고 합니다. 우리의 일상이 곧 정치라는 말입니다. 그렇다면 우리 그리스도인에게 정치는 참여할 것인가 말 것인가의 문제가 아닌 '어떻게'라는 방법의 문제여야 합니다.

그렇습니다. '가이사에게 세금을 바치는 것이 옳은가?'라고 묻는 헤롯 당원들에게 "가이사의 것은 가이사에게, 하나님의 것은 하나님에게"라고 말씀하신 예수님처럼 그리스도인은 이 세상에서 두 나라의 시민으로 살아가는 사람입니다. 따라서 성경도 역시 정치 이야기에 대해 침묵하지 않습니다. 구약 역사서의 대부분은 정치와 관련된 사건들입니다. 왕들이 하나님을 떠나 이방신을 섬기거나, 혼합주의로 흘러 나라가 망하게 되고, 국민이 도탄에 빠졌을 때 하나님의 사람들은 왕들을 향하여 하나님의 경고를 전달했습니다.

예레미야서를 보면 오늘날 우리나라가 당면한 문제와 똑같은 실상을 다루고 있습니다. 당시 유다는 북쪽에서 일어난 신흥 강국이었던 바벨론을 지지하는 친 바벨론파와 전통적인 우방이요 강국이었던 애굽을 지지하는 친 이집트파로 나누어져 국론이 분열됐습니다. 이때 하나님으로부터 말씀을 받은 예레미야는 친 바벨론 정책이 하나님의 뜻이며 그래야 살 수 있음을 선포했습니다. 하지만 유다는 친 이집트 정책을 선택하게 되고 결국 이로 인해 신흥 강국 바벨론에게 멸망당하고 말았습니다. 이것은 지금 우리 조국이 친미와 친중이라는 선택을 두고 국론이 분열된 것과 거의 흡사합니다. 친미냐친중이냐를 놓고 어느 것이 하나님의 뜻이냐를 선택해야 한다는 의미가 아니라 그리스도인과 정치의 상관관계를 말하고자 하는 것입니다.

구약시대 선지자들의 정치 활동은 양극단이나 기계적 중립에서 나오는 것이 아니었습니다. 그들은 철저하게 하나님으로부터 받은 말씀에 의존했습니다. 하나님으로부터 받은 말씀을 정확하게 듣고 굳은 확신으로 담대하게 전했습니다. 그리스도는 교회만의 머리가 아니라 '만물 위에 교회의 머리'이십니다. 그러기에 설령 통치권자의 심기를 어지럽히고 그래서 죽음을 맞이한다고 하더라도 한 점 어그러짐 없이 전달했습니다.

우리는 하나님의 뜻을 거스르는 정치적 행위가 복음을 반대하는 적대자에게서만 온다고 생각해서는 안 됩니다. 어제까지 복음에 우호적이던 세력이 오늘 극렬하게 하나님의 반대편에 설 수도 있습니다. 왜냐하면 그들의 관심은 하나님과 말씀이 아니라 권력과 자기들 집단의 이익에 있기 때문입니다. 이게 목회자들이 가르쳐야 할 요점이고 그리스도인들이 취해야 할 태도입니다. 성경적 가치를 따라 사안별로 지지와 반대를 표명할 수 있는 그리스도인, 이로써 정치적 판단과 정치 행위에 적극적으로 참여하여 하나님 나라의 가치를 내가 속한 공동체에 실현하는 그리스도인이 되도록 훈련받아야 합니다.

사실 한국교회가 정치에 대해 설교하는 것을 금기시하거나, 설교자가 정치에 대해 말하는 것을 터부시하게 된 배경에는 설교자의 정치적인 편향성 때문에 만들어진 불안정하고 비성경적인 정서가 있습니다. 설교자의 편향된 정치 신념에 따른 하나님 말씀의 왜곡이 결국 설교자와 다른 정치적 신념을 가진 성도들에겐 상당한 불쾌감을 불러일으키고 목회자의 설교를 하나님의 메시지로 받아들이기 어렵게 만들기도 합니다.

따라서 오늘날 정치 그리고 정치인과 관련하여 우리 그리스도인들에게 요구되는 것은 단순하게 정치에 참여하느냐 않느냐의 문제가 아닙니다. 복음을 편향된 정치이념에 가두어 특정 정치 집단이나 정치이념을 옹호하거나 그들의 이익을 대변하는 수단으로 활용하는 것이 곧 복음의 왜곡 현상입니다. 기독교인이나 목회자들도 정치가 행해지는 세상에서 살기 때문에 특정한 정치 성향을 갖는 것은 어쩔 수 없겠지만 그런 정치 성향이 복음의 가치를 훼손하거나 하나님의 영광을 가려서는 안 됩니다. 오히려 더 높고 더 영광스러운 하나님 나라의 가치를 추구해야 합니다. 그래서 성도들로 하여금 성경이라는 리트머스 시험지로 세상의 정치적 주장을 시험하고, 분별하고, 비판하고, 협력하여 하나님의 뜻을 실현할 수 있도록 가르쳐야 합니다.

1. 정치적인 문제로 인해 가까운 사람과 갈등을 경험한 적이 있습니까? 있었다면 갈등의 가장 핵심적인 요인은 무엇이었습니까?

2. 목회자가 설교 가운데 정치적인 주제를 다루거나 정치에 대해 가르치는 것에 대해 어떻게 생각하십니까?

3. 만약 성경적 관점에서 정치에 대해 배웠다면 1번의 갈등은 어떻게 되었을 거로 생각하십니까?

4. 세계사에서 그리스도인들이 정치에 참여하여 사회를 좋은 방향으로 변화시킨 사건에 관해 대화를 나누어 봅시다.
  (1) 주도적인 인물
  (2) 핵심된 주장
  (3) 추구했던 방법
  (4) 사용한 도구
  (5) 결과
  (6) 본받을 점과 반면교사로 삼을 점

5. 우리 사회가 겪는 정치적 갈등 문제 해결에 교회가 감당할 수 있는 역할이 있을까요? 있다면 그게 무엇인지 말해보십시오. 반대한다면 비그리스도인들이 한국 교회가 사회에 올바른 방향을 제시해 주길 요구하고 있는 점에 대해 어떻게 생각하십니까?

6. 성경은 정치적인 문제에 대해 무엇이라 말씀하십니까?
 - 정당한 저항 이론과 무저항 평화주의 가운데 어느 것이 더 성경적이라 생각합니까?

성경은 주식을 금하는가?
(레위기 19장 28절 말씀을 중심으로)

*
강현석 목사(가정의힘 생애주기 연구소장, 서울서문교회 부목사)
고려신학대학원(M.Div.)과 Hebrew University of Jerusalem(M.A.)을 졸업하고, Bar-Ilan University(유대학)에서 공부했다. 한국형 생애주기 신앙교육 개발과 한국 이스라엘 우호 증진에 참여 중이다.

들어가면서

대한민국 주식 투자자 수가 1,700만 명을 넘었습니다. 국내 인구의 약 4분의 1에 해당하는 수준입니다. 시가총액 1위인 삼성전자 주주만 약 650만 명이라고 합니다. 국민전자라는 별칭이 어불성설만은 아닙니다. 그뿐만 아니라 우리가 가입한 은행 예금이나 적금 또는 은급재단이나 국민연금 같은 기관들도 주식투자에 직간접적으로 관여 중입니다. 그야말로 2024년을 살아가는 대한민국 국민이라면 주식과 무관한 사람이 단 한 사람도 없을 정도입니다. 그러나 우리 주변에는 주식투자를 여전히 부정적인 시선으로만 보는 이들도 있습니다. 이들은 주식투자를 불로소득이라고 평가하며 신앙인들이 멀리해야 하는 성경의 금기처럼 치부합니다. 그 결과 자본주의 국가와 시장경제 체제의 경제적 기초이자 그 원동력이라고 할 수 있는 주식시장 자체를 세속적 투기나 우상숭배로 터부시하곤 합니다.

참으로 아이러니한 모습이 아닐 수 없습니다. 민주주의 국가에서 자유시장 경제의 혜택을 누리며 살아가는 우리 교회가 공산주의나 사회주의 국가들의 가치관과 세계관만을 신봉하는 것처럼 생각하니 말입니다. 당장 교회 교역자들의 퇴직금마저도 은행권의 주식투자와 그를 통한 수익금과 무관하지 않은데도 말입니다. 일련의 예금 이자들마저도 결국 은행권의 주식투자 이익 재분배라는 관점에서 이런 모순과도 같은 비난은 어쩌면 시대착오적인 평가일지도 모르겠습니다. 일례로 어느 신학교 생활관 수칙에는 아직도 다음과 같은 금기사항이 존재한다고 합니다. 내용인즉 모든 신학도가 바둑과 장기와 같은 '유흥'을 자중하며 결코 그와 같은 '유흥'을 시도하지 말라는 것입니다. 혹여나 이와 같은 금기사항을 어길 시 생활관 퇴사 조치를 받는다고도 합니다. 참으로 '웃픈' 현실이 아닐 수 없습니다. 물론 어떤 연유에서 그와 같은 금기사항이 기록되었는지 나름의 짐작을 할 수는 있습니다. 아마도 과거 어느 시점에 그런 활동들이 신학도들로 하여금 사행성을 조장하거나 경건 훈련에 장애가 되었을 것이기 때문입니다. 그리하여 바둑과 장기를 철저히 금지하고 절제시키는 것이 당시 교회의 미덕이자 당시 신학교육의 유행이었을 지도 모릅니다. 그러나 스마트폰을 통해 더 파격적이고 더 파괴적인 오락마저 통용되는 시절입니다. 심지어 e-스포츠로 국가대항전까지 펼치는 지금입니다. 따라서 단순히 바둑과 장기만 금하는 것이 무슨 소용과 의미가 있을지 의문입니다. 오히려 바둑과 장기 자체를 한번도 경험해보진 못한 그래서 바둑과 장기의 규칙마저도 모르는 이들에겐 그런 금기 문항 자체가 너무도 구태의연한 시대적 착오이자 윗세대들만의 채무처럼 보일지도 모르겠습니다.

그러므로 본 장에서는 주식투자에 대한 우리들의 고정관념과 시대적 재해석을 시도하고자 합니다. 나아가 시대를 해석하고 이해하는 말씀의 본질과 원리도 점검하고자 합니다. 주식투자를 성경신학적 관점에서 다시금 평가하자는 뜻입니다. 바라기는 이 작업을 통해 우리 기독인들의 삶에서 주식투자에 대한 막연한 고민과 신학적 괴리감이 해소되었으면 좋겠습니다. 나아가 우리의 아집과 편견으로 아름다운 개혁신앙의 확장성과 고신정신의 유산들을 '벌거벗은 임금님'으로 전락시키지 않길 기대합니다.

1. 성경은 문신을 금하는가?

성경이 주식을 금하는지에 대한 논의에 앞서 우리는 먼저 이와 유사한 성경의 또 다른 금기 명령을 살펴볼 필요가 있습니다. 바로 문신 금기 명령입니다. 주식을 이야기하다 뜬금없이 문신이라니 조금은 이상할 수 있습니다. 그러나 현대인들에게 주식만큼 보편화 되고 또 대중화된 것이 문신입니다. 차이가 있다면 주식과 달리 성경은 문신에 대해서 문자적으로 규명한다는 점입니다. 따라서 문신과 성경의 금지명령 상관관계를 잘 이해하면 성경에는 언급되지 않은 주식과 성경의 상관관계도 유추할 수 있습니다. 다시 말해 문신에 대한 성경적 이해와 시대적 적용이 주식에 관한 우리의 해석학적 교착상태를 푸는 돌파구가 된다는 뜻입니다. 이는 마치 기존의 판례를 통해 새로운 상황을 해석하고 적용하는 것이라고도 할 수 있습니다.

먼저 문신 금기와 관련한 가장 유명한 말씀인 레위기 19장 28절을 살펴보면 아래와 같습니다.

> "죽은 자 때문에 너희의 살에 문신을 하지 말며 무늬를 놓지 말라 나는 여호와이니라."(레 19:28).

이 말씀은 문자적으로 문신 자체를 완벽하게 금지하는 것처럼 보입니다. 따라서 문신에 대한 성경의 다른 해석과 적용이 전혀 불가능할 것만 같습니다. 그러나 이 구절에 기록된 문신의 정확한 의미와 용례를 이해하면 사뭇 다른 결과지를 만나게 됩니다. 왜냐하면 우리가 일반적으로 문신이라고 할 때 떠올리는 이미지는 영화나 드라마 등에서 본 조직 폭력배들의 거대한 채색문신분이기 때문입니다. 문제는 레위기 19장에서 언급한 문신이 우리에게 익숙한 바로 그 채색문신이냐는 것입니다. 결론부터 이야기하면 그렇지 않습니다.

문신의 종류는 크게 두 가지로 나눌 수 있습니다. 먼저는 표피에 상처를 내고 그 상처에 물감을 투입하는 방식의 채색문신입니다. 이는 물감의 다양한 색깔들이 잘 구분될 때 더욱 효과적인 문신입니다. 따라서 이 채색문신은 가급적 피부 색깔이 밝은 인종 및 문화권에서 발전한 문신입니다. 반면 피부톤이 어두운 동남아시아나 아프리카와 같은 문화권에서는 상흔문신이 더 큰 역사적 뿌리를 내렸습니다. 상흔문신이란 피부에 상처를 만들고 그 상처가 아물면서 생기는 흉터로 무늬나 패턴을 만드는 문신인데 어두운 피부 위에는 다양한 색깔로 수를 놓은 채색문신보다 상흔문신이 더 가시적이고 효과적입니다.

결국 레위기 19장 28절에 등장하는 문신은 고대근동이라는 지역적 문화와 인종적 피부 색깔을 감안할 때 채색문신보다는 상흔문신으로 보는 것이 더 타당합니다. 레위기 19장 28절의 "문신"과 "무늬"로 번역된 히브리어 표현 자체도 색감을 활용한 채색에 관한 뉘앙스보다 신체가 베일 때 나타나는 상처 및 그 흉터에 관한 뉘앙스가 더 큽니다. 따라서 본문의 상흔문신 해석을 지지합니다. 나아가 히브리어 동사 "베다"라는 표현 자체도 상흔문신으로서의 해석을 더욱 지지합니다.

이처럼 상흔문신을 연상케 하는 몸을 베는 행위로서의 문신 모습은 신명기 14장 1절에서도 언급됩니다.

"너희는 너희 하나님 여호와의 자녀이니 죽은 자를 위하여 자기 몸을 베지 말며…"(신 14:1).

그렇다면 몸을 베는 행위로서의 상흔문신은 무슨 의미를 가지는 것일까요? 도대체 어떤 의미와 상징이 있기에 하나님께서는 그와 같은 흉터와 상처를 만들지 말라고 하신 것일까요? 단순하게 우리의 몸이 아플까 그리 명령하신 것일까요? 아니면 하나님께서 친히 창조하신 우리의 신체 하나하나가 너무도 거룩하고 소중하기 때문에 그런 것일까요? 그도 아니면 상흔문신을 금지하는 것이 유교의 효(신체발부수지부모)와 부모공경을 가르치는 수단이었기 때문일까요? 모두가 그럴싸한 주장들처럼 보이지만 실상은 그렇지 않습니다. 왜냐하면 구약성경에서의 상흔문신은 하나님 나라 백성들이 하나님의 자녀임을 스스로 거부하는 징표로 소비되었기 때문입니다. 다시 말해 하나님을 배교하는 언약적 파괴행위의 징표로 사용되었다는 뜻입니다. 예레미야 41장 5절에서도 이와 같은 배교와 언약적 파괴행위로서의 상흔문신이 묘사됩니다.

"그때에 사람 팔십 명이 자기들의 수염을 깎고 옷을 찢고 몸에 상처를 내고…"(렘 41:5).

이 말씀은 하나님 나라의 언약 백성들이 단순히 몸에 상처를 내
는 것을 묘사하기 위함이 아닙니다. 오히려 그와 같은 상흔문신 행
위를 통해 스스로 하나님과의 언약을 파기하며 이방신들과의 언약
을 체결하는 모습을 꼬집은 것입니다. 즉 영적 불륜 및 배교 예식을
신랄하게 지적한 것입니다. 마치 백성들의 모든 죄목을 상세하게 선
고하는 것과 같은 이치입니다. 엘리야 선지자와 바알 선지자들의 갈
멜산 대결에서도 동일한 관점의 모습들을 볼 수 있습니다.

"이에 그들이 큰 소리로 부르고 그들의 규례를 따라 피가
흐르기까지 칼과 창으로 그들의 몸을 상하게 하더라"(왕상
18:28).

하나님을 믿지 않고 대적하던 이들의 상징과도 같았던 표징이 바
로 상흔문신이었음을 알 수 있는 대목입니다. 한편 이 말씀을 통해
우리는 상흔행위를 행하던 바알 선지자들의 상황도 상상해볼 수 있
습니다. 첫째 그들의 신이 졸고 있냐는 엘리야의 지적으로 바알 선
지자들이 분을 참지 못하는 상황입니다. 그리고 분을 참지 못해 아
무도 이해할 수 없는 지극히 자학적인 자기 신체 훼손을 하는 상황
입니다. 문제는 그 기괴한 행동들을 온 백성들이 보고 있다는 점입

니다. 자연스레 이런 극단적인 모습을 당시 백성들이 어떻게 받아들였을지 고민할 수 있습니다. 집단 광기와도 같던 바알 선지자들의 무분별한 자해와 폭력들은 당시 이스라엘 백성들이 과연 거룩하고 아름답게 바라보았을지 의문입니다. 오히려 마음에 큰 반감과 혐오감을 일으키지 않았을까 싶습니다. 자신들이 그토록 믿고 따랐던 바알 선지자들이 순간 자해공갈단처럼 보이는 상황이 결코 유쾌하지 않았을 것이라는 뜻입니다.

반면 이런 상황으로도 생각해볼 수 있습니다. 상흔문신을 행하던 바알 선지자들이 매우 차분하고 진중하며 짜임새 있는 예전적 절차로 본문의 상흔문신을 행하는 상황이 그러합니다. 이를 위해 그들은 엄중하지만 일치된 목소리로 또 자신들만의 오랜 전통과 품위 있는 절차들로 상흔문신을 행합니다. 어쩌면 아주 성대하고 또 멋지게 보였을지도 모를 일입니다. 자연스레 수많은 바알 선지자들이 한날한시에 그것도 한 장소에서 무엇보다 일사불란하게 거행하는 상흔문신 세레모니는 회집한 백성들의 마음을 압도했을 것입니다. 또한 엘리야의 초라한 행색과 외침을 대비시키며 더욱 잠식시켰을지도 모릅니다. 그 결과 더욱 웅장하고 더욱 화려하게 보이던 바알 선지자들의 상흔문신 예전은 백성들의 어그러진 결심을 더욱 굳게 하는 요소가 되었을 것입니다. 엘리야의 간곡한 선포에도 불구하고 보암직도 하고 먹음직도 한 바알 선지자들을 따르게 했을 것이라는 뜻입니다. 따라서 하나님께서는 언약 백성들의 이목과 믿음을 혼탁케 하는 상흔문신의 역기능을 미워하시고 금하신 것으로 이해할 수 있습니다. 어떤 해석이 되었든 상흔문신이 가지는 파괴적인 행위와 배교적인 상징은 성경의 문신 금지명령을 문자적으로 이해하는데 중요한 배경이 됩니다.

그런데 구약성경에는 이런 상흔문신과 관련하여 매우 이상한 장면이 있습니다. 상흔문신을 금지한 하나님께서 도리어 그 금지된 상흔문신을 자자손손 지켜 행하라고 말씀하시는 장면이 그렇습니다. 기괴스럽기도 한 신체 파괴와 배교적 예전으로서의 상흔문신을 창세기 17장 11절에서는 도리어 온 백성들이 지켜 행하라고 하시기 때문입니다.

"너희는 포피를 베어라 이것이 나와 너희 사이의 언약의 표징이니라"(창 17:11).

앞서 살펴보았듯이 상흔문신이란 우리 몸에 칼과 같은 날카로운 도구로 상처를 내고 그 상처가 아물면서 생긴 흉터로 이루어진 문신입니다. 그리고 하나님께서는 이방 종교의 예전적 기능과 고백을 담은 상흔문신을 금하셨습니다. 그런데 어찌 된 영문인지 창세기 17장에서는 남자들의 포피에 새기는 상흔문신 즉 할례를 명령하십니다.

나아가 상흔문신으로서의 할례를 언약의 표징으로까지 인정하십니다. 이 상흔문신은 언약 백성들이 자자손손 지켜야 할 하나님 나라의 율법이자 규례가 됩니다. 이런 상반된 모습은 현대의 관점에서도 이해하기 쉽지 않은 대목입니다. 상흔문신을 해야 하는 것인지 그렇지 않으면 하지 말아야 하는 것인지 그 답이 불분명한 것처럼 보이기 때문입니다.

그러나 이런 당혹스러움은 생각보다 간단명료하게 해결됩니다. 왜냐하면 하나님께서는 상흔문신 자체를 금지하신 것이 아니기 때문입니다. 환언하면 하나님께서는 상흔문신 자체를 가치평가의 대상으로 삼지 않으셨다는 뜻입니다. 오히려 하나님께서는 상흔문신을 통해 우리가 무엇을 고백하는지를 더 집중하셨습니다. 일례로 레위기 19장 28절에서도 살펴보았지만 이 구절에서 우리가 문신이나 무늬라는 표현보다 더 집중해야 할 표현이 있습니다. 바로 "죽은 자 때문에"라는 표현입니다. 이는 가치 중립적인 상흔문신이 누구를 위함인지에 따라 또 무엇을 목적하는지에 따라 그 가치평가가 달라짐을 의미합니다. 당연히 하나님의 뜻과 목적에 맞지 않은 상흔문신은 하나님 앞에서 큰 죄악입니다. 범해서는 안 될 금기이며 불문율입니다. 그러나 하나님의 뜻에 부합한 상흔문신은 반대입니다. 축복과 거룩함의 통로이기 때문입니다. 그러므로 열심히 지켜야 하고 모두가 행해야 합니다.

예레미야 41장 5절과 열왕기상 18장 28절의 상흔문신 예전도 동일합니다. 왜냐하면 몸에 상처를 내는 의례 자체보다 그로 말미암아 우상숭배 하는 자들의 신앙고백을 따르거나 하나님과의 언약 체결을 망각 및 파괴하는 일에 쓰임 받는 것이 근원적 문제였기 때문입니다. 따라서 상흔문신을 통한 배교가 아닌 금식을 통한 언약적 배교를 자행했다면 하나님께서는 상흔문신이 아닌 금식을 금지하셨을 것입니다. 왜냐하면 이것은 어떤 그릇인지의 문제가 아닌 그 그릇에 무엇이 담겼는지의 문제로 이해해야 합니다. 같은 맥락에서 창세기 17장 11절에 언급된 할례는 비록 그것이 상흔문신이었지만 그 의도와 지향점이 하나님께로 맞추어져 있었습니다. 따라서 할례는 상흔문신이었지만 언약의 표징이 될 수 있었습니다. 상흔문신도 하나님의 자녀임을 드러내기 위해, 하나님께서 허락하시고 명령하신 거룩한 표식이 될 수 있었다는 뜻입니다. 따라서 창세기 17장 10절에서는 영원한 규례로서의 상흔문신을 하나님 나라의 백성들 모두가 지킬 것을 명령합니다.

> "너희 중 남자는 다 할례를 받으라 이것이 나와 너희와 너희
> 후손 사이에 지킬 내 언약이니라"(창 17:10).

결론적으로 하나님께서는 상흔문신 자체를 금지하시거나 가치 평가 하신 적이 없으셨습니다. 오히려 상흔문신이 어떤 용도와 어떤 목적으로 사용되었는지가 더 중요했습니다. 이 때문에 하나님께서

는 그 상흔문신을 허락하시기도 하셨고 또 금지도 하셨습니다. 이는 마치 날카로운 칼이 강도의 손에 있을 때는 사람을 해치는 흉기가 되어 금지하지만 훌륭한 요리사의 손에 있을 때는 음식을 만드는 조리기구가 되어 적극 장려하는 것과도 같습니다. 따라서 하나님께서는 칼(상흔문신) 그 자체를 부정하거나 금지하는 것이 아닌 그 칼(상흔문신)이 누구의 손에서 어떻게 사용되는지를 규정하고 구분하셨다는 것을 이해해야 합니다. 그리고 이 이해는 현대판 '문신'이라고 부를 수 있는 성도들의 주식투자를 재해석하는 중요한 출발점이 됩니다.

2. 성경은 주식을 금하는가?

앞선 문신 금기에 대한 새로운 이해와 접근은 현대를 살아가는 우리 기독인들의 삶을 신학적으로 더욱 풍성하고 명료하게 합니다. 먼저 수술 후에 일정한 패턴으로 우리 몸에 새겨지는 수술자국(흉터)의 경우가 그렇습니다. 문자적 성경해석의 관점에서만 본다면 기독인들은 어떠한 상처도, 어떠한 흉터도 만들어서는 안 됩니다. 성도는 어떤 수술도 불가하다는 뜻입니다. 왜냐하면 모든 수술 과정은 결국 상흔문신을 양산하기 때문입니다. 그러나 성경적 원리와 앞서 언급한 이해를 가진 자들이라면 이런 문제로 불필요한 시간과 에너지를 허비할 필요가 없습니다. 왜냐하면 그것이 성도의 건강과 생명을 위한 것이고 나아가 하나님 나라를 위한 것이라면 그 어떤 수술이나 사고로 말미암은 상흔문신(흉터)도 허용되기 때문입니다.

　무분별한 성형과 과도한 문신들도 같은 선상에서 평가할 수 있습니다. 큰 사고 후 불가피하게 이루어지는 성형수술은 어쩔 수 없습니다. 나아가 문신을 제거하기 위한 레이저 시술 이후의 흉터들도 마찬가지입니다. 그러나 지극히 개인적인 뽐냄이나 자기만족만을 위한 성형이나 문신이라면 다시금 고려할 필요가 있습니다. 즉 성도는 주님 안에서 모든 것이 가하나 동시에 그것이 누구를 위한 또 무엇을 위한 것인지도 함께 염두 해야 한다는 뜻입니다. 같은 맥락에서 주식투자행위도 평가할 수 있습니다. 현대를 살아가는 우리 기독인들에게 주식투자는 일종의 상흔문신처럼 가치 중립적인 행위입니다. 특별히 자본주의 시장경제 안에서 살아가는 교회와 성도들이라면 더욱 그러합니다. 우리가 먹고 입고 사용하는 모든 재화가 결국 주식시장의 또 다른 결과물이기 때문입니다. 마치 교회의 머리이신 예수 그리스도와 그의 몸 된 교회의 관계처럼, 민주주의 국가에서 살아가는 성도와 경제문제는 떼려야 뗄 수 없는 긴밀한 상관관계입니다. 그러나 그럼에도 불구하고 그 주식투자가 누구를 위한 또 무엇을 위한 것인지에 따라 그 평가는 달라집니다. 성도의 금기가 될 수 있고 또 성도가 행해야 할 삶의 지혜가 될 수도 있습니다. 하나님과 그의 나라를 위한 것이라면 성경은 분명 주식을 허락하고 또 장려할 것입니다. 그러나 반대로 주식을 통해 하나님 영광을 가리고 추악한 우리들의 욕심과 욕망의 발현체로 전락한다면 성경은 기필코 주식을 금할 것입니다.

그렇다면 이쯤에서 우리의 질문이 조금 바뀌어야 합니다. '성경이 주식을 금하는가?'라는 질문은 그 상황에 따라 달라질 수 있기 때문입니다. 오히려 '어떻게 하는 것이 성경이 허락하는 주식투자인가?'라고 질문해야 합니다. 이는 성도의 주식투자가 세상 사람들이 말하는 투기나 도박이 되지 않으려면 어떤 성경적 방향과 실천적 원리를 가져야 하냐는 뜻입니다. 그리고 이를 개혁신앙과 고신정신의 관점에서 환언하며 이렇게 될 것입니다. 성도는 '주식을 어떻게 다스릴 것인가?'라고 말입니다.

3. 주식을 어떻게 다스릴 것인가?

자본주의 사회를 지탱하는 주식시장의 방법론은 참으로 다양하고 복잡합니다. 짧은 시간 안에 차트를 비롯한 무수한 비교 검토 기준들로 목표한 수익을 창출하기도 합니다. 반대로 특정 종목의 가치와 그 기업의 성장 가능성에 오랜 시간 인내하며 투자함으로 기대한 이익을 얻기도 합니다. 이 밖에도 주식투자를 선택하여 참여하는 사람들의 관심과 목표에 따라 그 방법론은 셀 수 없이 많습니다. 자연스레 우리 성도들도 다양한 주식투자 방법 중 나름의 방법을 선택하고 경험합니다. 다만 앞서 언급하였듯이 우리의 주식투자 행위를 통해서 나의 욕심과 욕망 실현이 아닌 하나님 나라와 그의 영광을 위한 투자가 되어야 합니다.

이를 위해 다음과 같은 몇 가지 성경적 질서와 규칙들이 필요합니다. 만약 누구든지 이 약속을 지킬 수 있다면 그 주식투자는 최소한 바알 선지자들의 상흔문신은 아닙니다. 왜냐하면 주식을 성경의 원리대로 잘 다스렸기 때문입니다. 그러나 그렇지 못한 경우 아무리 많은 이익을 얻었다 할지라도 이는 결국 성경적 원리와 무관한 주식투기입니다. 마치 갈멜산에서 상흔문신을 내며 많은 백성의 마음을 얻어내던 그들의 것과 다를 바 없다는 뜻입니다.

성도가 주식을 다스리기 위해 지켜야 할 네 가지의 성경적 원칙들을 소개합니다.

1) 수고해야 합니다

에덴동산에서 쫓겨나던 아담에게 하나님께서는 다음과 같은 약속을 하셨습니다.

"… 땅은 너로 말미암아 저주를 받고 너는 네 평생에 수고하여야 그 소산을 먹으리라."(창 3:17)

이는 하나님께서 아담에게 내리신 벌인 동시에 예수 그리스도를 통한 회복과 새창조를 기대하는 자들의 숙명이자 특권입니다. 그러므로 피조물로 부름 받은 우리는 누구든지 땀 흘려 수고함으로 연명해야 합니다. 여기서 땀 흘린다는 표현은 문자적으로 농사를 지을 때 흘리는 육체적 땀방울만을 의미하지 않습니다. 오히려 우리가 하나님의 말씀을 삶의 원리로 적용할 때, 삶의 현장에서 흘릴 수 있는 모든 종류의 땀방울을 의미합니다. 이는 블루칼라로 살아가는 성도들의 땀방울과 화이트칼라로 살아가는 성도들의 수고가 동등한 말씀의 성취이자 순종의 모습이라는 뜻이기도 합니다. 중요한 시험을 앞두고 밤을 지새우며 공부하는 수고와 시합의 승리를 위해 그라운드 위에서 흘리는 구슬땀도 모두 수고하여 소산을 먹는 모습입니다. 그러므로 성도의 주식투자도 이와 같은 수고와 땀 흘림이 있어야 합니다. 이는 특정 종목을 아무런 준비 없이 주먹구구식으로 매수해서는 안 된다는 뜻도 됩니다. 최소한 내가 왜 그 종목을 사야 하는지, 그 종목의 가치가 무엇인지, 나아가 그 종목이 내 인생과 신앙생활에 어떤 가치가 있는지를, 애를 쓰며 공부하고 연구해야 하기 때문입니다. 일례로 무슬림들은 자신들의 종교원리에 부합하는 기업들에만 주식 투자할 것을 권면하며, 이를 위해 그들만의 투자기업 목록을 만들기도 합니다. 당연히 이 목록이 만들어지기 위해 무슬림

신앙고백에 따른 종목 선정을 위한 여러 전문가의 노고가 들어갑니다. 그리고 무슬림들은 그 종목이 자신들의 종교법에 부합하는 종목들인지를 면밀히 살피고 또 검증합니다. 애를 쓰고 수고하는 것입니다. 유대인들도 동일합니다. 그들도 친이스라엘적 기업 투자를 장려하며 그들만의 투자대상 목록들을 만듭니다. 나아가 유대인들은 재화가 하나님의 백성들이 다스려야 할 이 땅의 피조물이라는 인식이 있습니다. 그래서 유대인들은 자녀들의 주식계좌를 어린 시절부터 만들어줍니다. 그리고 자녀와 함께 건강한 주식투자에 대해 함께 공부하며 무엇보다 유대교 신앙에 부합한 주식투자가 무엇인지를 교육합니다. 유대인으로서 주식을 다스리는 방법을 익히는 것입니다. 물고기가 아니라 물고기를 잡는 법을 배우는 것입니다.

바라기는 우리도 기독교 가치관으로 성장하는, 기독교 가치관에 우호적인 기업들을 더욱 발굴하고 응원하고 투자하는 문화가 정착되면 좋겠습니다. 이를 위해 성도들이 함께 연구하고 기도하며 또 교회 내에서도 건강한 주식투자가 되기 위한 다양한 소그룹과 건전한 운동들이 일어나면 좋겠습니다. 그리하여 성도 개개인이 자신들만의 포트폴리오를 구성할 수 있는 단계가 되면 좋겠습니다. 물론 이는 단기간에 이루어지지 않습니다. 또 세상의 가치와 유행에 역행하는 도전입니다. 누군가 그럴싸하게 일러주는 쉽고도 편리한 길이 있는데 굳이 고단하고 어려운 길을 걷는다는 것이 큰 결단과 수고를 요구합니다. 그러나 그 모든 것을 감수하고 소화하여 자기의 것으로 만드는 과정이 없다면, 그리하여 세상 사람들의 사탕발림에만 편승하려 한다면 그것은 그야말로 투기인 동시에 비성경적인 주식투자입니다. 주식을 다스리는 것이 아니라 세상을 따르는 나태함입니다.

한 예로 우리가 어떤 고가의 전자 장비를 구입하거나, 값비싼 자동차를 구입할 때 아무도 허투루 구입을 결정하지 않습니다. 최소한의 가격 비교와 그 제품이 가지고 있는 기능과 성능 그리고 개인의 기호뿐만 아니라 타인들의 평가들까지도 살핍니다. 아파트나 부동산을 구입하는 경우도 동일합니다. 주변의 상권은 어떠한지, 건물의 시세는 어떠한지 그리고 내가 구입 할 수 있는 재정적 여유는 어떠한지, 할 수 있는 모든 것들을 복합적으로 계산하고 또 고민합니다. 그렇게 심사숙고 후, 개인의 공부가 끝나면 나름의 확신을 가지고 구입을 결단합니다. 그러나 때에 따라서 자신의 기대에 미치지 못할 때 해당 제품을 되팔기도 합니다. 또 마음을 바꾸어 기존의 집이나 자동차 등을 참고 그대로 살거나 사용하기도 합니다. 이 모든 것들이 자본주의 시장을 살아가는 현대인들이라면 지극히 당연하게 감수해야 할 경제활동입니다. 매우 보편적 땀방울과 수고인 셈입니다. 우리의 주식투자행위에서도 동일합니다. 이런 고민과 고생이 없다면 그것은 성경에서 말한 하나님 나라의 원리를 반하는 것입니다. 그야말로 불로소득이며 반성경적입니다.

2) 절제해야 합니다.

창세기 1장에서 하나님께서는 온 우주만물을 창조하시고 하나님의 형상대로 창조한 남자와 여자에게 그 모든 것들을 다스리도록 하셨습니다. 이는 온 세상의 주인 되시는 하나님께서 그 피조물인 우리에게 하나님의 것을 잠시 맡기신 것입니다. 같은 맥락에서 주식투자도 하나님께서 우리에게 하나님의 것을 잠시 맡기신 것이라는 고백이 중요합니다. 이에 반해 세상 사람들은 이 주식투자가 자신의 모든 것이 되어버리기도 합니다. 그래서 주식투자가 우상숭배가 되기도 하고, 그 결과 하루의 모든 시간을 주식투자에만 전념하거나 자신의 모든 생업과 관계들마저도 이 주식투자를 위해 포기하기도 합니다. 또 그 정도까지는 아니겠지만 주식투자에 마음을 빼앗겨 마땅히 해야 할 것들을 미루거나 제때 완수하지 못하는 경우들도 있습니다. 이는 모두 정도의 차이만 있을 뿐, 다스려야 할 주식투자에 오히려 지배당하고 끌려다니는 꼴입니다. 하나님 맡기신 것을 잘 다스리지 못하는 모습입니다. 만약 누구든지 이와 같은 상황이라면 결단함으로 시작한 모든 주식투자를 중단해야 할 때입니다. 왜냐하면 우리의 다스림을 받아야 할 주식투자가 오히려 우리 자신들을 다스리기 때문입니다. 하나님 창조원리와 질서를 정면으로 거스르는 죄이기 때문입니다.

"돈을 사랑함이 일만 악의 뿌리가 되나니 이것을 탐내는 자들은 미혹을 받아 믿음에서 떠나 많은 근심으로써 자기를 찔렀도다"(딤전 6:10).

우리에게 익숙한 디모데전서 6장의 이 말씀은 돈 자체가 필요 없다는 말씀이 아닙니다. 당연히 돈 자체가 악하거나, 돈이라는 존재 자체가 악의 뿌리라고 가르치지 않습니다. 말씀에도 기록되어 있듯이 하나님보다 돈을 더 사랑하는 우리들의 탐욕이 곧 악의 뿌리라고 말합니다. 그리하여 그 탐욕을 섬기며 우리가 마땅히 지켜야 할 믿음의 자리를 떠나는 어리석음이야말로 진짜 악이며, 떠나야 할 죄라고 가르칩니다.

주식투자행위도 마찬가지입니다. 주일예배 중 말씀에 집중하지 못하고 한 주간 있었던 주식거래 생각만 한다면 지금 즉시 주식투자를 멈추어야 합니다. 설상가상 하나님께 당연히 드려야 할 십의 일조를 주식 매수에 사용하려는 마음을 품었다면 동일하게 주식투자행위를 멈추어야 합니다. 이는 마치 상흔문신의 경우처럼 그 자체는 가치 중립적인 것이었으나 하나님이 아닌 죽은 자를 위하여 사용함으로 죄짓는 것과 같습니다. 그럴 바에는 차라리 문신 자체를 모르거나 하지 않는 것이 훨씬 낫습니다. 하나님 앞에서 배교자와 언약을 파괴하는 자로서 상흔문신을 악용해서는 안 된다는 뜻입니다. 그러므로 주식투자와 관련한 세상의 미혹과 속임수들을 이겨내지 못한다면 애당초 주식투자를 하지 않는 것이 더 지혜로운 모습입니다. 주식투자가 현대인으로 마땅히 할 수 있는 선택지임에도 불구하고 우리 스스로 하나님 앞에서 절제하고 끊어내는 결단이 더 중요하고 소중하기 때문입니다.

3) 적법해야 합니다

주식투자 공부로 우리의 수고와 땀방울을 흘렸다 할지라도 또 주식투자를 지혜롭게 잘 다스림으로 그것에 우리의 마음을 빼앗기지 않았다 할지라도 기억할 것은 우리의 모든 주식투자 여정도 합법적이며 정정당당해야 한다는 점입니다. 이는 아모스의 고백처럼 성도들의 주식투자가 정의롭고 공의로워야 한다는 뜻입니다.

> "오직 정의를 물 같이, 공의를 마르지 않는 강 같이 흐르게 할지어다"(암 5:24).

왕이신 하나님께서는 하나님의 형상을 닮은 우리를 모두 존귀하게 여기십니다. 그러나 하나님의 통치하심과 다스림을 미워하는 죄인들은 사람들 간의 계급과 차별을 주장했습니다. 그 결과 부귀영화를 가진 자가 그렇지 못한 자들을 억압하고 착취하는 것이 당연한 세상이 됐습니다. 더 가진 자들이 그렇지 못한 자들 위에 하나님처럼 군림하길 즐거워하며 모든 부정함과 불의함으로 그와 같은 자신들의 기득권을 사수합니다. 자연스레 같은 백성 중에서도 세상의 가치 기준에 따라 차별이 생겼습니다. 어려운 이웃을 사랑하고, 과부와 어린아이를 돕는 것이 아니라 업신여겼습니다. 그리고 도리어 그들의 것들을 착취했습니다. 약탈했습니다. 그 결과 악을 행한 자들은 날로 부유해졌고 그렇지 않은 자들은 날로 가난해져 갔습니다. 문제는 하나님께서 아모스 선지자의 입술을 통해 그와 같은 패역 함을 꾸짖고 책망하셨다는 점입니다. 하나님 맡기신 가치 중립적인 것들로 죄인들의 불법과 부정을 위해 악용했기 때문입니다.

동일하게 현대를 살아가는 우리도 특별히 주식시장에서 빛과 소금의 사명을 감당해야 하는 성도들은 이 교훈을 기억해야 합니다. 그리고 동일한 실패를 반복하지 않도록 늘 깨어있어야 합니다. 잠시 잠깐의 유익을 위해 불법적인 방법이나 부정한 방식을 용인해서는 안 됩니다. 한 예로 불법적인 주식 리딩방이나, 단기간 고수익을 보장한다는 검증되지 않은 속삭임들을 분별해야 합니다. 그리고 그와 같은 미혹에 일말의 여지도 주어서는 안 됩니다. 성도의 양심과 또 대한민국 헌법에서 규정한 규칙과 질서를 준수하고 따라야 합니다. 물론 경우에 따라 아직 다듬어지지 않은 제도의 문제점들을 만날 수도 있습니다. 그때에는 공공의 선과 유익을 위해, 하나님의 정의와 공의가 선포될 수 있는 그런 균형 잡힌 운동장 만들기를 노력해야 합니다. 현행법상 무차입 공매도와 같은 불법적인 수익의 자리에 서지 않고 또 그와 같은 공매도 제도의 구조적 공백을 막거나 최소화할 수 있는 일에 동참해야 합니다. 과거 민주화 운동 때도 그랬고, 또 삼일운동 때도 그러했고, 이 나라와 민족을 바르게 세우는 일에는 언제나 성도들이 중추적인 역할을 감당했습니다. 바라기는 한국주식시장과 투자문화에 있어서도 성경적이면서 건전한 투자문화를 세우데 성도들의 용기와 응원을 아끼지 않아야겠습니다. 왜냐하면 이것이 바로 주식을 다스리는 모습이기 때문입니다.

4) 헌금해야 합니다

주식투자를 하다 보면 이익을 얻을 때도 있지만 분명 손실을 볼 때도 있을 것입니다. 투자라는 것이 성공도 있고 실패도 있기 때문입니다. 모든 것이 정당한 과정과 절차 가운데 주어지는 결과요 성적표입니다. 따라서 주식투자에서 금전적 유익을 얻었다고 하여서 하나님의 뜻을 이룬 것이고 반대로 큰 손실을 보았다고 해서 하나님의 뜻이 아니라는 판단은 매우 기복적이며 세속적인 접근이 아닐 수 없습니다. 하나님의 섭리를 믿는다면 주식투자의 수익과 손실 모두 주님 주신 결과로 믿고 감사할 수 있어야 할 것입니다. 그리고 그 모든 감사에 대한 고백을 헌금으로 할 수 있어야 합니다. 만약 이 신앙고백의 준비가 되어 있지 않다면 애당초 주식투자행위를 시작하지 않는 것이 더 유익할 것입니다.

"아브라함이 모든 것의 십분의 일을 그에게 나누어 주니라 그
이름을 해석하면 먼저는 의의 왕이요 그 다음은 살렘 왕이니
곧 평강의 왕이요"(히 7:2).

히브리서에서는 창세기에 기록되었던 아브라함과 멜기세덱의 만
남을 재인용 하며, 아브라함이 드렸던 십일조를 언급합니다. 십일조
의 신앙고백에 대한 다양한 견해들이 있지만 하나님께 십분의 일을
드림으로 모든 것이 하나님의 것이며, 모든 것이 하나님께 받은 것
이라는 고백이 핵심입니다. 그러므로 주식투자를 통해서도 십일조
의 고백을 할 수 있어야 합니다. 만약 주식투자를 통한 십일조의 고
백이 아깝거나 주저된다면 지금 우리 자신이 투자하는 주식은 하나
님 나라가 아닌 나 자신의 욕망과 탐심을 위한 것이 틀림없습니다.
내가 더 부유해지고, 내가 더 풍족해지고 그래서 내가 더 편리해지
는 것만을 꿈꾸는 또 다른 맘몬숭배에 빠진 것입니다. 이는 주식을
성경적 원리로 다스리지 못하는 것입니다. 그러나 반대로 하나님 맡
기신 것들로 감사하며 헌금할 수 있다면 주식투자는 다시금 그 본연
의 가치중립적 창구가 됩니다. 바라기는 자본주의 시장의 양날의 검
이자 가시 장미와도 같은 주식투자를, 하나님 나라를 위해 뱀처럼
지혜롭고 비둘기처럼 선하게 활용하길 기도합니다.

나가면서

현대를 살아가는 기독인들에게 주식투자는 더 이상 별천지의 행위가 아닙니다. 왜냐하면 주식투자는 우리 성도들과도 매우 밀접한 그래서 현시대의 매우 기본적이면서도 필수적인 자본주의 경제활동이기 때문입니다. 따라서 어떤 나라든 주식거래나 주식시장이 없다면 그 나라는 사회주의 및 공산주의 체제의 국가와도 다를 바 없습니다. 그러나 주식투자를 한다고 하여서 모든 방법과 방향이 다 성경적인 것은 아닙니다. 그런 점에서 성경은 주식투자를 (구약의 상흔문신처럼) 가치중립적으로 판단하지만 그 주식투자를 누구를 위해 또 어떻게 운용하는지에 따라 결과론적 평가와 이해를 달리합니다. 이는 '성경은 주식을 금하는가?'라는 질문을 '성도가 주식을 어떻게 다스릴 것인가?'라는 질문으로 확장할 수 있는 원동력입니다.

끝으로 성도가 주식을 다스리기 위한 네 가지의 성경적 원리들을 소개했습니다. 첫째 수고해야 합니다. 둘째 절제해야 합니다. 셋째 적법해야 합니다. 넷째 헌금해야 합니다. 이는 성도가 주식투자를 다스리기 위해서는 먼저 부지런히 공부해야 하고, 세상의 미혹들로부터 스스로 절제하여 부정과 불의한 방법에서 벗어나야 한다는 뜻입니다. 무엇보다 십일조의 신앙고백과 함께 주식투자를 통해 얻는 수익과 손실을 하나님께 전적으로 감사드려야 한다는 뜻입니다. 바라기는 주식투자마저도 하나님의 섭리 가운데 있다는 개혁신앙적 고백과 함께 언제나 코람데오의 신앙고백으로 살기 위해 몸부림쳤던 고신 신앙인들의 순결함이 1,700만 개인투자자들의 삶 속에서도 동일하게 울려 퍼지길 기대합니다.

1. 성경 속 문신이나, 현대의 주식처럼 우리 주변의 가치 중립적인 행위들을 찾아보세요.

2. 성경은 주식투자와 같은 가치 중립적인 행위들이 어떻게 다스려질 것을 명령하나요?

3. 주식투자를 성경적 원리에 따라 다스린 경험을 이야기해보세요.

4. 교회나 신학교 등의 성경적 주식투자 가능성을 생각해보세요.

훌륭한 과학 그러나 걱정스러운
: 개혁신학이 바라본 과학이론과 과학기술

*

조재필 목사(새언약교회 담임)
고려신학대학원(M.Div.)과 백석대학교(Ph.D.)를 졸업했다. 생명력 있는 개혁교회 건설을 위해
개혁신학과 장로교회 제도 실천에 힘쓰고 있다.

들어가면서 : 어느 평범한 날 새벽

스마트폰에 설정해둔 알람 소리에 눈을 떴다. 새벽기도회 시간이다. 이불 속에서 손을 내밀어 침대 머리맡 스텐드 등 센서를 터치했다. 어두운 방이 밝혀졌지만 실눈을 감은 채 주춤거리며 화장실로 들어갔다. 온수에 간단한 세수를 하고서야 정신이 들었다. 양치 대신 가글 제품으로 대충 입을 헹구고 거실로 나왔다. 양복을 갈아입은 후 예배당으로 향했다. 사택이 교회 안에 있어서 엘리베이터를 탔다. 예배당에 들어가기 전에 24시간 CCTV로 감시하는 보안을 해제해야 한다. 그렇지 않으면 원격 감시하는 보안업체가 출동한다. 새벽기도회에 오실 성도들의 안전을 위해 주차장, 로비에 조명을 켰다. 옥상의 십자가 조명은 설정해둔 타이머가 자동으로 끌 것이다. 음향설비에 전원을 켜고 인터넷에서 미리 다운로드해둔 새벽기도회용 찬양을 틀었다. 이어서 새벽기도회에 오지 못하는 성도들을 위해 설교 녹화용 영상장비를 설정해두고서야 내 자리에 앉을 수 있었다.

정한 시간에 등단해서 새벽기도회를 인도했다. 전날 클라우드(가상공간)에 올려둔 설교문을 테블릿 PC에 불러와서 설교를 시작했다. 본문은 마태복음 6장이었다. 이 본문은 예수님이 하신 설교 말씀이다. 이 본문을 설교하시기 위해 예수님이 이천 년 전에 택한 설교 장소는 한적한 들판이었다. 완만하게 경사진 곳에 최소 5천 명 이상의 남녀노소가 옹기종기 모여 앉았다. 멀리 자리 잡은 사람들은 예수님과의 거리가 다소 멀어 표정은 제대로 보이지 않았지만 30대 청년 예수님의 목소리는 아람어로 뚜렷이 들렸다. "공중에 날고 있는 저 새를 보라. 그리고 들에 핀 이 백합화를 생각해 보라." 예수님이 말씀하시며 가리키는 손끝에는 새들과 꽃들이 있었다. 예수님의 자연 시청각 설교를 듣는 수천 명의 청중의 표정은 경이와 만족감에 젖어있었다. 그러나 이 본문을 읽고 설교를 위해 고개 들어 바라보니 열심을 내어 새벽기도회에 나온 성도들의 표정이 나만큼이나 피곤해 보인다. 이런 마음이 들었다. 내일부터 모든 전자 장비와 안락한 건물을 떠나 교회 뒷산에 모이라고 해야 할까?

1. 신앙 vs 과학

과학이론과 그에 따라 나날이 발전하는 과학기술이 일상생활뿐 아니라 신앙생활에도 넓고도 깊게 연관되어 있습니다. 우리는 과학 기술의 영향 속에서 생활을 하고 있습니다. 팬데믹 시기에 기독교계 의 저명인사가 '제2의 종교개혁'이 도래한 것이라며 온라인 예배를 강력하게 주장했습니다. 그 주장의 타당성 여부를 떠나 이런 주장이 가능할 수 있는 근본 이유는 분명합니다. 온라인과 영상에 관한 과 학기술이 발전했기 때문입니다. 그것도 작은 교회까지 시행할 수 있 을 정도로 과학기술이 보편화되지 않으면 주장할 수 없습니다. 우리 는 신앙과 과학이 긴밀한 시대를 살아가고 있습니다.

과학기술에 대해 배타적인 '종교인'들도 없지 않습니다. 피에 종 교적인 의미를 부여해서 수혈을 거부하는 여호와증인들이나 현대의 문명 이기와 편리한 기술 일체를 거의 거부하는 아미시(Amish)가 있습니다. 이들은 객관적인 과학이론을 무시하거나 과학기술을 거 부합니다. 그러나 일반적으로 신자들은 과학이론과 과학기술을 일 종의 '환경'으로 삼아 살아가고 있습니다. 그러나 기독교 신앙과 과 학은 사이가 좋지 않습니다. 과학이 사실과 진리를 찾는 또 하나의 길로서 세상에 존재감을 차츰 드러내던 시기에는 과학이 일방적으 로 당하는 위치였습니다. 그러나 과학이 사실과 진리를 찾는 유일한 길로 받아들여지는 현재, 신앙을 미신 취급하는 학자와 대중들이 다수입니다. 이런 갈등은 법정 다툼을 할 정도로 첨예하고 적대적입니다. 지동설은 17세기에 종교재판을 받았고(1633년) 창조론과 진화론은 20세기에 법정 다툼을 했습니다(1925년). 상징적인 이 두 재판만 두고 보면 300년을 다투었다고 보면 되겠습니다.

일각에서는 과학이 기독교 신앙에 대해 이미 완승을 거두었다고 주장하지만 최근의 양상은 그렇지 않습니다. 리처드 도킨스를 비롯한 다수의 저명한 무신론 과학자들이 조직적으로 연대하여 신앙을 공격하고 있습니다. 그들 중의 한 사람인 존 부룩만은 창조론의 부흥을 주도하는 '지적설계운동'의 영향력 확대를 위협적으로 느꼈습니다. 이를 로마를 침범한 야만족으로 비유했습니다. "서고트족(지적설계운동)이 문 앞에 와있다. 그들이 안으로 들어오도록 손 놓고 구경만 할텐가?"('왜 종교는 과학이 되려 하는가', 2012).

그러나 따지고 보면 신앙과 과학의 대립은 진화론이나 빅뱅 우주론과 같은 관찰과 검증이 불가능한 가설(hypothesis) 이론 분야에 한정된다고도 말할 수 있습니다. 일상에서는 착실하게 신앙생활하는 과학자들과 과학기술을 활용하는 신앙인들이 대부분입니다. 심지어 가설 과학이론 분야에서도 둘 사이의 화해와 조화를 시도합니다. 소위 유신론 과학자들이 창조와 진화가 조화될 수 있다고 주장합니다. 뒤에 언급하겠지만 이런 시도는 성공적이지 못합니다. 현재까지는 양쪽에서 반대와 무시를 받고 있습니다.

이렇게 조금만 들여다보아도 혼란스럽기 그지없는 신앙과 과학의 관계입니다. 이 관계에 대해서 개혁주의 신앙인은 어떤 태도를 취해야 할까요?

2. 과학에 대한 용어와 개념

우선 '과학'(science)이라는 용어와 개념 정리에서부터 시작해야 하겠습니다. 오늘날 과학의 정의는 대략 이렇습니다. '증거와 논리를 기반으로 자연세계에 대해서 알아가는 방법 그리고 그 방법으로 획득한 지식과 이론 체계' 일반 대중은 이렇게 획득한 지식과 이론 체계를 '보편적 진리'로 받아들입니다. 왜냐하면 과학적 방법만이 어떤 사실과 진리를 발견하고 확증할 수 있는 '유일한' 방법이라고 보기 때문입니다.

그러나 이런 생각은 최근의 변화입니다. 20세기 초까지만 해도 과학은 '하나의' 방법에 불과했습니다. 이것은 과학이라는 용어의 사용 역사를 통해서도 확인할 수 있습니다. 과학의 영어 표현인 science는 중세부터 사용한 용어입니다. 이 용어는 라틴어 scientia에서 왔습니다. scientia는 모든 종류의 체계적이거나 정확하게 기록된 지식을 가리켰습니다. 사실상 '학문'을 뜻하는 단어였습니다.

이 scientia에서 학문의 기본 개념을 이해할 수 있습니다. 이 단어의 어원인 scire는 '자르다', '분류하다'는 뜻입니다. 바로 여기서 학문이라는 개념이 나왔습니다. 중세인들은 학문이란 종류대로 분류하고 그것을 설명하고 정의하는 것이라고 여겼습니다.

그러나 이 개념 자체는 더 깊은 뿌리를 가지고 있습니다. 고대 그리스부터 철학자들은 세상을 이해하고 설명하기 위해 분류부터 시작했습니다. 철학자들은 자연 세계에서 관찰한 모든 것을 같거나 비슷한 종류로 분류했습니다. 그리고 이것을 '범주'(Category)라고 불렀습니다. 아리스토텔레스는 이것을 '술어'라는 뜻으로 사용했습니다. 술어란 주어에 대한 설명입니다. 그리고 그 설명은 여러 가지입니다. 다시 말해 하나에 대해 여러 가지가 관련을 맺고 있습니다. 하나를 설명하기 위해 여러 가지 설명이 동원되는 것입니다. 이것을 체계화시키고 이론화시키면 학문인 것입니다. 그러나 현대에 들어 오직 하나의 주어에 오직 하나의 술어만을 허용하고 있습니다. 오직 자연만을 대상으로, 오직 귀납적으로 관찰하고 연구하는 방법만으로 학문을 합니다. 학문의 의미가 축소되었다는 말입니다.

이렇게 축소된 학문, 유일한 학문으로서 과학을 설명하는 개념이 있습니다. '방법론적 자연주의'(methodological naturalism)입니다. 다소 어려운 표현이지만 단순합니다. 오직 자연과학만 진리 추구 방법이라는 말입니다. 자연에 대한 과학적 연구와 그 결과 이외에 자연에 대한 설명이 필요하지 않고 자연(법칙)만으로 자연에 대한 모든 설명이 가능하다는 말입니다. 현대의 과학은 이런 방법론적 자연주의를 지향합니다. 그러나 실제에 있어서는 그렇지 않습니다. 자연과학의 많은 분야가 철학적인 선이해(先理解)와 전제(前提)를 가지거나 그 자체를 다루기도 합니다. 이는 방법론적 자연주의에 위배되는 것입니다. 과학 스스로 과학 대상이 아닌 것을 대상으로 과학적이지 않은 방법으로 다룹니다. 과학 스스로 모순과 한계를 드러낸 것이라 할 수 있습니다.

과학은 인류에 혁혁한 공이 있습니다. 무지로 인한 미신과 구습을 타파하고 사실을 적시하고 효율과 편리를 가져다주었습니다. 무엇보다 인간의 존엄성이 지켜지도록 힘을 보탰습니다. 그러나 미신과 구습과 함께 신앙도 쫓아내어 버렸습니다. 그리고 그 자리에 과학이 앉았습니다. 이런 과학의 '일탈'은 더 과감해지고 있습니다. 마이클 호튼은 "과학은 자연세계의 놀라운 작용을 발견하는 작업이 아니라 종교로 탈바꿈됐다"라고 일침을 가합니다. 현대 과학은 종교 영역을 아우릅니다. 우주의 시작과 끝, 인간 존재와 인간 정신과 영혼의 활동 방식, 사회의 구조와 목적까지 과학적 방법으로 다룹니다. 이제 종교적 주제를 포함해서 과학 분야에서 제외된 분야가 없습니다. 그러나 그 과정과 결과는 썩 흡족하지 않습니다. 계속 팽창하고 있다고 주장하는 우주에 대해서 1%도 채 알지 못한다고 스스로 시인하지만 우주의 시작과 끝에 대한 주장을 굽히지 않습니다. 정신과 영혼의 존재는 아예 부정해버리거나 다른 물질적 현상으로 환원해서 설명할 뿐입니다. 이는 과학의 가장 중요한 방법인 인간 경험과 상충됩니다. 또한 인간 사회를 표본 조사에 의한 숫자로 표시할 뿐 공동체의 동기와 목적에 대해서는 언급할 수 없습니다. 이것으로는 사회에 대한 충분한 '술어'가 될 수 없습니다.

그러므로 그리스도인들은 이런 현대의 과학관에 굳이 연연해 할 필요가 없습니다. 과학을 사실과 진리를 획득하는 하나의 방법으로 위치를 조정해야 합니다. 과학만 진리 획득을 위한 유일한 방법이 아니기 때문입니다. 다양한 방법으로 더 풍성한 진리와 더 정확한 사실을 서술할 수 있습니다. 도리어 중세와 고대의 학문관이 더 객관적이고 실용적이기까지 합니다. 그렇다고 이 말이 철학을 신학의 시녀로 여겼던 중세로 돌아가야 한다는 말은 아닙니다. 과학의 위치를 제 자리로 돌려보내어서 과학을 더 올바르게 활용하자는 말입니다.

3. 기독교 과학자들

과학에 대한 이런 관점 즉 과학을 사실과 진리를 위한 하나의 방법으로 이해하는 것은 과거 기독교인들의 일반적인 태도였습니다.

도리어 기독교 신앙은 과학의 발전에 동기를 부여하고 촉진제 역할을 했습니다. 그중에 청교도와 칼빈주의는 과학의 발전에 중대한 영향을 미쳤습니다. 이런 영향 관계에 관한 연구가 이미 폭넓게 이루어졌습니다. 마이클 호튼은 르네상스 시대와 종교개혁 시대를 연구한 스탠퍼드 대학교 역사학자 루이스 스피츠의 주장을 인용합니다. "프로테스탄트주의(구체적으로 칼빈주의)가 과학을 발생시킨 경험주의 인식론을 형성하는데 대단히 적합했다." 칼빈주의는 로마교회가 구축한 보편적 교리를 답습하지 않았습니다. 대신 성경을 면밀히 검토해서 확실한 결론에 도달한 후에야 보편적인 신앙을 확신했습니다. 이는 소위 연역적 진리 추구 방식에서 귀납적 진리 추구 방식으로 전환한 것입니다. 구체적인 사실에 대한 조사가 보편적인 원리(진리)에 이르게 할 것이라고 믿었습니다. 신앙 진리에 대한 이런 인식론적인 변화가 일반 학문 분야에도 영향을 미쳤습니다. 신앙에 대한 종교개혁의 인식론과 방법론이 다른 요소들과 함께 과학 발전의 밑거름이 됐습니다. 이런 주장은 객관적인 증거로도 확인이 됩니다. 고전 시대에는 이슬람이나 동양에서 과학기술이 더 발전했습니다. 그러나 종교개혁을 기점으로 프로테스탄트 국가에서 과학과 기술이 비약적으로 발전했습니다. 이러한 현상은 많은 과학 철학자와 역사학자들의 연구 주제였습니다. 그리고 일반적으로 종교개혁이 과학기술 발전에 결정적인 영향을 미쳤다고 결론 맺습니다.

실제로 초기 과학자들 대부분은 기독교인이었습니다. 케임브리지대학 물리학 교수인 존 폴킹혼은 칼빈주의에 익숙한 초기의 과학자들이 신학과 과학에 이질감을 느끼지 않았다고 말합니다. 신학과 과학은 똑같은 전제를 바탕으로 사고를 전개하기 때문입니다. 바로 세계가 하나님이 창조물이라는 전제입니다. 초기 과학자들이 이룩한 위대한 과학적 업적들은 기독교 신앙에서 동기와 영감을 받은 결과였습니다. 단지 과학 교과서가 이런 신앙적 동기와 영감을 언급하지 않을 뿐입니다. 대신 코페르니쿠스와 갈릴레오의 일화와 같이 신앙이 과학을 억압했던 사례만 취사 선택해서 들려줍니다. 이로써 신앙은 배타적일 뿐 아니라 무지하다는 인상을 깊이 심어주었습니다. 그러나 낸시 피어시와 찰스 텍스턴은 과학 발전의 역사를 개괄하면서 과학은 기독교인들이 창조주 하나님과 창조된 세계의 관계에 대한 토론과 설명 가운데 발전했다고 주장합니다. 즉 기독교인들의 신앙적 열의와 성경 진리에 대한 보다 명확한 이해를 추구하는 과정에서 과학이 형성되었다는 말입니다. 그들은 뉴턴, 갈릴레이, 파스칼, 코페르니쿠스, 케플러, 패러데이, 심프슨 경, 멘델, 파스퇴르, 라이터 형제, 폰 브라운 같은 과학자들입니다. 물론 각론에 들어가서 그들의 신앙이 개혁주의 신학과 정확히 일치하지는 않습니다. 그럼에도 불구하고 그들의 과학 활동과 성과는 기독교 신앙에 이질적이거나 배타적이지 않았습니다. 심지어 뉴턴은 과학책보다 신학책을 더 많이 저술했습니다. 갈릴레이는 한때 신부가 되려고 수도원 학교에서 신학 공부를 했습니다. 갈릴레이는 이런 유명한 말을 남겼습니다. "하나님은 우리에게 두 권의 책을 주셨는데 한 권은 자연이라는 책이고, 다른 한 권은 성경책이다. 우리는 하나님의 솜씨를 하나님이 주신 자연이라는 책에서 배운다." 갈릴레이는 과학을 통해 하나님의 지혜와 성품을 발견할 수 있다고 믿었습니다.

초기 과학자들은 자연스럽게 사람에게 두 가지 과업이 주어졌다고 믿었습니다. 성경과 자연을 연구하는 것입니다. 신학은 성경의 창조론을 연구함으로 우주 만물의 주인이신 하나님을 더 잘 이해할 수 있게 됩니다. 또한 과학은 하나님이 창조하신 자연 세계에 대한 연구를 통해 하나님의 영광과 행하신 일을 알게 됩니다. 이러한 초기 과학자들의 태도는 오늘날도 따를 수 있습니다. 신앙과 과학은 본질적으로 이질적이거나 배타적이지 않습니다. 갈릴레이의 말과 같이 하나님은 두 권의 책을 주셨다고 믿을 수 있습니다. 우리는 성경과 자연을 통해 하나님의 지혜와 성품을 더욱 알아갈 수 있습니다.

4. 기독교 진리를 부인하는 과학이론과 과학기술

그러나 현대에 이르러 과학을 그대로 수용할 수는 없는 형편입니다. 우선 초기 과학자들이 견지했던 신앙과 과학의 적절한 관계가 현대에 이르러 무너졌습니다. 중세 철학자들로부터 시작해서 대부분 학자는 성경과 자연이라는 하나님의 두 책이 모순되거나 상충된다고 보지 않았습니다. 도리어 상호 간에 보완하고 도움을 줄 수 있습니다. 이를 현대에 좀 더 체계적 이론으로 제안합니다. '상호 작용설'이라고 부릅니다. 그리스도인들이 성경의 내용을 이해하거나 믿음으로 받아들일 때 과학에서 제시하는 가설이나 연구 결과들에 대해서 검토해야 합니다. 반대로 그리스도인 과학자가 자신의 과학적인 연구 결과를 과학이론으로 제안하려 할 때 자신이 믿는 성경과 교리로 점검해야 합니다. 이렇게 성경과 과학은 상호 작용의 길이 열려 있습니다. 이런 상호 작용 가운데 성경을 믿는 신자가 받아들일 수 없는 요소들이 과학에서 나타났습니다. 이는 과학이론과 과학기술 양쪽에서 발견됩니다.

지금도 기독교 신앙을 정면으로 부정하는 과학이론과 기독교 윤리를 파괴하는 과학기술이 막강한 영향력을 미치고 있습니다. 대표적으로 과학이론 부분에서는 진화론, 과학기술 부분에서는 비윤리적인 과학기술입니다. 특별히 이 두 부분에서 신앙과 과학 사이의 갈등이 심화되고 있는 형편입니다. 오늘날 기독교인들은 이런 반기독교적인 요소들에 대해서 올바르게 분별해야 합니다.

먼저 진화론적인 과학이론을 살펴봅시다. '진화론적'이라는 수식어를 붙인 이유는 모든 과학이론이 진화론적이지는 않기 때문입니다. 그럼에도 불구하고 현재의 대세는 대부분 과학이론이 진화론적인 '믿음'으로 편향되는 경향이 뚜렷합니다. 생물학과 우주과학뿐 아니라, 사회학과 심리학과 같은 학문 분야도 이제는 진화론적인 관점에서 다루어지고 있는 형편입니다. 그래서 학문명 조차도 진화생물학, 우주발생론 내지 우주진화론이라고 부릅니다. 이런 진화론적인 과학이론은 창조론적인 성경 진리를 반대합니다.

이런 성경진리와 과학이론 간의 이견에 대한 반응은 크게 세 가지입니다. 첫째로는 모든 성경의 가르침을 비진리로 부정하는 것입니다. 이런 입장에서 '비과학적'이라는 말은 곧 거짓과 사이비라는 뜻입니다. 이런 입장은 거의 무신론자의 입장이라고 보면 되겠습니다. 두 번째로는 모든 과학적 연구와 그 이론을 무시하거나 부정하는 입장입니다. 이런 태도는 기독교 일각에서만 나타나는 현상은 아닙니다. 인도 전통 종교와 같이 세상의 근원에 대해서 말하는 종교들에서는 진화론적 과학이론을 거부합니다. 기독교 영역에서도 이런 입장을 어렵지 않게 발견할 수 있습니다. 세 번째로는 성경의 가르침을 과학과 조화시키려는 시도입니다.

이 세 번째 반응은 우리가 특히 주의해서 살펴보아야 할 부분입니다. 좋은 의도로 시도한 것이겠지만 사실 성경 진리와 진화론적 과학이론 사이에 조화를 이루는 것은 불가능합니다. 현재까지 이런 시도를 대표하는 이론이 '유신 진화론'입니다. 이 이론은 생명의 창조와 진화를 조화시키려고 시도합니다. 하나님이 진화를 사용하셔서 세계와 생물을 현재에 이르게 하셨다는 이론입니다. 그러나 이 이론은 정통 기독교는 물론 무신론 과학에서조차도 거부됩니다. 무신론 과학자들은 유신 진화론을 유사 과학이나 사이비 과학이라고 치부합니다. 바빙크는 이런 시도를 가리키는 용어를 이미 제안했습니다. 바로 '조화 이론'이라는 용어입니다. 바빙크는 이 용어를 부정적인 의미로 사용합니다. 진화론적인 과학이론은 성경 진리와 조화를 이룰 수 없습니다. 성경과 진화론을 조화시키려면 정통 창조론를 부정하거나 창조론이라고 이름을 붙여놓고 내용은 진화론으로 채우는 방법밖에 없기 때문입니다.

세 번째 반응과 관련해서 살펴보아야 하는 또 다른 입장이 있습니다. 유신 진화론에 반대하면서 전통적인 성경 진리를 적극적으로 옹호하지만 과학을 적극적으로 활용하는 유신 과학자들이 있습니다. 한국에서는 주로 '한국창조과학회'(www.creation.kr)라는 단체로 대표됩니다. 진화이론의 도전에 대해 상당한 수준에서 방어하고 설명하는 기여를 하고 있습니다. 그러나 근본적인 부분에서 개혁신학과 구별되는 지점이 있습니다. 두 가지 부분입니다. 첫째, 성경을 문자적으로 해석하는 근본주의적인 성경 해석방법입니다. 개혁주의 신학은 역사적-문법적-신학적 방법으로 성경을 해석합니다. 그러나 창조과학회는 문자적 성경해석으로 치우쳐 있습니다. 예를 들어 운문으로 기록된 욥기와 시편의 구절들을 과학적 사실에 대한 진술로 인용할 때가 많습니다. 창세기와 성경 족보 같은 역사적-문학적 고려가 필요한 특수한 본문도 단순히 문자적으로 해석합니다. 그 의도는 기적을 포함한 성경 역사 기록이 비과학적이라는 비난에 대응하고자 하는 것입니다. 그러나 여기서 두 번째 문제가 나타납니다. 성경을 최고의 권위로 두지 않는 것입니다. 성경이 최고, 최종 권위라고 믿는 것은 다른 어떤 것의 도움이나 증명도 필요하지 않다는 뜻이기도 합니다. 정확한 과학 연구나 고고학의 결과는 성경과 다르지 않습니다. 성경은 진리이기 때문입니다. 문제는 과학이나 고고학으로 성경의 진리를 보장하려는 태도입니다. 성경은 성경 자체로 이미 최고, 최종의 권위를 가지고 있습니다. 그러나 성경 진리를 옹호하기 위해 과학을 활용하면서 은연중 성경 보다 과학의 우위를 스스로 인정하는 꼴이 될 수 있습니다. 이 또한 유신진화론처럼 성경과 과학의 바른 관계가 아닙니다. 개혁신앙은 언제든지 성경은 그 자체로 최고, 최종 권위라는 사실에 흔들리지 않습니다.

과학이론뿐 아니라 과학기술 부분에서도 그리스도인이 거부해야 할 것이 있습니다. 성경의 윤리를 파괴하는 과학기술이 끊임없이 발전하고 있습니다. 핵폭탄 같은 극단적인 대략 살상 무기를 개발하는 과학기술은 거부해야 합니다. 이런 연구 개발에 국가적인 비용이 사용되는 것과 제도화되는 것을 용인해서는 안 됩니다. 낙태와 성전환은 의학 기술에 의존합니다. 이 또한 성경의 윤리를 파괴하므로 적극 반대의 목소리를 내야 합니다. 온라인 체계가 음란물의 생산과 확산에 미치는 영향을 가볍게 여겨서는 안 됩니다. 특히 청소년기에 접촉한 음란물은 뇌 발달에 심각한 손상을 준다고 합니다. 이를 그저 개인의 자유로 방치하는 것은 인류애를 거부하는 것입니다. 이렇게 인간의 죄악을 조장하고 죄악을 폭발적으로 증대시키는 비윤리적인 과학기술과 그 발전에 대해서는 행동으로 막아야 합니다.

비성경적인 과학이론은 주로 창조주 하나님과 섭리하시는 하나님 그리고 구속주 하나님을 사랑하는 데 반대합니다. 반면 비윤리적인 과학기술은 이웃에 대한 사랑을 와해시키고 도리어 이웃의 생명과 복지를 훼손합니다. 그러므로 그리스도인들은 비윤리적인 과학기술 발전에 경각심을 가지고 있어야 합니다. 이는 십계명으로 요약된 성경 윤리를 부단히 가르치고 숙지하는 것으로 실천할 수 있습니다. 나아가 교회와 신학은 새로운 과학기술이 발전할 때 그 기술을 분석하고, 그 기술이 미치게 될 사회적 영향을 살피는 일에 부지런해야 합니다. 새로운 과학기술이나 발전을 십계명을 통해 새롭게 적용해야 합니다. 이로써 가능한 빠른 시기에 새로운 과학기술이 일으키는 부작용을 막을 수 있습니다.

5. 과학이 타락하는 성경적인 이유

여기서 근본적인 질문을 할 수 있습니다. 왜 과학은 이렇게 변질 혹은 타락하는 것일까요? 왜 교회는 과학이론에 대해서 긴장하고 과학기술의 발전에 대해서 경각심을 유지해야 할까요? 300년 전 기독교 신앙과 친밀하게 시작했던 과학이 지금에 와서 성경 진리를 거부하는 이론과 비윤리적인 기술을 쏟아놓는 이유가 무엇일까요? 이 이유를 성경에서 찾을 수 있습니다.

성경에서 과학과 연관해서 고려할 수 있는 첫 부분은 소위 문화명령(the Cultural Mandate)입니다. "하나님이 그들에게 복을 주시며 하나님이 그들에게 이르시되 생육하고 번성하여 땅에 충만하라, 땅을 정복하라, 바다의 물고기와 하늘의 새와 땅에 움직이는 모든 생물을 다스리라 하시니라"(창 1:28). 이 구절은 가장 넓은 의미의 인간 활동에 관한 말씀입니다. 이 말씀은 인간의 생각과 행동의 총체로서 '문화'에 관한 명령과 복 주심에 관한 기록입니다. 이 말씀을 과학과 관련해서 고려할 수 있습니다. 문화에는 과학 활동도 포함되기 때문입니다. 무엇보다 이 말씀에는 과학의 대상이 정확하게 제시되어 있습니다. 땅과 바다와 하늘은 자연세계의 기본 구성입니다. 자연세계를 정복하고 다스리라는 명령은 인간의 과학 활동에 대한 성경적 근거입니다. 최초 문화명령은 하나님의 선한 창조에 속해

있었습니다. 문화명령은 선할 뿐 아니라 하나님의 복 주심이기도 합니다. 그러므로 과학 활동 역시 본래는 선하고 복된 것이라고 추론할 수 있습니다.

이 명령을 실제로 수행하는 장면이 창세기 2장 15절에 나옵니다. "여호와 하나님이 그 사람을 이끌어 에덴 동산에 두어 그것을 경작하며 지키게 하시고." 여기서 '경작'이라는 단어는 원래 하나님을 섬기는 데 사용한 종교적인 단어입니다. 그런데 여기서는 땅을 경작하는 아담의 행동에 사용됐습니다. 이것은 구속사적 의미가 있습니다. 이 단어는 에덴에 있었던 동산이 단순한 과수원이 아니라 성소라는 것을 보여주는 장치입니다. 그러나 에덴동산의 상징성은 모든 인간 활동의 모체입니다. 에덴동산을 경작하는 아담의 활동으로부터 인간의 노동과 문화 활동이 파생됐습니다. 즉 노동과 과학 활동의 뿌리는 예배입니다. 이처럼 과학 활동은 본래는 예배와 같이 선하고 복된 것이었습니다.

그러나 선하고 복된 인간 활동은 아담이 동물들에게 이름을 지어주는 것에서 끝이 납니다. 이후의 모든 인간 활동은 항상 죄악될 뿐입니다. 타락이 문화명령을 올바르게 수행하지 못하게 만들었습니다. 아담의 범죄 이후 모든 인간 활동은 타락의 영향을 나타냅니다. 당연히 타락의 영향이 과학적인 활동에도 나타났습니다. 타락에 영향을 받은 최초의 과학적 활동은 가인에게 발견됩니다. 가인이 아벨을 살해하고 추방당한 후에 성을 쌓았습니다(창 4:17). 성을 쌓는 다는 것은 단순한 노동이 아닙니다. 분명 과학적인 활동입니다. 성을 쌓는 과정에서 측량하고 재료를 분석하는 과학적 활동이 이루어 집니다. 그러나 가인이 성을 쌓은 시점에 의미가 있습니다. 하나님 은 형제 살해에 대한 벌로서 땅에서 방황하는 자가 되게 하셨습니다 (창 4:12). 그러나 가인은 성을 쌓고 그곳에 머무름으로 하나님의 벌 을 거부했습니다. 인간의 과학적 활동이 하나님을 대적한 최초의 사 례라고 하겠습니다. 게다가 그 성을 자기 아들의 이름 에녹으로 불 렀습니다. 철저하게 자기 영광을 추구하기 시작했습니다. 노동이 더 이상 예배가 아닌 인간의 영광을 추구하는 도구로 전락했습니다. 지 금 과학 활동이 하나님의 영광을 가로채는 것은 타락의 결과입니다.

그다음 발견되는 본문은 가인의 6대손 두발가인에 관한 본문입 니다. "씰라는 두발가인을 낳았으니 그는 동철로 각양 날카로운 기 계를 만드는 자요…"(창 4:22). 일반적으로 두발가인은 대장장이나 기계공의 조상으로 이해합니다. 명실상부 두발가인으로부터 본격적 으로 과학과 기술이 시작됐습니다. 그런데 과학기술에 대한 이 언급 들은 즉시 부정적인 역사로 이어집니다. 두발가인의 아비는 폭군 라 멕입니다. 라멕은 스스로 살인자 가인보다 열배나 많은 벌을 받을 것이라고 자랑할 정도로 악인이었습니다(창 4:24). 이는 라멕이 집 단 차원의 전쟁으로 사람을 죽였다는 것을 시사합니다. 이때 라멕의 차별적인 전력에 두발가인이 제작한 과학 기구가 크게 기여했을 것이 분명합니다. 라멕은 아들이 만든 기막힌 기계를 전쟁 무기로 악용했습니다. 죄인이 자기 추구의 폭력적인 죄성을 드러낼 때 과학기술이 동원됐습니다. 여기에 대해 브루스 월키와 캐시 프레드릭스는 다음과 같이 주석합니다. "예술과 과학은 하나님의 문화명령의 적절한 확대지만 여기서 그것들은 자기 확신과 폭력의 수단인 타락한 문화로 표현된다"(창세기 주석).

하나님의 문화명령으로부터 인간에게는 과학과 기술을 포함한 재능과 사명이 주어졌습니다. 그러나 타락한 인간의 모든 활동에 나타나는 현상과 마찬가지로 과학과 기술에도 타락의 영향력이 나타났습니다. 그것은 하나님을 대적하는 교만과 인간을 향한 폭력이라는 죄악의 형태였습니다. 그리고 이것은 지금도 과학이론과 과학기술에서 여전히 발견되고 있습니다.

이상의 성경 맥락은 과학과 기술에 관한 우리의 관점에 두 가지 기준을 제공합니다. 과학과 기술은 긍정적인 면과 부정적인 면이 공존합니다. 과학과 기술이 발전할 때 거기에 유익과 해악이 동시에 씨앗을 품습니다. 다이너마이트의 발명과 원자력 기술의 발전이 인류에게 유익과 공포를 동시에 가져다주었듯이 말입니다. 가인의 에녹성이 안전과 함께 하나님을 대적하고 스스로에게 영광을 돌리게 만들었습니다. 두발가인의 기계가 라멕의 오만과 이웃에 대한 거대한 폭력에 협조했던 일이 지금도 반복되고 있습니다.

이제 과학이론과 과학기술은 인간의 삶과 관계에만 타락의 영향을 나타내는데 멈추지 않고 있습니다. 급기야 하나님에 대한 이해를 파괴하고 하나님을 능숙하게 부정하게 만들고 있습니다. 현대의 과학이론은 특별히 창세기의 하나님에 대해서 의문을 품게 하고, 무신론의 강력한 무기로 사용됩니다. '전통적 창조 신앙'이 도전받은 지는 이미 오래입니다. '전통적 창조 신앙'은 '하나님이 문자적 의미의 육일동안 세상을 창조하셨다'는 고백으로부터 출발합니다. 지구 나이 문제는 성경이 암시적으로 언급할 뿐이지만 창조의 방법에 대해서 명시적으로 알려줍니다. 그런데 이런 전통적 창조 신앙이 과학이론에 의해 도전받고 있습니다. 현대의 과학이론이 타락의 영향 아래 있습니다.

6. 개혁주의 성경해석과 정통교리의 중요성

이상의 논의 과정에서 성경과 교리의 중요성이 자연스럽게 드러났다고 봅니다. 신앙과 과학의 관계를 다루면서 바른 성경해석과 정통교리를 고수하는 것이 필수적입니다. 과학과 관련해서 단순히 성경이 중요하다고 말하는 것으로는 한계가 있습니다. 이런 구호 정도로서는 과학이론과 과학기술에 대한 기독교적인 태도를 바르게 정립할 수 없습니다. 정말 중요한 것은 성경을 해석하는 올바른 방법입니다. 더불어 정통교리에 대한 겸손한 태도입니다. 바른 성경해석 방법과 더불어 정통교리를 강조해야 하는 이유는 성경을 올바르게 해석한 결과가 정통교리이기 때문입니다. 정통교리에 대한 부정은 지난 기독교 역사 동안 이루어졌던 성경해석을 모두 부정하는 것과 다르지 않습니다. 이 말은 로마교회처럼 교리와 교회의 전통을 성경보다 우위에 둔다는 말이 아닙니다. 이 말은 성경의 저자이신 성령님의 사역을 경외한다는 말입니다. 교회의 역사는 성경의 저자이신 성령님의 역사입니다. 그래서 개혁주의 교회는 성경을 바르게 해석하고자 할 때 성경 뿐 아니라 성경해석의 역사도 중요하게 여깁니다. 이 성경해석 역사와 그 결정체인 정통교리를 부정하는 것은 성령님께서 교회에 성경을 가르치시는 일에 무능하셨다고 주장하는 것과 같습니다.

안타깝게도 전통적인 창조 신앙을 부정하거나 성경적인 윤리 기준을 파괴하는 현상이 나타나고 있습니다. 이는 특히 성경해석 분야에서 심각할 정도로 뚜렷합니다. 필자는 진화론적인 과학이론과 비윤리적인 과학기술이 성경해석에 영향을 미치고 있기 때문이라고 보고 있습니다. 필자의 소견에 현재 활동하는 보수적인 구약학자 중에 전통적 창조론을 지지하는 이들을 찾아보기 어렵습니다. 칼빈대학의 저명한 구약학자 존 스텍 교수는 자신의 창세기 주석에서 명시적으로 전통적 육일 창조를 부정합니다. 휘튼대학의 존 H. 왈튼 교수도 창세기를 고대근동 문헌과 세계관에 근거하여 창세기의 전통적인 창조론에서 이탈했습니다. 브루스 월키 교수 역시 유신적 진화론을 옹호하면서 리폼드신학교를 떠나야 했습니다. 웨스트민스터신학교의 메리데스 클라인 교수 역시 창세기를 전통적인 입장에서 해석하는지 분명하지 않습니다. 웨스트민스터신학교의 종신교수였던 피터 엔즈 구약 교수도 성경해석 방법론 문제로 교수직이 박탈됐습니다. 이때 교수회가 엔즈 교수에 대해 표결을 했습니다. 그런데 엔즈 교수를 지지하는 대다수는 주경학과 성경해석학 교수였습니다. 엔즈 교수를 반대한 교수들은 주로 교의학자와 교회사학자였습니다. 현재 전통 창조 교리를 수호하고 있는 보수적인 학자는 교의학자와 교회사학자들이라 할 정도입니다.

필자의 소견에는 구약학이 진화론과 고대근동학의 영향을 받은 결과 이런 현상이 뚜렷해졌다고 판단합니다. 창세기 첫 부분을 해석할 때 개혁주의 성경해석 방법론인 '문법적-역사적-신학적(신조적) 해석' 방법을 따르지 않고, 진화론과 조화시키거나 고대근동 문서들과의 비교를 통해 문학적으로 해석하고 있다고 봅니다. 과거 이런 입장이 소위 비평학자들의 방법론이었다면 현재는 개혁주의 신학자들도 상당수 따르고 있습니다.

그 영향은 연쇄 파장을 일으킵니다. 진화론적 성경해석을 따르게 되면 결과적으로 아담의 역사성을 부정하게 됩니다. 이는 두 번째 아담이신 예수님의 역사성과 구속 사역이 필요한 이유를 상실하게 만듭니다. 결과적으로 신앙고백서와 성경해석이 이질적으로 되어버립니다. 그러므로 창세기 해석에 진화론과 조화시키려는 태도를 거부하고, 고대근동학의 아이디어를 무분별하게 도입하는 시도는 신중해야 합니다.

성경이 가르치는 기독교 윤리를 부정하는 성경해석도 문제입니다. 동성애와 성에 관한 윤리적인 문제 그리고 목사 안수와 같은 교회 직분에 관한 문제가 성경해석 방법에 따라 극단적으로 해석됩니다. 과거 기독교가 흑인 노예 제도를 성경을 왜곡해서 옹호했던 일이 있었습니다. 이와 같이 성경을 그릇되게 해석함으로 성경이 금하는 행위를 옹호하거나 도리어 장려하는 일이 발생하고 있습니다. 이러한 현재 상황에서 다시금 개혁주의 성경해석 방법을 고수하는 것과 십계명이 가르치는 성경 윤리를 세심하게 가르치는 노력이 전에 없이 중요해졌습니다. R. C. 스프로울이 성경의 진술과 과학의 주장이 배치될 때 신자가 취해야할 태도를 아래와 같이 제안합니다.

"하나님이 자연에서 계시하시는 것은 하나님이 성경에서 계시하는 것과 결코 모순될 수 없다 … 성경의 계시가 자연 질서로부터 추론한 잘못된 생각들을 교정할 수 있는 것처럼 과학적인 발견들은 성경에 대한 신학자들의 잘못된 이해들을 교정할 수 있다. 특정한 문제에 대한 과학적 합의가 성경의 명백한 가르침과 극한 충돌이 예상될 때, 나는 과학자들의 생각과 추론들을 믿기 이전에 성경을 신뢰한다. 이것이 교회사와 기독교의 일관된 태도이다."('웨스트민스터 신앙고백서 해설', 173)

나가면서 : 어느 특별한 날 새벽

내일부터 신년 특별새벽기회가 시작된다. 과학기술의 도움을 거부하고 예수님처럼 교회 뒷산에 가서 설교해야겠다는 생각은 어리석다. 나는 나의 영혼과 우리 교회를 향한 하나님의 은혜를 밝게 밝혀진 형광등과 할로겐 조명 아래에서 구할 것이다. 그리고 몇 배로 증폭된 마이크와 스피커를 통해서 하나님의 구원의 복음을 크게 선포할 것이다. 하나님은 말씀으로 온 세상을 육일 만에 창조하셨고, 그 하나님은 지금도 살아계셔서 이미 알려주신 계명에 온전히 순종할 것을 요구하신다.

1. 과학의 합리성과 과학기술의 편리함을 불신앙이라며 거부하는 신자에게 어떻게 조언을 할 수 있을까요? (예를 들어, 병원에 가지 않고 기도로 병을 고치겠다고 한다면)

2. 학교에서 진화론은 배우는 자녀들에게 성경과 교리를 가르치는 것이 실제적인 도움이 될까요?

3. 유신론 과학자들은 지구의 나이가 육천년이라고 주장하거나(젊은 지구창조론) 창세기 1장의 날들을 긴 시간에 대한 문학적인 표현이라고 주장하거나(오랜 지구창조론) 혹은 하나님이 진화를 통해 창조하셨다고 주장합니다(유신진화론). 웨스트민스터 신앙고백서 제4장, 대요리문답 제15문, 소요리문답 제9문을 읽고 이들 주장에 대해서 평가해 보세요.

4. 과학기술의 발전에 따라 하나님의 말씀에 순종하는 것에 어려움을 겪은 적이 있다면 이야기해 보세요.

5. 과학을 전공하는 그리스도인들 학자들이 성경의 가르침을 신뢰하며 과학의 발전에 이바지할 수 있도록 기도합시다.

선교학 연구방법의 현실과 방향성[1]

✽

배아론 목사(고신대학교 신학과 교수)

Reformed Theological Seminary(M.Div., Ph.D.)를 졸업했다. 한국 선교학의 발전, 다음 세대 선교 자원 발굴, 그리고 한국교회 선교 회복에 관심이 많다.

들어가면서

　기독교 학문 내 분류와 세부적인 전공별 구분은 다른 학문에 비해 최근에 들어와 시행됐다고 할 수 있습니다. 2002년 한국학술진흥재단이 기독교신학을 독립된 학문 분야로 분류하기로 했는데 선교학은 대분류로는 인문학, 중분류로는 기독교신학 그리고 소분류로 선교신학으로 분류됩니다. 선교학을 포함한 기독교신학은 일반적으로 인문학에서 사용되는 문헌 중심 연구방법을 활용합니다. 신

---

1)　이 글은 다음 연구의 일부를 발췌 및 수정하여 기록하였음. 배아론, 이현철, "방법론 확장을 위한 근거이론의 적용." 「개혁논총」 58(2021), 167-168.

학 내 조직신학, 역사신학, 구약학 등의 세부 학문은 초대, 중세, 근대에 이르는 다양한 1차 자료를 수집하고 분석하는 문헌연구 방법론이 주로 사용되며 장르적으로 적합한 방법입니다. 하지만 학문적 특징이 현장과 연계되어 있는 실천신학 분야는 문헌연구만으로는 한계가 있습니다. 이러한 분야는 그 성격상 정성(질적)적/정량(양적)적 연구, 통합연구(mixed mthods) 등의 사회과학적 접근을 필수로 합니다. 실제 기독교신학 내에 기독교교육 분야에서는 선교학에 비하여 양적 연구, 질적 연구 등의 다양한 사회과학적 연구방법론이 적극적으로 활용되고 있는 편입니다.

하지만 본론에서 언급할 예정이지만 지금까지 선교학은 연구방법론에 있어서 문헌중심의 연구가 큰 비중을 차지 해왔습니다. 기독교신학이라는 인문학적 분류로 보면 문헌연구가 중심에 있는 것이 자연스러울 수 있지만 현장과 밀접한 연관성이 있다는 측면으로 접근했을 때 쉽게 납득이 되지 않는 부분입니다. 기독교교육이 교육이라는 현장이 있듯이 선교학은 선교지라는 현장이 있습니다. 그렇기 때문에 현장에 있는 선교사들 역시 선교는 현장 중심이야 한다고 주장합니다. 이런 이유로 선교학은 연구방법론의 다각화가 필요합니다. 이는 선교현장을 더욱 생생하게 분석하게 만드는 실제적인 전략이 될 것이며 나아가 선교학이 본질적으로 추구하고 있는 학문적 성격에도 준하는 학문적 활동이 되기도 할 것입니다. 이런 맥락 가운데 미래 선교학 연구방법론의 현장 지향적 발전을 위하여 질적연구를 솔루션으로 소개할 것이며 그 이점들을 제시할 것입니다.

1. 선교학의 개념 및 특징

선교학(Missiology)은 라틴어로 '보내다'라는 뜻을 가지고 있는 라틴어 '미토'(mitto)와 '학문'이라는 뜻을 가지고 있는 '로지'(logy)라는 두 개의 단어에서 파생됐습니다. '미토'는 보내다는 뜻을 지닌 헬라어 '아포스톨레'(apostolē)에서 파생이 됐는데 신약성경에 1회 등장하는 갈라디아서 2장 8절에 그 근원을 찾을 수 있습니다. 이러한 어원적 접근에서 알 수 있듯이 선교학은 보내어지는 것에 관한 학문이라고 할 수 있는데 보내는 것, 즉 무엇을 위하여 보내졌는지(missio)의 의미에 따라 학문의 성격이 달라집니다.

네덜란드의 대표적인 칼빈주의 신학자인 기스베르투스 푸티우스(Gisbertus Voetius)는 선교의 목표를 (무엇을 위하여 보내졌는지) 3가지로 주장했는데 그것들은 이방인의 회심, 교회 건설(Church Planting) 그리고 앞의 두 가지 요소가 하위 요소로 기능하는 하나님의 영광과 은혜가 드러나는 것입니다. 이 3가지의 지향점은 하나님의 통치가 온 세계에 미치는 것, 곧 하나님 나라의 회복입니다. 하나님 나라의 회복은 원시복음(창 3:15)을 근간으로 하는데 마지막

아담이신 예수 그리스도의 구원역사를 통하여 잃어버린 에덴이 회복하여 인류를 포함한 온 우주가 하나님을 예배하는 것을 의미합니다. 그런 의미에서 선교는 예배가 이 땅 가운데 부재하기 때문에 존재하며 온 우주가 하나님을 예배하는 그 날 곧 온 민족과 열방이 하나님을 예배할 때에 선교는 더 이상 필요하지 않습니다.

이 땅 가운데 부재한 예배가 회복되기 위해서는 앞서 언급한 3가지 (이방인의 회심, 교회건설(Church Planting), 하나님의 영광과 은혜가 드러남) 중 가장 그 중심에 있는 것이 교회 건설입니다. 아써 글래서(Arther Glasser)는 "선교란 예수 그리스도를 따르지 아니하는 사람들에게 문화적 장벽을 넘어 복음을 전하는 것이며 그들을 일깨워 그리스도를 그들의 주와 구주로 받아들여 그의 교회의 책임 있는 구성원이 되게 하는 것이다."라고 주장을 했습니다. 교회가 구원의 방주의 역할로써 이방의 회심의 역할이 가능하며 하나님의 백성이 예배 공동체로 세워지는데 있어서 구심점의 역할을 할 수 있으며 이를 통하여 하나님의 영광과 은혜가 동시에 실현되기에 교회 건설이야말로 선교의 핵심이라고 할 수 있습니다.

선교학 역시 그러한 맥락으로 접근하는 학문입니다. 요하네스 베르카일(J. Verkuyl)은 선교학을 정의함에 있어 교회의 역할을 강조했는데 선교학은 "이 세상을 구원하기 위해 활동하시는 하나님을 수종 들도록 온 세계의 교회에게 주신 하나님의 위임 명령에 관한 연구"라고 주장했습니다. 다시 말해, 선교학은 잃어버린 예배를 회복하여 온 열방과 민족이 하나님을 예배하며 영광을 돌릴 수 있도록 이 땅 가운데 교회 건설과 관련된 학문이라고 할 수 있습니다. 다시 말하면 교회 건설은 선교학의 핵심적인 과업이며 그것을 최종 목적으로 수행되는 학문적 활동으로 볼 수 있는 것입니다.

일반적으로 장로교 선교학의 시작점을 구스타프 바르넥(Gustav Warneck)으로 보는데 그는 1897년에 최초로 선교학 정기간행물(Allgemeine Missions-Zeitschrift)을 출판했으며 특히 그의 개신교 선교이론서(Evangelische Missionlehre)와 개신교 선교역사(1892)는 선교학에 있어서 중요한 작품으로 인정되고 있습니다.

선교학이라는 용어가 받아들여지기까지 다양한 용어들이 제기되었고 혼용이 됐습니다. 카이퍼(Abrahma Kuyper)와 도드(J. I. Doedes)는 '증가학'이라는 용어를, 호켄다이크(J. C Hoekendijk), 스쿤호벤(E. Jansen Schoonhoven), 린데(J. M. van der Linde) 등은 '사도적 임무의 신학'을, 마굴(H. J Margull)은 '전도의 신학'이라는 문구를, 바르넥(G. Warneck)은 선교학(missiology)이라는 용어를 제시했는데 하나님과 그의 명령에 따른 선교활동을 가장 효과적으로 그리고 명확하게 드러내고 학문적 정체성을 가장 적합하게 반영한 용어로는 '선교학'이 적절한 것으로 판단됩니다.

1) 선교학의 위치

예수님의 승천 이후 초대교회 상황은 핍박의 시대였고 항시 세상과 접점에 있는 전시와 같은 비상 상태에서 성도들의 삶에 대한 신학적인 답들이 요구됐습니다. 이러한 선교적 상황 속에서 신학이 발전하게 된 것을 볼 때 마틴 케일러(M. Kähler)가 주장했듯이 '선교학은 신학의 어머니다'라는 명제는 상당한 설득력이 있습니다. 그럼에도 불구하고 선교학은 신학의 여러 학문과의 관계 속에서 하나의 분야로 정착하기 위해 몸부림을 쳤으며 신학 범주 내 다양한 분야 중 상대적으로 최근에 생긴 학문이라는 것은 아이러니합니다. 학문으로 자리매김을 하기가 힘들었던 원인으로는 선교학이 신학 전반적인 것을 다루는 학문이라는 특성상 그 광범위한 범위 속에서 선교학이라고 하는 구체적인 분야를 특정하기가 힘들었을 것으로 짐작됩니다.

신학이라는 테두리 내에 선교학을 분류함에 있어서 선교학은 선교사들의 업무를 돕는 실천신학인지 교회 역사의 다양한 차원들을 드러내는 교회사 학문인지 또는 신학이라는 학문의 범위를 넓히거나 재배치시키는 학문인지에 대한 논란이 있었습니다. 하지만 선교학이 선교현장이나 목회현장 가운데 교회를 돕기 위한 것으로 인지되어 왔다는 것을 볼 때 대중적 인식은 현장 지향적인 실천적 학문임은 틀림없습니다. 실제로 아브라함 카이퍼와 바빙크 모두 선교학이 실천신학 분과 내 위치한다고 인지했는데 카이퍼는 선교학이 설교학에 포함된다고, 바빙크는 목회학에 속한다고 주장함으로 실천신학 내 선교학이 위치한다는 주장에 무게를 실었습니다. 선교학이 성경신학, 조직신학, 역사신학 등 신학의 전반적인 분야와 연결되어 있다는 것을 고려하면 실천신학과 거리가 있어 보이지만 선교사가 속한 상황(시대)과 하나님의 말씀(신학)이 동떨어져 있는 것이 아니라 다리가 놓여 있는 것처럼 선교학은 현장과 맞닿아 있다는 점에서 실천신학 속에 위치하는 것이 자연스럽다고 할 수 있습니다.

2) 선교학의 특징 : '연결성'(Connectivity)과 '현장성'(Field Orientation)

선교학이라는 용어에 대한 정의와 학문적 위치를 고려해 볼 때 선교학의 가장 두드러진 특징은 '연결성'과 '현장성'이라고 할 수 있습니다. 앞서 논의했듯이 선교학이 이 땅 가운데 잃어버린 예배를 회복하기 위한 교회 건설을 위한 학문인데 이로 인하여 태생적으로 신학 내 다양한 분야를 다룰 수밖에 없으며 이것을 연결성이라고 표현할 수 있습니다.

선교학이 신학 내 학문과 연결성은 신학교 커리큘럼에도 반영됩니다. 특히 목회학 석사과정 (M.Div)에서 두드러지는데 신학에 있어서 목회학 석사과정은 입문의 단계로 신학 전반에 관한 개론적 커리큘럼으로 구성됩니다. 실례로 〈그림 1〉의 B항목 구글(google)

⟨그림 1⟩ 신학 내 선교학의 위치와 연결점

https://www.sbts.edu › bgs › degree-programs › mdiv
Master of Divinity in Missions and Church Planting - The ...
Master of Divinity (MDiv) studies in Missions and Church Planting places emphasis on practical implementation. Get a MDiv degree in church planting.

https://www.biola.edu › ... › Academics
Master of Divinity (Missions and Intercultural Studies) - Biola ...
Develop Your Passion for God's Worldwide, Culture-Spanning Mission. · Be Equipped to Share the Gospel in Cross-Cultural Contexts. · Focus in on a Specific Area — ...

https://wmu.edu › mdiv
Master of Divinity - World Mission University
It is, however, a flexible program that allows for special emphasis in the area of Biblical Preaching, Christian Counseling, Church Ministry, ...

항목 A   항목 B

검색 캡쳐에서도 볼 수 있듯이 북미의 다양한 신학교에서는 선교 트랙에 강조점을 둔 목회학 석사과정을 개설하고 있습니다. 유럽, 노르웨이에 있는 '선교와 신학 학교'(School of Mission and Theology) 역시 커리큘럼을 선교학과 신학의 연결점이 있도록 설계를 했습니다. 국내에서도 목회학 석사과정 속에 선교학을 특화해 운영하는 신학교들이 있습니다. 가령 고려신학대학원에서는 목회학 석사과정을 일반트랙과 선교트랙으로 나누는데 선교트랙으로 졸업하기 위해서는 15학점의 선교특화 교과를 이수해야 합니다. 신학 관련 학문뿐 아니라 A항목에서 표현했듯이 선교학은 사회과학과도 연관성을 지니고 있는데 경제학, 정치과학, 심리학, 사회학, 문화인류학, 역사학, 언어학 등이 사회과학의 범주에 들며 최근 사회과학을 활용한 선교학 연구들이 활발하게 진행되고 있습니다.

선교학의 또 다른 중요한 특징은 현장성입니다. 앞서 논의됐듯이 선교학은 이론적 접근과 더불어 현장 지향적이다. 예배학, 목회학, 설교학 등의 실천신학은 바른 신학에 근간해야 하지만 동시에 현장성과 분리될 수 없습니다.

〈그림 2〉 실천신학과 선교학의 현장성

현장성이 선교학의 특징이라고 할 때 다른 실천신학 내의 학문 (상담학, 설교학 등) 역시 현장 지향적인데 이들과의 차별성은 어디에 있을까요? 그것은 상호문화적이라는 특수한 현장입니다. 상호문화(Intercultrual)라는 용어는 다양한 문화 관련 용어 중 특히 선교학에서 중요한 단어입니다. 이와 관련해 관련 용어들의 구별이 필요한데 단일문화(MonoCulture)는 같은 민족적 상황을, 상호문화는 다양한 문화가 상호 교류를 한다는 의미를 지니고 있습니다. 다문화

(Multiculture)와의 차이는 다문화는 다양한 문화가 존재하는 그 자체를 의미하지만 교류나 왕래를 전제하지는 않습니다. 또한 한국적 상황에서 널리 쓰이고 있는 다문화가 국제결혼을 통해 이루어진 가정이라는 개념과도 구별을 위해서도 상호문화라는 용어와 구별됩니다.

실천신학 내의 학문은 상호문화적 현장을 전제로 하지는 않습니다. 다만 다문화 교육, 다문화 상담 등 학문 내 하위 범주에서만 활동은 근래에 활발히 일어나고 있습니다. 하지만 선교학은 학문의 모든 범주와 활동을 상호문화를 전제로 하고 있습니다. 선교의 어원상 선교사가 보냄을 받은 자(Sender)라고 할 때 선교지의 사람들과 문화는 수신자(Receiver)의 역할을 하는데 필연적으로 선교사와 선교 현장인들의 문화가 상호작용을 할 수밖에 없습니다.

2. 선교학 연구방법론의 한계와 실태

선교학의 특징이 신학과 사회과학 학문과의 연결성 그리고 현장성에 있다고 할 때 선교학의 연구방법론 역시 이러한 특징들과 연관성이 있습니다. 신학 관련 학문과의 연결된 연구들 가령, 선교와 구약, 선교와 신약, 선교와 해석학 등의 연구들은 활발하게 진행되어오고 있습니다. 기독교신학이라는 대분류 내에 선교학이 존재하기 때문에 신학 내 다학적(interdisciplinary) 학문 연구 환경은 자연스럽습니다. 이에 비해 현장성 관련된 연구는 상대적으로 빈약합니다. 물론 선교와 문화, 선교와 언어, 선교와 지역연구 등의 출판물들은 끊임없이 생산되고 있지만 대부분 개론적이며 이론 중심적 연구입니다. 이러한 접근방법 역시 소중한 학문적 가치가 있으나 현장을 심도있게 다룸에 있어서는 한계가 있습니다. 그런 의미에서 사회과학적 도움을 기반으로 한 현장 밀착적 연구방법론은 절실합니다. 단적인 예로 선교학에 있어서 이슬람권과 같은 접근이 제한된 곳은 비즈니스선교와 같은 전문인 선교 전략이 필요한데 개론적이며 이론적인 인문학적 접근은 그 활용성에 있어 한계를 보이고 있어 사회과학적 방법론을 토대로 한 연구와 과목 개설이 필수입니다. 물론 선교학에서 인류문화학적인 접근도 시도되고 있으나 연구방법론은 대부분 문헌연구 중심입니다. 문헌 중심의 연구는 그 자체로서 가치는 있지만 그와 더불어 현장 연구와 밀접한 연관성이 있는 선교학에서는 사회과학에서 요구되는 연구방법도 적극적으로 활용되어야 합니다. 사회학, 심리학, 문화인류학, 교육학, 상담학 등의 학문 등이 대표적인데 과학적 수치와 지표(정량적/정성적)가 연구에 반영이 되어야 하는 사회과학적 특성상 양적연구와 질적연구가 대표적인 연구방법이라고 할 수 있습니다. 양적연구는 가설을 증명하기 위해 측량할 수 있는 결과물을 수치화하는 연구방법이며 질적연구는 수치화하기 힘든 분야(가령 개인의 경험, 생각, 의견 등)을 객관적으로 설명 및 분류할 수 있는 연구방법입니다.

선교 연구방법론의 실태를 파악하기 위해 최근 국내 선교학회 3곳에서 게재된 논문들의 연구방법론을 살펴보았습니다.

〈표1〉 선교 학술지 연구방법론 현황

학술지 명	복음과선교	대학과선교	신학과선교
학술지 서지 정보	21년도 55권	21년도 48권	21년도 60권
총 개제된 논문 수	14	6	5
문헌연구 중심 논문 수	13(92.8%)	6(100.0%)	4(80%)
사회과학 중심 논문 수	1(7.2%)	0(0.0%)	1(20%)

〈표 1〉에서 나타나듯 대부분의 연구가 문헌연구 중심의 연구였으며 일부 논문들은 부분적으로 만족도 조사를 인용하거나 통계자료를 활용하는 차원에서 사회과학적 도구를 문헌연구 속에 진행했습니다. 표에서 볼 수 있듯이 총 25개의 논문 중 사회과학연구 방법론을 택한 논문이 2개에 불과합니다. 복음과 선교에서 출판된 논문은 선교사 배치 관련 주제를 의사결정 모형(MAP, Missionary Assignment Planning)을 수식으로 표현한 사회과학적 연구방법론을 근거로 한 논문입니다. 하지만 신학과 선교에서 출판된 논문은 암환자의 미술치료에 대한 논문으로 선교학 관련 논문과 직접적으

로 연관된 논문은 아닙니다.

　실태 파악을 보다 광범위하게 확대를 해 연구자들은 학술 검색 데이터 엔진 중 하나인 KISS(Koreanstudies Information Service System)에 '선교학 연구방법론'이라는 검색어를 기입 해본 결과 75건이 등장했습니다(2021년 10월 기준). 이 중 상당수는 역사신학, 상담학, 설교학, 음악치료 등의 논문들이었으며 논문 제목들 역시 '선교적 설교 방법', '커뮤니케이션 방법', '근거이론 혹은 질적 연구와 같은 연구방법론과는 상관이 없는 주제어로 검색이 됐습니다. 단 4개의 논문이 연구방법론과 연관된 논문이었는데 첫 번째 논문은 질적연구 방법론 중 지오지(Giorgi)의 현상학적 연구방법을 사용했고, 두 번째 논문은 질적연구 중 민족지(民族誌, ethnography)를 활용하였으며 세 번째 논문과 마지막 논문은 선교연구 방법론으로서 근거이론을 소개하는 개론적 논문으로 파악됐습니다. RISS(Research Information Sharing Service) 검색엔진에는 동일한 검색어로 실행해본결과 학술지에서는 일치되는 항목이 없었으며 이 글의 주제와 직접적인 연관되는 단행본은 2건이 존재했습니다.

　전술한 대로 현장 중심의 학문인 선교학의 연구방법론이 이론 중심의 연구에 치중되어 있는데 이는 학문 정체성과 발전에 대한 기여도는 제한적이며 선교지 현장에 기여를 하는 것에도 한계성을 지닙니다. 이런 이유로 실천신학의 주요한 학문인 선교학은 문헌연구의 한계에서 벗어난 현장 지향적인 연구가 절실합니다.

3. 미래 선교학 연구방법론의 방향 : 질적연구의 활용 가능성

사회과학 영역에서 주요한 두 가지 연구방법론이 있는데 하나는 양적연구이고 또 다른 하나는 질적연구입니다. 양적연구는 일반적으로 수치화될 수 있는 연구를 의미하며 대표적인 예로 선거 때 활용하는 통계자료를 들 수 있습니다. 질적연구는 단어에서 나타나듯 질(Quality)을 뜻하는 것으로 수치화하기 힘든 영역입니다. 가령 인간의 감정, 직관, 신념, 느낌 등의 현상에 대한 해석학 심층적 이해를 탐구합니다. 주된 방법은 인터뷰(개별, 집단)를 통해 현장에서 자료를 획득 귀납적인 결론을 제시합니다. 구체적인 질적연구의 유형으로는 문화기술지, 근거이론, 내러티브 연구 등이 있습니다. 선교학에 있어서 질적연구는 기존의 이론 중심의 연구 한계를 넘어서도록 하며 다음과 같은 이점들이 존재합니다.

1) 문헌연구 탈피((脫皮)를 통한 현장성 회복의 가능성

전반적인 선교학 연구방법과 관련된 동향의 주요한 흐름은 문헌연구 중심을 통해 구성되고 있습니다. 실제로 RISS 학술연구서비스, DBPIA, KISS와 주요 선교 관련 학회의 논문검색 서비스를 활용해

출판된 선교학 관련 연구들의 내용만을 확인해도 이는 어렵지 않게 확인할 수 있는 사항입니다. 이론 신학 전공들의 경우 관련 분석 자체가 텍스트(text)와 선행연구에 기반을 두어 구성될 수 있으나 실천적인 성격을 지닌 전공들마저도 문헌연구에만 함몰돼 현장성과 연결성을 상실한 채 수행되고 있음은 학계의 연구 방법적인 측면에 대한 성찰을 강력하게 요구하는 대목으로 볼 수 있습니다.

그런 의미에서 질적연구의 적용과 활용은 전술한 맥락에서의 의미를 담아낼 수 있는 의미 있는 시도와 가능성을 제시한다고 봅니다. 문헌연구 중심의 방법론적 한계와 제한은 질적연구와 같은 현장 지향적인 방법론의 적용을 통해서 새로운 국면을 맞이하게 될 것이며 이를 통해서 선교학 분야 연구의 현장성을 회복할 가능성을 제시할 수 있을 것입니다.

2) 현장 분석을 위한 명료한 연구 절차 수행 가능성

질적연구의 중요한 장점 중 하나는 명료한 연구 절차와 체계적인 분석 과정인데 이는 연구결과 전반의 타당성을 확보하는 핵심적인 과정이 됩니다. 선교현장 및 사역현장을 대상으로 특정한 연구결과가 도출된다고 할 때 그때의 과정이 구체적으로 어떠한 절차와 분석을 통해서 구성된 것인가에 대한 세밀한 소개와 공개가 이루어져야 할 것이고, 이를 통해서 독자들은 연구자의 논리와 주장에 대해 설득력 있게 인식할 것입니다. 선교학 영역에서의 질적 연구의 적용과 활용은 연구결과 도출을 위한 명료한 절차와 체계적인 분석 과정을 공개할 수 있으므로 명료한 연구 절차 수행 및 과정의 타당성을 확보하는데 기여할 것입니다.

3) 컴퓨터 질적 자료 분석 프로그램(CAQDAS : Computer Aided Qualitative Data Analysis Software) 적용의 가능성

선교학 영역에서 질적연구의 적용은 전통적인 자료 분석의 한계를 극복하게 해주어 일반적으로 CAQDAS으로 통칭하는 컴퓨터 질적 자료 분석 프로그램 적용의 가능성도 제공할 수 있습니다. 이러한 CAQDAS는 수백 혹은 수천 페이지가 넘는 자료들을 연구자가 체계적으로 관리를 할 수 있도록 도와주며 연구자 자신이 수행한 코딩의 과정을 투명하게 공개할 수 있어 자연스럽게 주제 도출의 인과성까지도 담보해주고 있습니다. 이를 통해 연구자는 자연스럽게 연구 전반의 타당성을 확보하게 되며 독자들에게 동의를 얻을 수 있는 체계적인 연구 분석 과정으로서 의미가 있을 것입니다.

나가면서

이 글은 선교학의 위치와 방향성에 관한 글로 선교학 연구방법론

의 확장을 모색하기 위한 가능성을 살펴보았습니다. 전반부에서는 선교학의 개념, 특징 그리고 연구방법의 한계를 분석했습니다. 선교학은 인문학 내 기독교 신학으로 분류되며 신학 내 다양한 학문뿐 아니라 사회과학과도 연결점을 공유하는 학문이며 실천신학으로서 현장 지향적인 학문적 특징을 지니고 있습니다. 타 실천신학과의 차이점으로는 다문화라는 상황을 학문의 전제로 한다는 점입니다. 선교학이 현장 중심의 학문임에도 연구방법론에 있어서는 사회과학적인 도구보다 문헌연구에 치중되어 있음을 확인했습니다. 이런 상황에 대한 대안점으로 사회과학적 연구방법의 하나인 질적연구를 대안점으로 소개했습니다.

질적 연구의 적용을 통한 3가지의 구체적 연구 가능성을 제시했는데 그것은 다음과 같습니다. 첫째, 문헌연구 탈피((脫皮)를 통한 현장성 회복의 가능성 둘째, 현장 분석을 위한 명료한 연구 절차 수행 가능성 셋째, 컴퓨터 질적 자료 분석 프로그램(CAQDAS) 적용의 가능성, 이러한 가능성은 선교 지역과 대상자별 맞춤형 선교 전략과 이론 도출의 가능성을 담보해주는 과정이 될 것이며 선교현장 분석을 위한 명료한 연구 절차 수행 및 과정의 타당성을 확보하는데 기여할 것이며 방대한 현장 자료를 체계적으로 관리할 수 있도록 해 독자에게 보다 동의를 얻을 수 있는 연구 분석 과정으로서 의미를 가질 수 있을 것으로 파악되며 급변하는 시대의 필요와 요청에 보다 효과적으로 그리고 선제적으로 대응할 수 있는 학문으로 발전할 것으로 기대됩니다.

나눔을 위한 질문

1. 선교학의 범위를 오늘날에 어떻게 적용할 수 있을까요?

2. 현장중심의 연구방법이 21세기 선교에 어떤 기여를 할 수 있을까요?

3. 현장중심의 연구방법이 선교학 외에 다른 실천신학 분야에 어떤 식으로 확장될 수 있을까요?

4. 사회과학적 연구를 선교에 접목할 시 발생할 수 있는 한계는 무엇일까요?

사회복지

복지선교, 복지목회 합시다

*
변현석 목사(사랑마루 사회적협동조합 상임이사, 샘마루교회 담임)
고려신학대학원(M.Div)과 강남대학교 대학원(사회복지)을 졸업했다. 성남에서 무료 급식소를 운
영하고 있으며, 도시빈민의 전인적 회복에 관심을 가지고 있다.

들어가면서

2014년 2월에 서울 송파구 한 반지하에 살던 세 모녀가 함께 스스로 생을 마감한 사건이 있었습니다. 이른바 '송파 세 모녀 자살 사건'입니다. 당시 60세였던 어머니와 35세, 32세였던 두 딸은 극심한 생활고로 고민하던 끝에 70만원이 든 봉투와 유서를 남기고 함께 이 땅을 떠났습니다. 이 사건은 대한민국 사회복지의 현주소를 보여주는 비극적인 사건이었습니다. 이후 사회보장제도 개선에 대한 다양한 논의가 이루어졌습니다. 그 후로 대통령 선거와 국회의원 선거가 각 2번 있었고, 전국동시지방선거가 3번 있었습니다. 후보자들은 경쟁적으로 복지 정책을 내어놓았습니다.

그러면 지금은 어떨까요? 안타깝게도 비슷한 사건은 지속해서 일어나고 있습니다. 사회복지 전문가들이 다양한 분석을 하고, 중앙정부와 지방자치단체에서 다양한 대책을 세워도 마찬가지입니다. 이런 상황에서 세상의 빛과 소금이 되어야 하는 기독교회는 어떤 마음을 가져야 할까요? 물론 교회는 정부기관이나 사회복지기관이 아닙니다. 그럼에도 이 땅에서 하나님 나라 확장의 사명을 받은 교회는 거룩한 부담감을 가져야 합니다.

그러면 무엇을 어떻게 하면 좋을까요? 사실 한국 기독교는 초창기부터 의료, 교육, 구제 사업을 주도하며 활발하게 사역해 왔습니다. 지금도 지역사회를 위한 다양한 나눔과 섬김을 실천하고 있습니다. 사회복지계는 기독교의 비중이 절대적으로 많습니다. 많은 교회와 기독교 단체가 다양한 방법으로 지역과 사회를 섬기고 있습니다. 그러면 충분하지 않을까요? 뭐가 문제라는 것일까요? 네, 문제여서가 아니라 우리의 사명이 그만큼 중대하기에 현황을 잘 점검하고 더 좋은 방법을 함께 찾아보자는 것입니다.

이 글에서는 대안적인 방법이나 새로운 프로그램으로서의 복지가 아닌 원안으로서의 기독교 복지의 실천 곧 복지선교와 복지목회를 소개하려고 합니다. '복지'가 다소 포괄적이기에 여러 세부 영역에 대해 다루기는 어렵지만 그리스도인으로서 복지를 어떻게 이해하고 적용할지에 대해서 충분히 나누고자 합니다.

1. 이미 그리고 앞으로의 기독교

언제부터인가 우리 사회에서 기독교의 이미지는 그다지 안 좋은 것 같습니다. 이전에는 '예수쟁이' 정도로 불렸다면, 이제는 '개독교'라는 멸칭으로 불리기도 합니다. 지탄의 대상이 되기도 하고 때로는 혐오와 차별의 대상이 되기도 합니다. 기독교 인구는 고령화 및 인구감소와 맞물려 교회 내에도 고령화와 자녀세대 부재가 가속화되고 있습니다. 한때 유럽교회의 쇠퇴와 몰락에 따른 예배당의 용도변경에 대해 염려했습니다. 예배당이 박물관, 식당, 술집이 되었다는 소식을 듣고 충격을 받기도 했습니다. 그런데 이제 한국교회가 그 모습을 따라가고 있습니다. 문을 닫는 교회도 많고, 예배당이 이단에게 넘어가기도 합니다. 빚을 내어 멋있게 지은 예배당이 카페로 탈바꿈하는 일도 있습니다. 아마 앞으로 이런 일은 더 많아질 것입니다. 신학교 지원자의 감소도 점점 심각해 지고 있습니다. 우리는 이전과 전혀 다른 시대, 상황을 살아가고 있습니다. 정말 특단의 대책을 세우지 않으면 한국 기독교는 쇠퇴, 몰락할지도 모릅니다. '이웃 사랑'이 구호에만 그치고 전도를 위한 이벤트만 존재해서는 안 됩니다.

2. 복지에 대한 기본적인 이해

성경에는 현대의 복지 서비스와 비슷한 내용은 나오지만 '복지'라는 단어는 나오지 않습니다. 사실 '복지', '사회복지'라는 단어가 쓰인 지 오래되지 않았습니다. 우리나라는 1970년에 사회복지사업법이 제정되고, 기존의 사회사업학과가 사회복지학과로 변경되는 등 '복지', '사회복지'라는 단어가 본격적으로 사용됐습니다. 사회복지학은 역사도 짧고, 여러 사회과학 학문을 응용하고 재구성한 면이 많습니다. 그래서 사회복지학을 배우면 교육학, 심리학, 경영학 등 다양한 학문을 경험할 수 있습니다. 그렇다고 복지를 쉽게 생각해서는 안 됩니다. 사람의 생애 전반을 다루는 것이기에 당연히 다양한 학문, 이론이 적용됩니다.

먼저 복지(福祉, Welfare)의 사전적인 의미는 행복한 삶, 좋은 건강, 윤택한 생활, 안락한 환경들이 어우러져 행복을 누리는 상태를 의미합니다. 그러나 행복, 좋은, 윤택한, 안락한 이라는 추상적인 개념만으로는 개인차가 커서 어떤 것이 복지인지 알기 어렵습니다. 그래서 그 척도가 되는 공동체가 필요한데 일반적으로 복지는 국가를 통해 실현됩니다. 국가는 국민을 위한 복지정책을 내어놓고, 더 나은 복지국가를 지향합니다. 그런데 복지는 생각보다 쉽지 않습니다. 복지의 실현을 위해서는 재원이 필요합니다. 더 많은 세금이 있어야 더 많은 복지를 실천할 수 있습니다. 그러나 사람들의 생각은 그렇지 않습니다. 세금은 덜 내고 싶고, 복지는 많이 받고 싶습니다. 그래서 복지는 정치와 연결됩니다. 선별적 복지와 보편적 복지, 포퓰리즘 문제가 발생합니다. 복지 사각지대는 여전히 많습니다. 지역 이기주의가 발생합니다. 님비 현상(내 뒷마당에는 안돼-Not In My Backyard의 약자 NIMBY)이 생깁니다. 교도소, 쓰레기 매립장, 발전소 등의 기피 시설 유치를 거부합니다. 누군가는 과다복지론을 이야기하고, 누군가는 복지부족론을 이야기합니다. 복지국가에 대한 환상이 있지만 인구절벽과 다양한 사건 사고 등의 사회문제로 현실을 마주하게 됩니다. 결국 복지는 한계가 분명합니다.

그럼에도 '복지'라는 용어를 사용하는 이유가 있습니다. 그리스도인의 사명인 봉사, 섬김과 가장 비슷한 일반용어이기 때문입니다. 또한 현대에서 가장 중요하게 여기는 인류의 관심사이기 때문입니다. 이웃 사랑의 구체적인 실천 방법이기도 합니다. 사회에서 익숙한 용어와 내용을 통해 전도의 접촉점도 됩니다. 그럼 이쯤에서 관련된 용어를 먼저 정리해 보겠습니다.

3. 용어 정리

복지와 관련된 기독교의 용어는 다양합니다. 기독교 사회봉사,

기독교 사회운동, 사회선교, 지역사회선교, 기독교 사회복지, 기독교 복지, 교회 사회복지 등입니다. 기독교 사회봉사는 주로 기독교인이 참여하는 사회봉사를 의미합니다. 기독교 사회운동, 사회선교, 지역사회선교도 마찬가지인데 주로 사회 구원과 연결됩니다. 기독교 사회복지, 기독교 복지, 교회 사회복지 등은 더 체계적이고 전문적인 활동을 의미합니다.

기독교가 붙은 것은 기독교의 신앙고백과 사상을 담은 체계를 말하고, 교회가 붙은 것은 구체적인 행동을 위한 조직을 의미합니다. 용어만 보더라도 동기나 지향점이 다양하고, 신학적인 색깔도 담겨 있습니다. 무엇보다 사용되는 용어가 너무 많습니다. 저마다 장·단점이 있지만 기독교의 핵심가치와 사명을 담은 용어가 필요합니다. 현대적이면서 인간과 사회를 포괄적으로 다루는 용어가 필요합니다. 이에 대해서 필자의 사회복지학 스승이신 이준우 교수(강남대학교)는 '복지선교', '복지목회'라는 용어로 정리합니다. 복음이 예수 그리스도의 구원이고, 복음의 본질이 하나님 나라 확장이라면 기독교의 사명, 교회의 사명, 그리스도인의 사명은 곧 '선교'이고, 그 방법과 내용까지 담아서 '복지선교'라는 단어가 예수님의 사역을 가장 잘 보여주는 용어가 됩니다.

복지선교를 교회에 적용하면 '복지목회'가 됩니다. 선교가 복음 전도를 중심축으로 복지, 교육, 상담, 재활 등 총체적이고 전인적인 복음 사역이라면 기독교 선교는 결국 '복지선교'라는 단어가 더 명확합니다. 목회가 복음 메시지만 전하는 것이 아니라 성도의 생활 전반을 돌아보고 목양하는 것이라면 목회는 결국 '복지목회'라는 단어가 더 명확합니다.

4. 네 이웃을 네 자신 같이 사랑하라

앞서 문제점을 언급했고 용어까지 정리했으니 이제 슬슬 복지 프로그램 이야기를 하면 될까요? 아직 아닙니다. 복지가 하나의 수단이나 도구가 되거나 프로그램에 그쳐서는 안 되기 때문입니다. 이미 기독교 복지에 관한 책도 많고, 복지 사업을 하는 교회나 단체도 많습니다. 중요한 것은 그걸 왜 하는지, 어떤 마음으로 하는지, 목적과 목표는 무엇인지를 아는 것입니다. 교회에서 어린이집, 지역아동센터, 문화센터, 노인대학 등을 운영하는 것이 좋지만 하나의 유행처럼 운영해서는 안 됩니다. 견고한 신앙고백 위에 바른 복지선교, 복지목회가 되어야 합니다.

먼저 예수님의 가르침을 살펴봅시다. 마태복음 22장 34~40절에는 한 율법교사와 예수님의 대화가 등장합니다. 율법교사가 예수님을 시험하기 위해 "율법 중에서 어느 계명이 큽니까?"라고 질문합니다. 당시 랍비들은 임의로 무거운 계명, 가벼운 계명을 구분했습니다. 그래서 예수님의 답변을 듣고 문제 삼으려 한 것입니다. 예수님은 신명기 6장 5절을 인용하여 "네 마음을 다하고 목숨을 다하고 뜻을 다하여 주 너의 하나님을 사랑하라 하셨으니 이것이 크고 첫째되는 계명이요"라고 말씀하십니다. 그리고 레위기 19장 18절을 인용하여 "둘째도 그와 같으니, 네 이웃을 네 자신같이 사랑하라 하셨으니 이 두 계명이 온 율법과 선지자의 강령이니라"고 대답하십니다. 순서로는 첫째, 둘째로 말씀하셨지만 둘 다 똑같이 가장 중요한 계명이라고 하신 것입니다. 예수님은 모든 율법을 요약하여 '사랑'으로, 사랑의 대상을 '하나님과 이웃'으로 말씀하셨습니다. 곧 이웃 사랑의 계명은 하나님 사랑의 계명과 동등하게 중요하며 분리하지 않아야 합니다.

그러나 실상은 어떻습니까? 선교 역사를 살펴보면 하나님 사랑과 이웃 사랑을 분리하여 생각한 경향이 있습니다. 과거 서구의 제국주의적인 선교행태가 그러했습니다. 복음과 세상을 분리하여 생각하고, 우월적인 입장에서 저급한 선교지에 복음을 전하는 것을 선교라고 생각했습니다. 시대적 상황과 지역의 문화를 무시하고, 선교 대상자를 멸시하는 경우도 있었습니다. 이때 복지는 복음 전파의 도구 정도로 사용됐습니다. 쉬운 말로 "좋은 거 줬으니 예수님 믿으라. 교회 와라"입니다. 물론 전도를 위해서 다양한 방법을 동원하는 것도 이해는 됩니다. 필요한 일입니다. 그러나 우리의 전도 방식이 그 정도에 그쳐서는 안 되겠습니다. 예수님은 사람들의 병을 고쳐주셨지만 그것 때문에 믿으라고 하지 않으셨습니다. 우리 또한 이웃을 전인적 회복으로 이끄는 총체적인 복음 사역을 해야 합니다. 복지는 전도의 도구나 수단에 그쳐서는 안 됩니다. 물론 그 자체가 목적이 되어서도 안 됩니다. 또한 우리의 복지는 보편적 복지 증진과 인권 신장에 그쳐서도 안 됩니다. 당연히 사회구원에 머물러도 안됩니다. 우리의 복지는 하나님 사랑과 함께 복음의 한 축인 '이웃 사랑'으로, 우리를 통해 하나님 나라를 회복하시는 하나님의 구원의 은혜이며 섭리입니다.

5. 복지의 방향성

이제 복지의 방향성을 생각해 봅시다. 일단 사회복지의 대상은 도움이 필요한 사람입니다. 그리고 우리나라의 일반 사회복지는 이제 선별적 복지에서 보편적 복지로 나아가고 있습니다. 과거에 복지는 최소한의 생활을 유지할 수 있도록 빈곤 문제를 돕는 공공부조로써 복지였는데 이제는 더 나은 생활을 위한 서비스로서의 복지로 확대되고 있는 것입니다. 이는 복지국가의 일반적인 모습입니다. 복지하면 생각나는 '북유럽'의 복지정책의 가장 큰 특징은 '보편적 복지'입니다. 누구나 같은 비율의 세금을 내고 같은 복지를 누립니다.

그러면 복지선교에서 복지는 어떤 방향이어야 할까요? 우선 성경에서 근거를 찾을 수 있습니다. 하나님께서는 이스라엘 공동체에 다음과 같은 명령을 주십니다. "땅에는 언제든지 가난한 자가 그치지 아니하겠으므로 내가 네게 명령하여 이르노니 너는 반드시 네 땅 안에 네 형제 중 곤란한 자와 궁핍한 자에게 네 손을 펼지니라"(신 15:11). 하나님께서는 이스라엘 공동체에서 발생하는 어려운 이들을 반드시 도우라고 말씀하십니다. 더욱 구체적인 대상은 고아, 과부, 나그네(신 10:18) 등입니다. 예수님께서도 주로 곤란한 자와 궁핍한 자들을 만나시고 회복시켜 주셨습니다. 일반 사회복지가 인권, 평등, 연대가 중심이라면 복지선교의 복지는 사랑과 자비의 원리를 따라야 합니다.

사회복지학의 여러 전문성을 참고하여야 하지만 성경이 근거가 되어야 합니다. 우리의 목적은 하나님 사랑, 이웃 사랑입니다. 곧 복음입니다. 우리의 목표는 하나님 나라 확장이며, 전인적 변화를 지향합니다. 무엇보다 하나님 영광을 위한 방향이어야만 합니다. 그래서 우리는 더 낮은 곳을 향해야 합니다. 세상의 논리, 방향과는 달라야 합니다. 눈에 보이는 성과 위주, 이권 다툼을 주의해야 합니다. 일반 사회복지에서 할 수 없는 영역인 '영적인 변화'까지 포함한 전인적 복지가 되어야 합니다.

공공연한 이야기지만 사회복지 현장의 다양한 영역에서도 인기가 있는 분야가 있고, 인기가 없는 분야가 있습니다. 한 예로, 노숙인 복지 분야는 인기가 없는 편입니다. 직원 구하기가 쉽지 않습니다. 장기근속도 많이 없고, 이직률도 높은 편입니다. 처우도 좋은 편이 아닙니다. 그러나 어느 곳보다 곤란한 자와 궁핍한 자가 많은 분야입니다. 복지선교의 현장으로는 안성맞춤입니다. 물론 복음이 필요한 모든 곳에 가야 하지만 소외된 이웃들을 먼저 생각하는 것이 우리의 방향입니다.

6. 성경의 원리, 예수님을 따라

또 하나 중요한 것이 있습니다. 어떤 영역을, 어떤 원리를 따라 다룰 것인가입니다. 우리는 사실 목적이 분명합니다. 복음 전파, 하나님 나라의 확장입니다. 이것에만 힘을 쏟기에도 바쁩니다. 그래서 선택과 집중도 필요합니다. 세상은 빠르고 복잡하게 돌아갑니다. 시시각각 다양한 사건, 사고가 발생하고 저마다의 세계관으로 얽히고 설켜 있습니다. 복지도 그렇습니다. 좋은 취지로 만든 복지 제도가 누군가에게는 역차별이 될 수도 있습니다. 소수를 보호하기 위한 법이 다수를 보호하지 못하기도 합니다. 그래서 우리는 분명한 원리, 원칙을 가지고 있어야 합니다. 우리의 기준은 세상이 아닌 성경입니다. 복지의 내용이 성경적일 때는 적극적인 참여와 활용을 해야 합니다. 그리고 세상에서는 무관심한데 성경에는 나오는 영역도 있습니다. 안식년, 희년 등이 이에 해당하는데 잘 연구하여 바르게 인도해야 합니다. 또한 성경적이지 않은 내용은 지혜롭게 때로는 단호하게 대응해야 합니다.

한편, 예수님의 공생애 사역은 복지선교 그 자체였습니다. 예수님 당시 로마제국은 신분과 재산이 삶의 중요한 척도였습니다. 황제는 '빵과 서커스'로 대표되는 무상복지 정책을 폈습니다. 로마시민권자에게 매달 한 달 치의 빵과 콜로세움 경기 티켓을 지급했습니다. 그러나 이 과한 복지정책은 로마의 멸망을 앞당겼습니다. 로마의 지배를 받던 유대지역은 상대적으로 취약계층이 많았습니다. 예수님은 부자에 대해서는 부정적인 말씀을 하셨고, 가난한 자와 함께 하셨습니다. 다양한 신체 및 정신 장애를 고치셨습니다. 당시에 죄인으로 손가락질받던 사람들의 인권을 회복시켜 주셨습니다. 예수님의 사역을 복지의 관점에서 본다면 선별적 복지라고도 볼 수 있습니다. 그러나 복지선교를 선별적 복지로 제한할 필요는 없습니다. 단지 우리의 방향성이 세상과 다르다는 것이 중요합니다. 예수님은 복지를 실천하기 위해 오신 것이 아니라 모든 사람을 구원하기 위해 오셨습니다. 그래서 예수님의 사역을 복지로 이해하기보다 복지선교로 이해해야 합니다. 왜냐하면 율법에서 말한 바에 따라 하나님 사랑과 이웃 사랑의 복음을 전파하였기 때문입니다. 한 영혼을 전인적으로 변화시키는 사역을 하였기 때문입니다. 우리는 성경의 원리 그리고 예수님의 사역을 따라 섬겨야 합니다.

7. 복지선교의 시작 : 그리스도인답게, 교회답게

복지선교는 전인적인 복음 사역을 말합니다. 이는 모든 성도에게 주어진 사명입니다. 그러면 뭘 어떻게 해야 할까요? 그냥 전도와 무슨 차이가 있나요? 쉽지 않은 질문입니다. 조심스럽기도 합니다. 사실 한국교회 초창기에는 전인적 복음 사역을 정말 잘했습니다. 교회도 세웠지만 다양한 복지시설과 학교도 많이 세웠습니다. 기독교의 이름으로 다양한 빈민구제 사역으로 사회에 기여했습니다. 일제강점기에 1%의 기독교인은 사회적인 영향력을 발휘했습니다. 한국전쟁의 폐허 가운데서도 교회는 구호에 힘썼습니다. 그러나 경제가 한참 성장하던 1970년대에는 교회도 성장을 지향하게 됐습니다. 쉬운 말로 "예배당(이때 주로 사용한 단어는 '성전') 크게 지으면 사람이 다 채워진다"라는 말을 하며 교회 성장에 집중했습니다. 다양한 전도 방법과 조직 운영 프로그램이 유행했습니다. 대형교회, 초대형교회도 생겨났습니다. 크고 화려한 예배당이 세워졌습니다. 성도들의 헌금은 건축에 집중됐습니다. 그 후 기독교의 대사회적 기여는 어떻게 됐습니까? 구제는 교회의 프로그램 중 하나로 격하됐습니다. 사회복지 활동은 큰 교회만 가능한 일로 인식됐습니다. 지역교회는 지역사회를 위해 헌신해야 하지만 교회끼리 경쟁하느라 바쁩니다.

복지선교의 시작은 그리스도인의 사명을 바르게 하는 것입니다. 교회의 사명을 회복하는 것입니다. 복지선교는 새로운 전도 프로그램이 아닙니다. 단지 복지를 활용해서 전도하는 것이 아닙니다. 당장의 결과보다 중요한 것은 모든 그리스도인이, 모든 교회가 한 마음으로 하나님 나라를 위해 섬기는 것입니다. 복음전도는 당연히 중요합니다. 열심히 해야 합니다. 그러나 우리교회에 한 명이라도 더 오게 하는 것에만 집중하지 않고 한 사람이 하나님 나라로 들어오는 데 집중해야 합니다.

교회는 다양한 방법으로 동네 주민을 섬겨야 합니다. 지역사회의 어려운 이웃을 돕는 일은 선택이 아니라 의무입니다. 사실 열심히 구제해도 교회로 오지 않는 경우도 많습니다. 그러나 그 열매를 우리가 보지 못해도 괜찮습니다. 우리는 의무를 다할 뿐입니다. 그리스도인은 가정, 직장, 학교 등 활동하는 모든 영역에서 선한 삶을 살아야 합니다. 돈이 있어서가 아닌 그리스도인이기 때문에 구제하는 삶을 살아야 합니다. 다양한 사회 봉사활동도 적극적으로 해야 합니다. 특별히 가난하고 소외된 이웃들에게 관심을 많이 가져야 합니다.

8. 복지목회의 시작 : 직분을 통한 복지목회

복지목회는 복지선교를 목회에 적용한 것입니다. 그 시작은 직분을 통한 복지목회입니다. 사실 교회의 직분은 복지목회에 최적화되어 있습니다. 직분을 매우 간단하게 정리해 보면 다음과 같습니다. '목사는 말씀을 선포하고, 장로는 말씀을 바탕으로 성도들을 돌아보고, 집사는 성도들을 구제하는 일을 합니다.' 목사, 장로, 집사 등의 항존직은 성도의 신앙과 삶 전반에 도움을 주기 위해 세워진 직분입니다. 직분을 바르게 이해하고, 각자의 역할에 맞게 섬긴다면 복지목회는 자연스럽게 됩니다.

문제는 현재의 직분이 그렇지 못하다는 것입니다. 항존직은 그 직분 자체가 항상 존재한다는 뜻인데, 직분자의 종신직으로 잘못 이해하기도 합니다. 집사 다음이 장로라는 잘못된 직급 인식이 자리 잡고 있습니다. 교회의 직분은 은사에 따라 하나님과 이웃을 섬기는 봉사직입니다. 복지선교, 복지목회는 새로운 프로그램을 도입하는 것이라기보다 교회의 원형을 되찾아 가는 것입니다. 교회의 본질을 회복하고, 직분의 원래 의도를 바르게 하는 것이 중요합니다. 복지선교, 복지목회는 대안이 아닌 원안 회복입니다. 그래서 교회에서 가장 쉽고 바르게 복지목회를 실천하는 방법은 직분의 정상화입니다.

특별히 집사가 잘 세워져야 합니다. 그러나 현실은 어떻습니까? 누구나 쉽게 집사가 됩니다. 물론 여기서 집사는 집사로 세울 사람이 없을 때 임시로 세웠던 서리집사를 말합니다. 그런데 집사가 세워졌는데도 여전히 서리집사를 세우고 있고, 이제 서리집사는 집사로 불리고, 집사는 안수집사로 불리고 있습니다. 거기에 우리나라 고유의 직분인 '권사'도 있습니다. 그래서 남자 성도는 '집사→안수집사→장로', 여자 성도는 '집사→권사'가 되는 것을 교회의 직급으로 이해합니다. 감리교의 경우 안수집사에 해당하는 권사가 있습니다. 사실 권사 제도 자체가 감리교에서 시작되었으며, 초기의 권사는 1년마다 세우는 보조 사역자였습니다. 설교는 할 수 없으나 기도회 같은 모임에서 '권면'하는 일을 맡은 직분이었습니다. 우리나라는 장로교가 많고, 여자 집사를 권사로 세우다 보니 권사의 이미지가 지금처럼 됐습니다.

그러면 이제 어떻게 해야 할까요? 가능하다면 원래 직분의 의도대로 바꿔 나가는 것이 좋습니다. 이제부터라도 직분자를 신중하게 세워야 합니다. 그러나 목회 현장에서는 쉽지 않은 상황들이 있습니다. 그렇다면 이미 직분자로 세워진 이들에게 특별히 집사에게 집사의 일에 대해 충분히 교육해야 합니다. 실제로 성도들을 돕는 실무를 하도록 배치해야 합니다. 집사가 그저 명예직이 아님을 분명히 해야 합니다. 교회는 집사회를 운영하여 성도의 삶을 구체적으로 도와야 합니다.

9. 공부해야 합니다

복지선교는 모든 그리스도인의 사명이자 의무입니다. 그래서 우리는 공부해야 합니다. 알아야 합니다. 그래야 더 잘 섬길 수 있습니다. 한 사람이 예수 그리스도를 믿고, 삶이 변화되고, 하나님 나라의 구성원으로 함께 살아가도록 잘 이끌어야 합니다. 치우침 없이, 정확하게, 편견없이 공부해야 합니다. 모든 영역을 바른 신학, 바른 세계관으로 잘 정리해야 합니다.

그중 한 가지만 먼저 언급하면 '인권'입니다. 인권을 바르게 이해하지 못하고 그 자체를 터부시해 버리면 안 됩니다. 복지와 함께 가장 중요하게 여기는 영역이기 때문입니다. 바르게 알고, 그 한계를 알아야 합니다. 사실 인권은 '천부인권'으로 시작됐습니다. '하나님이 주신 권리'라는 것입니다. 하나님의 형상으로 지음 받은 사람(창 1:26-27)의 권리를 말합니다. 그래서 인권의 내용을 살펴보면 일단은 좋아 보입니다. 사람이 사람답게 살기 위한 다양한 권리를 주장하니 당연해 보이고 따뜻해 보입니다. 우리는 그 자체를 비난할 수 없습니다. 그러나 하나님이 빠진 사람들의 인권은 인본주의가 됩니다. 사람이 모든 것의 중심입니다. 결국 여러 오류가 생길 수밖에 없습니다. 죄의 기준이 달라지기 때문입니다. 그래서 우리는 인권을 존중하되 그 한계를 알고 지혜롭게 대응해야 합니다.

또 어떤 공부가 필요할까요? 소외되기 쉬운 이웃들에 대한 용어를 아는 것이 좋습니다. 과거에 장애를 가진 사람들을 '장애자'라고 했습니다. 그런데 1990년대에 자(者)에 낮춤의 뜻이 있다는 지적에 따라 '장애인'으로 수정됐습니다. 그러면 과학자, 노동자, 지도자도 다 바꾸는 게 맞긴 합니다. 사실은 자(者)에 대한 낮춤의 의미 때문만이 아니라, 단어 자체에 함축된 부정적인 개념을 바꾼 사회적 환기에 가깝습니다. 노숙자를 노숙인으로 바꿔 부르는 것도 비슷합니다. 당사자의 요청에 부합하고, 부정적 개념을 바꾼 용어를 사용하는 것이 좋습니다. 그런 의미에서 개역개정 성경에서 장애에 관한 과거의 용어들을 바꾼 것은 바람직합니다. 혹여나 우리 교회나 공동체에 당사자가 오게 될 수도 있습니다. 무례한 그리스도인이 되어서는 안 됩니다. 불법체류자보다 '미등록 외국인'이 보다 인권적인 용어입니다. 탈북자(공식용어는 북한이탈주민)보다 북한 출신이 더 좋다고 생각합니다. 개인적으로는 사람을 특정하는 용어들을 안 쓰거나 덜 쓰는 게 더 좋다는 의견입니다. 우리는 그 사람의 과거나 현재 상황과 모습보다 하나님 안에서 같은 한 형제, 자매로 여기고 부르는 것이 마땅합니다.

무엇보다 복음에 관해 깊이 공부해야 합니다. 복음은 한 장의 쪽지에 다 담을 수 없습니다. 간단한 복음 제시를 위해 사용할 수는 있지만 이후에 더 구체적이고 명확하게 복음을 배우고 전하고 가르쳐야 합니다. 하나님 나라에 대해 알아야 합니다. 기독교 세계관을 알아야 합니다. 특별히 '복'에 대해서도 바르게 이해해야 합니다.

복지를 알기 위해서는 '부와 가난'에 대해 알아야 하는데, 복을 세상적으로 이해하면 복지도 잘못 알게 됩니다. 이 땅의 모든 것의 주인이신 하나님의 창조와 섭리를 바르게 고백해야 합니다. 가정과 교회에서 바르게 복음을 가르쳐야 합니다. 그리스도인은 공부해야 합니다. 하나님 나라에 귀하게 쓰임 받기 위해 공부해야 합니다. 이 세상 가운데서 하나님의 영광을 드러내기 위해 공부해야 합니다. 하나님의 영광을 가리지 않기 위해 공부해야 합니다. 더 잘 전도하기 위해 공부해야 합니다. 비그리스도인과 만나기 위해 공부해야 합니다. 전도할 기회를 만들기 위해 공부해야 합니다. 세상을 바꿔 나가기 위해 공부해야 합니다.

10. 개인이 할 수 있는 복지선교의 실제

첫 번째는 일상 그 자체입니다. 너무 뻔한 것 같지만 가장 중요한 것입니다. 일상에서 만나는 모든 사람을 그리스도의 사랑으로 섬기는 것입니다. 아는 사람이든, 모르는 사람이든, 한 번만 볼 것 같은 사람이든 최선을 다해 주님께 하듯 대하는 것입니다. 성령의 열매 – 사랑, 희락, 화평, 오래 참음, 자비, 양선, 충성, 온유, 절제 – 는 이웃 사랑을 위한 구체적인 삶의 지표입니다. 누군가의 어려움을 들여다 보고, 형편을 살피고, 할 수 있는 구체적인 사랑을 베풀어야 합니다. 기존의 관계중심 전도가 '관계'에만 집중하였다면 이것은 모든 사람 을 대하는 그리스도인의 자세를 말합니다. 우리는 때를 얻든지 못 얻든지 이웃 사랑을 실천해야 합니다.

두 번째는 자원봉사입니다. 정부에서 운영하는 1365자원봉사포 털에 가입하면 다양한 자원봉사 정보를 확인할 수 있습니다. 1365 의 뜻은 '1년 365일 자원봉사하기 좋은 날'입니다. 우리에게는 1년 365일 복지선교를 실천하기 좋은 날입니다. 지역의 다양한 봉사처 에서 그리스도인의 이름으로 섬기는 자원봉사는 복지선교입니다. 큰 영향을 받는 것이 아니라면 비종교단체, 타종교단체도 좋다고 생 각합니다. 가급적 정기봉사가 좋습니다. 정기봉사를 통해서 다양한 사람을 만나고 그리스도의 향기를 전할 수 있습니다.

세 번째는 나눔과 기부입니다. 우리나라의 경제성장에 비해 기부 지수는 낮은 것으로 조사되고 있습니다. 실제로 현장에서도 느끼는 바입니다. 기부를 처음 해본다는 사람, 단체가 정말 많습니다. 물론 기부 문화 정착을 위해서는 기부를 받는 기관이 더 투명하게 운영되 어야 할 것입니다. 건강하게 운영되는 좋은 단체를 찾아서 정기기부에 참여하면 좋습니다. 사용하지 않는 물품도 기부할 수 있습니다.

네 번째는 지역 돌아보기입니다. 특별히 자녀들과 함께하면 좋습니다. 유명한 관광지 대신 취약한 지역, 평소에 관심 없었던 지역 등을 돌아보며 기도의 제목을 찾고 복지선교를 실천할 방법을 연구하는 것입니다. 우리는 보통 다니는 길만 다녀서 가까운 곳도 잘 모를 때가 있습니다. 늘 다니던 길도 다른 시간대에 가면 다른 모습을 볼 수 있습니다. 타지역이나 해외도 마찬가지입니다. 유명한 곳보다 도움이 필요한 곳으로 가는 것이 좋습니다.

다섯 번째는 지역사회 활동입니다. 아파트 동대표, 통장, 협의회, 학부모회 등 다양한 지역사회 활동이 가능합니다. 물론 선한 영향력을 발휘할 수 있는 전문성과 성품을 갖추고 참여해야 합니다. 또한 지혜가 필요합니다. 사람들을 만나자마자 복음부터 제시하기보다 삶과 태도를 통해 보여주어야 합니다.

물론 이런 방법들이 복지선교가 맞느냐 질문할 수 있습니다. 그저 전도의 접촉점을 만드는 것 아니냐 할 수 있습니다. 네, 일정 부분 맞습니다. 그러나 중요한 것은 그리스도인의 대사회적 책임과 참여입니다. 우리끼리만 모여서는 안 됩니다. 적극적으로 세상 곳곳에 가야 합니다. 세상과 접촉은 많이 하지만 전도의 열매를 맺지 못할 수도 있습니다. 그럼에도 우리는 최선을 다해 사람들을 만나야 합니다. 말이 아닌 행동을 통해 그리스도의 향기를 드러내고, 향기를 맡게 된 사람에게는 지혜롭고 담대하게 복음을 전해야 합니다. 하나님 나라는 온 그리스도인이 함께 만들어 가는 것입니다. 누군가는 심고, 누군가는 물을 주고, 하나님께서 때가 되매 거두실 것입니다.

11. 교회가 할 수 있는 복지목회의 실제

다시 한번 말씀드리면, 이 글의 핵심은 새로운 프로그램 소개가 아닙니다. 유행처럼 시작되었다가 사라지는 도구나 수단을 알려 드리는 것이 목적이 아닙니다. 그럼에도 복지선교, 복지목회 취지에 맞는 몇 가지 실제적인 내용을 소개합니다. 어쩌면 너무 뻔하고 당연한 내용일 수 있습니다. 그럼에도 좋은 방법들입니다.

첫 번째는 복지 전문사역자 임명입니다. 앞서 말씀을 드렸듯이 직분을 통한 복지목회가 가장 바람직합니다. 그러나 현대 사회는 날로 다변화되고 있습니다. 전문성을 요구하는 영역들이 많습니다. 그래서 복지 전문사역자를 양성하고 임명하여 동역할 수 있습니다. 교회 내에 신학생이 있다면 사회복지를 함께 공부하게 하여 양성하는 방법이 있습니다. 혹은 사회복지 전공자나 사회복지사가 있다면 기본적인 신학훈련을 통해 교회복지사로 섬길 수 있습니다. 성도 혹은 이웃들의 사회복지 관련 어려움을 도울 수 있습니다. 실제로 교회 내에 이런 도움이 필요한 성도가 있는데 일반 목회자가 해결하지 못하고 외부의 전문가 혹은 공공기관에 의존하는 경우가 많습니다. 이 왕이면 영적인 영역까지 포함한 전인적 회복으로 이끄는 사역을 교회에서 하면 좋겠습니다.

두 번째는 교회 안팎으로 도움이 필요한 이웃 찾기입니다. 교회 내부의 경우 심방이 정상적으로 이루어진다면 확인이 가능할 것입니다. 외부의 경우 교회가 위치한 곳에서 가까운 곳부터 찾는 것이 좋습니다. 지역교회는 지역주민을 위한 안식처가 되어야 합니다. 복지 사각지대, 일반사회복지가 해결해주지 못하는 복잡한 사례까지 도움을 줄 수 있어야 합니다. 사회복지 현장에 있다 보면 이런 케이스를 자주 보게 됩니다. 법과 제도로 해결하기 힘든 일들이 많기 때문입니다.

세 번째는 교회가 위치한 동네의 복지 현황을 분석하고, 필요한 부분을 섬기는 것입니다. 지역에 대한 세밀한 연구조사가 필요합니다. 지역의 사회복지기관, 교회 등에서 하고 있는 복지 현황을 확인합니다. 지역주민에게 필요한 복지 영역을 찾은 후, 현황과 대조하여 부족한 부분을 찾습니다. 분명히 우리 교회가 할 수 있는 영역이 있을 것입니다. 지역 내의 기관 및 교회와 협력할 수도 있습니다.

네 번째는 교회 건물의 적극적인 활용입니다. 지역민을 위한 프로그램에 공간을 제공할 수 있습니다. 예배당을 체육관으로 지어서 지역민에 개방하는 교회도 있습니다. 주중에는 카페로 사용하고, 주말에는 교회로 사용하는 교회도 있습니다. 카페 직원을 교회 밖의 취약계층으로 채용하는 것도 좋습니다. 교회 내의 프로그램만이 아닌 교회 밖의 프로그램에 적극적으로 공간을 개방하는 것이 필요합니다.

다섯 번째는 복지프로그램 운영입니다. 가능하다면 사회복지시설을 운영하는 것도 좋습니다. 더 여력이 있다면 별도의 복지단체를 설립하는 것도 좋습니다. 이 또한 유행을 따르는 것 보다 전인적인 복음 사역을 위해 장기적으로 할 수 있는 것이 좋습니다. 쉬운 말로, 별로 인기가 없으나 누군가는 해야 하는 일이 좋겠습니다. 아직 관련 법조차 없는 일이면 더 좋겠습니다.

12. 교회 개척에 대한 제언

마지막으로 교회 개척에 대한 제언을 드리고 싶습니다. 어쩌면 가장 실제적인 복지선교, 복지목회가 될 수 있기 때문입니다. 교회가 이처럼 많은데 또 교회가 필요할까요? 이 질문에 대한 답은 분명합니다. '여전히 필요합니다' 교회가 많이 생기는 것은 분명히 좋은 일입니다. 그런데 여기서 하나를 덧붙이고 싶습니다. '교회의 높은 문턱 때문에 교회로부터 소외된 이들을 위해 여전히 필요합니다'

현재 필자는 노숙인 무료급식 등의 복지 사역을 하고 있고, 주일에는 급식소에서 모이는 교회의 담임을 맡고 있습니다. 주 대상자는 무료급식 이용객입니다. 복지사역을 하는 가운데 대상자들의 영적 필요를 알게 됐습니다. 노숙인 중에도 신앙을 가진 이들이 있습니다. 그런데 노숙인이 마음 편히 그리고 소속감을 가지고 다닐만한 교회는 별로 없습니다. 교회 설립 이후 노숙인, 일용근로자 등이 신앙생활을 잘하고 있습니다. 물론 대상을 제한하지 않기에 지역교회로서의 기능도 하고 있습니다.

앞으로의 교회 개척은 더 선교적 관점에서 진행되면 좋겠습니다. 특별히 복지선교의 관점이면 좋겠습니다. 지역교회를 출석하기 어려운 다양한 이들이 있습니다. 복지사각지대처럼 교회 출석 사각지대에 있는 이들이 있습니다. 물론 기존 교회들이 이들을 품는 것이 마땅합니다. 그러나 한편으로는 다양한 상황에 있는 이들에게 최적화된 교회도 필요합니다. 이미 기존에 있는 농인교회 등이 비슷한 맥락입니다. 요즘은 개척교회가 자립이 어려운 시대입니다. 더욱 창의적인 접근이 필요합니다. 사회복지를 통해 자립한 교회개척 모델도 이미 있습니다. 가능한 그리고 필요한 교회가 많이 있습니다. 물론 이 또한 유행처럼 되어서는 안 됩니다. 복지선교, 복지목회에 대한 바른 이해가 필요합니다. 앞으로 다양한 연구와 실천이 있어야겠습니다.

나가면서

사회복지는 의외로 정의가 쉽지 않습니다. 일반적인 이해로는 사회 구성원이 더 나은 삶을 살게 하려는 사회적인 노력, 제도가 될 것입니다. 그러나 삶에서 사회복지는 인간의 생애 목적 그 자체가 되기도 합니다. 좋은 건강, 윤택한 생활, 안락한 환경을 추구하는 사람의 근본적인 욕구 때문입니다. 기독교 복지도 다양한 정의가 있습니다. 신학, 업무 관련자의 배경, 단체의 비전과 목적, 현장의 습관 등에 따라 제각각 정의되고 운영됩니다. 이에 기독교 사회복지를 가장 명확하게 정리할 수 있는 '복지선교'와 '복지목회'를 소개했습니다.

복지선교는 하나님 사랑과 이웃 사랑을 합한 복음 사역 곧 선교를 보다 명확하게 표현한 것입니다. 복지선교는 하나님 나라의 모든 것 곧, 총체적 복음을 말합니다. 복지선교는 인간의 모든 영역을 변화시키고 회복으로 이끄는 전인적 복음을 말합니다. 복지목회는 복지선교를 목회에 적용한 것을 말합니다. 복음 전파가 어려운 이 시대에, 2천 년 전 구원자로 오신 예수님이 어떤 사역을 하셨는지 다시 한번 돌아보아야겠습니다. 복지선교, 복지목회는 복지라는 대안이 아닙니다. 복음 그 자체입니다. 사회복지는 선교와 전도를 위한 좋은 프로그램이 아닙니다. 모든 그리스도인은 복지선교를 합시다. 모든 교회는 복지목회를 합시다. 복음의 본질을 회복하여 이 땅의 모든 이들에게 생명되신 예수 그리스도를 전하고 하나님의 사랑을 전합시다. 우리에게 주신 하나님 나라 확장의 사명이 복지선교, 복지목회를 통해 이루어지기를 바랍니다.

나눔을 위한 질문

1. 복지선교와 기독교복지의 차이점은 무엇일까요?

2. 우리 교회의 복지목회 현황은 어떤가요? 어떤 점이 보완되어야 할까요?

3. 나는 그리스도인으로서 어떻게 복지선교를 실천할 수 있을까요?

4. 나는 교회의 직분에 맞게 봉사하고 있나요? 더 노력할 점은 무엇인가요?

5. 교회는 어떤 대사회적 책임을 더 가져야 할까요?

이주민

보아스와 룻을 통한 하나님의 헤세드

*
신치헌 목사(시티센터교회 담임)
고려신학대학원(M.Div.)과 Gordon-Conwell Theological Seminary(Th.M., D.Min. 과정)를
졸업했다. 복음중심적인 이주민 선교와 교회개척을 통한 도시 선교에 힘쓰고 있다.

들어가면서 : 교회의 위기인가? 선교의 기회인가?

요즘 곳곳에서 우리 사회가 국가적 위기 가운데 있다는 이야기를 종종 듣습니다. 2022년 우리나라의 합계출산율은 0.78로 OECD 국가 중 꼴찌를 기록하고 있으며, 저출산과 고령화로 인해 우리는 인구 절벽의 위기를 겪고 있습니다. 이런 사회경제적 위기는 다음세대를 길러내는 교육기관에 치명적인 영향을 미칩니다. 어린이집과 유치원으로 시작해서 우리 도시 곳곳의 초중고등학교와 대학교들이 문을 닫고 있는 상황이며 우리가 섬기는 교회의 성도님들도 어려움을 겪고 있는 상황입니다.

교회라고해서 이런 위기를 피해갈 수 있을까요? 교회는 성장은 도시의 성장과 맞물려 있기 때문에 이런 도시의 위기는 곧 교회의 위기로 이어집니다. 교인 중에도 미혼, 비혼, 미출산, 저출산 등의 이유로 자연적 성장이 감소하고 있고, 비신자 전도를 통한 외부 유입률 또한 매우 낮은 상황입니다. 그 결과 곳곳에 주일학교가 사라지거나 축소되는 교회들이 많고, 신대원 입학 정원도 해마다 급감하고 있으며 이는 결국 전체 한국교회의 위기로 이어집니다.

하지만 이런 국가적, 사회경제적 위기는 오히려 교회에게 선교적 기회가 되기도 합니다. 코로나 때 잠시 주춤하긴 했지만 지금도 계속해서 이주민 인구가 늘고 있고(2023년 3월 233만 5,595명), 이주민들의 체류 형태도 단기체류에서 장기체류로 바뀌고 있습니다. 통계청이 발표한 자료에 따르면 2030년에는 이주 배경 인구가 264만 명으로 전체 인구의 5.2%를 차지하게 되어 우리나라도 이제 다문화사회로 진입하게 되며, 2040년에는 323만 명으로 전체 인구의 6.4%에 달할 것으로 전망됩니다.

이제 학교뿐만 아니라 어느 교회에 가보아도 이주 배경을 가진 분들을 어렵지 않게 볼 수 있습니다. 교육 및 각종 산업 현장에 종사하시는 많은 분이 이야기하시는 것처럼 이런 이주민들 덕분에 그나마 우리나라의 인구 절벽 문제가 완화되고 있고, 그나마 우리의 교육, 경제, 사회가 유지되고 있는 상황입니다. 이런 급격히 변화된 상황 속에서 이주민 선교는 더 이상 몇몇 일부 교회의 몫이거나 선택적 사역이 아니라 사명이며 모든 교회를 향한 시대적 부르심이라고 할 수 있습니다.

그렇다면 우리 한국교회는 앞으로 다가올 다문화사회를 어떻게 대비할 수 있으며 우리 고신교회는 앞으로 어떻게 이주민 선교를 진행해야 할까요? 만 20세 때부터 지금까지 이주민들과 함께한 지난 18년간의 개인적, 사역적 경험을 바탕으로 고신교회에게 아래와 같은 네 가지 실천을 요청합니다.

1. 우리 도시를 선교지로 바라보자

무엇보다도 오늘날의 시대와 상황을 하나님의 섭리와 선교적 관점에서 이해해야 합니다. 어떤 시대와 상황 속에서도 우리 교회는 선교를 위해 계속해서 해외로 가야 합니다. 그러나 지금 이슬람권과 공산권을 포함해 곳곳에서 세계 선교의 문이 막혔거나 좁아졌다는 소식을 많이 듣습니다. 하지만 사실 그렇지도 않습니다. 세계 선교를 위한 또 다른 문이 활짝 열렸기 때문입니다. 그것은 다름 아닌 도시 선교이며 이주민 선교라는 문입니다.

코로나19, 우크라이나 전쟁 등 국제적 상황 때문에 마치 하나님의 선교가 중단된 것처럼 느껴집니다. 하지만 하나님이 잠시 선교를 멈추고 계신 것이 아니라 오히려 우리가 예상하지 못했던 또 다른 방법, 어쩌면 더 나은 방법으로 선교를 진행하고 계십니다.

최근 몇 년 사이에 진행된 각종 선교대회, 세미나, 포럼, 회의 등에서 선교사들과 사역자들 가운데 동의하고 있는 분명한 사실은 이제 세계 선교의 방향과 흐름이 도시 선교와 이주민 선교로 전환되고 있다는 것입니다. 세계화 및 도시화 현상을 통해 하나님께서는 우리 교회에게 세계 선교를 위한 절호의 기회를 주셨습니다.

그렇다면 왜 우리는 도시를 선교해야 할까요? 가장 중요한 이유는 도시에는 복음이 필요한 영혼들이 훨씬 더 많기 때문입니다. 도시 선교사인 빌 크리스핀은 이렇게 말합니다. "시골은 사람보다 식물이 더 많은 곳입니다. 도시는 식물보다 사람이 더 많은 곳이고요. 하나님은 식물보다 사람을 훨씬 더 많이 사랑하십니다. 그러므로 하나님은 시골보다 도시를 더 많이 사랑하십니다." 물론 이렇게 단순히 숫자 대비로 하나님의 사랑의 크기를 측정할 수는 없습니다. 하지만 부인할 수 없는 분명한 사실은 도시는 단위면적 당 하나님이 사랑하시는 하나님의 형상을 가진 사람들이 가장 많이 밀집된 곳이라는 것입니다.

우리가 도시에서 선교해야 하는 또 다른 이유는 도시가 가진 응집력과 매력 그리고 영향력 때문입니다. 도시에는 각종 정보와 자원이 모이며 다양한 기회가 창출되기 때문에 다양한 그룹의 사람들을 도시로 끌어들입니다. 도시에는 청소년들, 대학생들과 청년들처럼 무한한 가능성과 에너지를 가진 젊은 세대들이 모여듭니다. 또 도시에는 사업, 출판, 학문, 예술, 정치, 연예 등 각계각층의 사회문화적 엘리트들이 모여듭니다. 그래서 도시로부터 새로운 문화가 창조되고, 도시를 통해 가치와 영향력, 시대정신과 문화 및 유행이 전국으로, 외국으로 흘러갑니다. 그뿐만 아니라 도시에는 다양한 빈곤층과 이주민들, 난민들이 모여듭니다. 즉 우리가 복음으로 만나야 할 수많은 사람이 도시로 모여들기 때문에 우리는 도시에서 선교해야 합니다.

무엇보다도 하나님께서 도시가 가진 그런 힘들을 사용하셔서 열방의 영혼들을 우리 도시로 보내주셨습니다. 그렇기 때문에 우리는 멀리 가지 않고도 우리 안방에서 열방의 영혼들을 만날 수 있고 복음을 전할 수 있습니다. 열방의 영혼에게 복음을 전하기 위해 예전처럼 반드시 비싼 비용을 지불하며 산을 넘고 물을 건너야 할 필요도 없습니다. 그저 옆 골목만 건너면 됩니다. 하나님께서 열방의 영혼들을 우리 안방으로, 홈그라운드로 불러 모아주셨기 때문입니다. 도시는 오늘날 그만큼 선교적으로 중요한 곳입니다.

이것을 잘 알았던 사람이 바로 사도 바울이었습니다. 바울의 세계 선교 전략도 다름 아닌 거점도시 즉 대도시를 선교하는 것이었습니다. 바울은 그리스-로마 세계의 지식의 중심지였던 아덴으로 갔고(행 17장), 로마제국의 상업의 중심지였던 고린도로 향했으며(행

18장), 종교의 중심지였던 에베소에서 복음을 전했습니다(행 19장).
그리고 바울의 최종 목적지는 로마였는데 그것은 바로 그 도시가 제
국의 정치, 군사, 행정의 중심지였기 때문입니다(행 28장). 바울이
만약 대도시로 모인 사람들에게 복음을 전해서 그들이 복음을 가지
고 자신들의 고향과 가족들에게로 돌아간다면 하나님의 세계 선교
는 더 효과적으로 이루어지는 것입니다.

　미국의 선교학자였던 로저 그린웨이는 이렇게 말합니다. "하나
님은 우리 시대에 다양한 사회적, 정치적, 경제적 요인들 가운데 절
정의 역사를 이루셔서 여러 민족이 훨씬 가까이 살게 하셨고, 더 많
은 상호작용과 상호의존을 하도록 하셨다. 그리하여 복음의 가청 영
역 안에 들어오게 하셨다. 우리 시대의 표지는 도시이다. 도시로의
이주를 통해 하나님은 세계 선교의 가장 큰 무대를 만드시며 어쩌면
마지막 시간을 준비하시는 것일 수도 있다." 우리는 이제 복음을 들
고 도시로, 시티센터로 가야 합니다.

　대학교에서 영어를 전공하고 다양한 단기선교를 경험했던 제 원
래 계획은 해외 선교를 나가는 것이었습니다. 하지만 국내에서 이
주민 사역을 섬기면서 또 미국 고든콘웰신학교에서 선교학을 공부
하고 보스턴 도시 중심에 위치한 Park Street Church의 다양한 도
시 선교를 경험하면서 하나님은 제 사역의 방향을 도시 선교로 바꾸
어 주셨습니다. 그래서 도시 선교의 비전을 품고 한국으로 귀국하여

2019년에 이주민 형제자매들과 함께 울산의 '도시 중심'에 시티센터교회(City Center Church)를 개척했습니다. 너무나 신기하게도 나중에 받은 예배당 주소도 마침 도시 중심인 '울산광역시 중구 중앙동 중앙길 91'(구원)이었습니다.

시티센터교회는 도시 중심에서 한국인과 이주민이 함께 도시와 열방을 섬기는 울산 최초이며 울산 유일의 다문화 교회입니다. 그런데 해외 선교에서 도시 선교로 방향이 바뀌면서 더 이상 해외 선교는 제 영역 밖이라고 생각했습니다. 하지만 시간이 지나면 지날수록 이 도시 선교야말로 오히려 최선의 해외 선교 전략임을 깨닫게 됩니다. 해외 선교가 저의 플랜A이고 도시 선교나 이주민 선교는 플랜B일 뿐이라고 생각했지만 오히려 도시 안 이주민 선교가 해외 선교를 위한 하나님의 플랜A였습니다. 해외에서보다 오히려 도시 안에서 더 많은 이주민을 만날 수 있고, 더 저비용-고효율의 효과적인 선교가 진행되고 있기 때문입니다.

사실 선교사 한 가정이 이슬람 국가에 들어가서 수십 년을 사역해도 한 영혼을 구원하지 못하는 경우가 많다고 합니다. 그만큼 해외 선교는 쉽지 않습니다. 하지만 우리 도시 안에는 우리가 들어가서 담대히 복음을 전하기 어려운 이슬람권, 공산권 국가에서 온 열방의 영혼들이 가득합니다. 무엇보다도 우리 도시는 우리의 홈그라운드입니다. 홈에서는 신학교육, 선교사훈련을 제대로 받지 못해도,

심지어 외국어를 잘 구사하지 못해도, 누구나 얼마든지 선교할 수 있습니다. 현재의 직장을 가지고, 사랑하는 가족이나 교회를 떠나지 않고서도, 외국어를 잘못해도 오히려 한국어로도 얼마든지 선교할 수 있습니다. '나부터, 여기서부터, 지금부터' 선교를 시작할 수 있습니다. 그것이 홈이 가진 이점입니다.

룻기 4장 15절에서, 여인들은 나오미에게 가정의 기업을 무를 상속자를 낳아준 외국인 며느리 룻을 칭찬하며 "일곱 아들보다 귀한 네 며느리"라고 표현합니다.

저는 그 동일한 표현을 울산에 외국인 근로자로 왔다가 회심을 경험하고 지금은 저와 같은 목회자의 길을 가고 있는 제 동역자인 제이슨 전도사님에게 사용합니다. 저 같은 한국인 선교사 일곱 명이 필리핀으로 들어가서 많은 비용과 시간을 적응과 정착에 지불하는 것보다 제이슨 전도사님처럼 한국에 와서 예수님 믿고 훈련을 받은 그래서 현지 언어와 문화 적응이 전혀 필요 없고 홈의 이점을 가진 현지인 목회자 한 명이 필리핀에서 훨씬 더 사역을 잘할 수 있다. 그것이 오히려 하나님 나라 확장에 더욱 유익하다고 말합니다.

우리 고신교회는 이제라도 도시로 눈을 돌려야 합니다. 하나님의 선교적 관점으로 도시를 바라보아야 합니다. 도시 안에서, 도시를 통해 하나님이 하고 계시는 선교에 관심을 가져야 합니다. 왜냐하면 세계 선교의 마침과 완성이라는 하나님의 위대한 계획에 쓰임 받을 수 있는 예비 선교사들이 우리 도시 안 학교와 학원, 회사와 공장, 식당과 가게에 넘쳐나기 때문입니다. 뉴욕 맨해튼에서 도시 목회를 모범적으로 잘 수행한 팀 켈러는 자신의 책 '센터처치'에서 이렇게 말합니다. "다시 말해, 세계의 오지를 전도할 수 있는 가장 좋은 방법이 있다면 바로 당신이 살고 있는 도시를 전도하는 것이다." 이제 도시를 선교지로 바라봅시다.

2. 더디더라도 함께 걷자

우리는 도시를 선교해야 합니다. 그러나 이 도시 선교는 한국인만 아니라 이주민과 함께해야 합니다. 우리 곁 이주민들을 언제까지나 선교의 대상으로만 여기지 말고 이제는 선교의 주체이자 동역자로 바라보고 더디더라도 그들과 함께 가야 합니다. 그동안 한국교회 성도들은 선교에 정말 열심히 헌신했습니다. 그 노력과 헌신의 결과로, 곳곳에 이주민 선교의 열매들이 가득합니다. 하지만 이제 우리 한국인 성도들의 일방적인 열심만으로는 안 됩니다. 우리의 가족이자 형제자매인 이주민들과 함께 동역할 수 있어야 합니다. 우리 교회에 들어온 이주민들은 더 이상 손님이 아닙니다. 그들도 우리 교회의 주인이며 가족이며 일원입니다. 가족이 된 사람을 언제까지나 손님이자 외인으로 대해서는 안 됩니다.

울산교회에서 약 15년간 영어예배부로 있다가 지난 2019년에 시티센터교회로 분립개척을 하게 된 여러 이유 중 하나는 바로 이주민 멤버들을 사역과 봉사에 주도적으로 참여시키기 위해서였습니다. 당시 일부 이주민 멤버 가운데에는 '한국교회의 예산 지원이 있기 때문에 우리는 헌금하지 않아도 된다. 한국인 봉사자들이 있기 때문에 우리는 봉사하지 않아도 된다'라는 인식이 있었습니다. 특히 필리핀 사람들은 문화적으로 한국이나 다른 서구국가의 사람들이 주도적으로 봉사할 때는 상대적으로 더 수동적으로 되는 경향도 있었습니다. 이곳은 본인들의 나라도 아니고 언젠가 귀국하면 떠날 곳이기에 한국인들도, 본인들 스스로도 손님으로 생각할 때가 많았습니다.

그런데 교회를 개척하고 나서 우리 이주민 멤버 즉 영어 멤버들이 달라지기 시작했습니다. 이전에는 영어예배부라는 '부서'의 멤버였지만 이제는 스스로를 '교회'의 가족으로 여기게 됐습니다. 드디어 '우리 교회' '내 가족' '내 집'이 생기게 되었고, 다른 부서 예산이나 한국인 봉사자들이 없으니 스스로 십일조도 하고, 봉사도 하고, 리더로 섬기기 시작했습니다. 초창기에는 한국인 멤버들이 거의 없었기 때문에 한국어예배 때 미디어나 찬양팀, 예배 안내로 섬길 사람들이 없었습니다. 그때 우리 영어 멤버들이 먼저 제게 이렇게 말했습니다. "목사님, 한국 사람들 우리가 섬길게요!" "우리가 할 수 있어요!" 그때 얼마나 큰 위로를 받았는지 모릅니다. 그리고 영어 멤버들의 귀한 섬김과 헌신으로 한국어 멤버들이 계속해서 정착하게 되었고 이제는 한국어 멤버와 영어 멤버 구성이 1:1 정도가 됐습니다.

룻기는 하나님의 헤세드가 누구를 통해서 이 땅에 나타나는지를 보여줍니다. '헤세드'는 '인애'(loving kindness)로 번역되는 단어로 하나님의 언약적 사랑을 뜻하는 단어입니다. 하나님은 사사시대 영적 무질서와 타락으로 무너져가고 있던 베들레헴과 이스라엘 공동체를 회복시키시는데 유대인이자 원주민이었던 보아스만 사용하지 않으셨습니다. 모압 출신 이주민이었던 룻도 사용하셨습니다. 룻은 오늘날로 치면 외국에서 이주한 결혼이주여성이자, 외국인 근로자였습니다. 그녀는 지극히 평범한 여인이었고 사실 그녀가 한 것이라고는 그저 나이 많은 유대인 남자 보아스와 결혼해서 오벳이라는 아들을 낳아 잘 키운 것뿐이었습니다.

그런데 놀라운 사실은 그런 평범한 일상 속에서 하나님과 동행한 이방 여인 룻을 통해 이스라엘 역사의 가장 위대한 왕으로 존경받는 다윗이 나왔다는 것입니다. 룻은 다윗의 증조 어머니가 되었고, 다윗은 보아스와 룻의 결혼을 통해 이루어진 소위 말하는 '다문화가정' 4세대였던 것입니다. 또 그게 다가 아닙니다. 그런 룻이 최종적으로는 유대인만 아닌 모든 민족의 왕이시며 온 세상의 구속자이신 예수 그리스도의 어머니가 됐습니다. 그리고 이방 여인 룻의 후손인 예수 그리스도를 통해 하나님의 헤세드가 온 인류에게 미치게 된 것입니다. 하나님은 구원 역사와 자신의 선교를 위해 원주민인 보아스만 아니라 이주민인 룻도 사용하셨습니다. 보아스와 룻이 하나 되어 연합할 때, 하나님의 헤세드는 이 땅에 이루어집니다.

성경 곳곳에는 하나님의 구원 역사에 쓰임 받은 이주민들이 수없이 많이 등장합니다. 가장 대표적으로는 땅의 모든 족속이 구원의 복을 받도록 복의 통로가 되기 위해 고향, 친척, 아버지의 집을 떠나야 했던 초대 이주민 선교사 아브라함이 있습니다. 이스라엘의 조상이 된 야곱, 온 세상을 구원하는 하나님의 도구로 쓰임 받은 이집트의 총리 요셉, 이스라엘의 출애굽 역사에 쓰임 받았던 이집트 왕자 모세, 가나안 정복을 통해 하나님의 약속을 성취했던 여호수아, 유대인 남성과 결혼해 다윗과 예수님의 조상이 된 모압 여인 룻도 있습니다.

또 바벨론의 포로로 외국에서 이민자 생활을 해야 했던 에스겔과 다니엘이 있고, 예루살렘의 성전과 성벽 그리고 유대 공동체 회복에 쓰임 받았던 페르시아의 디아스포라 에스라와 느헤미야, 매우 포악한 이방인 남성과 결혼해 살다가 유대인들을 구원하는 일에 쓰임 받은 여인 에스더 등이 있습니다. 신약에서는 길리기아 다소 출신으로 로마제국 곳곳을 다니며 복음을 전했던 바울이 있습니다. 고린도, 에베소, 로마 등에서 이주민으로 살며 바울의 선교에 동역했던 브리스길라와 아굴라 부부 그리고 유대인 어머니와 헬라인 아버지 사이에서 출생한 다문화가정 출신의 디모데 등이 있습니다.

무엇보다 온 세상을 구원하시기 위해 하늘 아버지의 집, 하늘 본향을 떠나셔서 이 땅에서 낯선 언어와 문화를 배우셔야 했던 그리고 헤롯의 박해를 피해 이집트로 피란을 떠나셔야 했던 이주민이자 난민 가정 출신의 예수님이 계십니다.

마태복음 25장에서 예수님께서는 나그네, 외국인과 같은 지극히 작은 자 하나에게 한 것이 곧 당신에게 한 것이라고 하셨는데 그분은 수많은 이 땅의 나그네들, 이주민들과 자신을 동일시하십니다.

이 글을 쓰는 동안 첫째 딸이 옆에서 묻습니다. "아빠는 왜 외국인들을 사랑해요?" 저는 이렇게 대답합니다. "우리 예수님도 외국인이셨거든 그리고 예수님이 그분들 사랑하시거든."

성경을 벗어나 기독교 역사 속에서도 얼마든지 이런 예를 찾아볼 수 있습니다. 대표적으로는 프랑스 출신 종교개혁가 존 칼빈이 있습니다. 그는 제네바에 이주민이자 난민으로 체류하면서 '종교개혁'이라는 위대한 하나님의 역사에 쓰임 받았는데, 임종을 겨우 얼마 앞두고 국적을 취득하게 되었다고 합니다. 그는 또 이주자들과 난민들을 위한 다양한 사역으로 제네바라고 하는 도시를 당시 전 세계에서 외국인들이 가장 선호하는 도시로 만들었습니다. 오늘날 국제기구 200여 개가 제네바에 본부를 두고 있는 것은 결코 우연이라 할 수 없습니다. 이처럼 성경과 교회사를 통해 검증된 분명한 사실은 이주민은 하나님의 선교에 빠질 수 없는 핵심 파트너라는 사실입니다.

하나님의 선교 관점으로 우리 도시 안의 이주민들을 바라봅시다. 이주민은 하나님의 선교 핵심 파트너입니다. 한국인 성도님들은 선교의 주체이고, 이주민들은 선교의 대상이라는 이분법적인 구도로 보시면 안 됩니다. 하나님은 그들을 그저 대접을 받아야 할 손님이나 선교의 대상으로만 아니라 하나님의 선교 도구이자, 도시를 위한 하나님의 복과 헤세드의 통로로 바라보십니다. 하나님은 우리 사회와 우리 도시에 구원의 복을 베푸시기 위해 그들을 우리 도시의 선교사로 보내셨습니다. 이주민 성도들은 한국인 성도들과 함께 이 도시를 섬겨야 할 선교의 주체이자 동역자입니다. "그러므로 이제부터 너희는 외인도 아니요 나그네도 아니요 오직 성도들과 동일한 시민이요 하나님의 권속이라"(엡 2:19). 복음으로 인해 이방인이었던 우리가 하나님의 가족이 되었듯이 우리 곁 이주민들을 우리 교회의 가족으로 환영하며 하나님의 선교의 동역자로 인정해야 합니다.

제가 섬기는 시티센터교회의 비전은 3B, 즉 Belonging, Believing, Blessing입니다. 공동체 안에 소속되어 소속감을 갖는 것도(Belonging), 복음을 통해 예수 그리스도를 믿게 되는 것도(Believing) 이주민들에게는 너무나 중요합니다. 하지만 결코 복을 받는 데서만 멈춰서는 안 됩니다.

제가 우리 영어 멤버들에게 늘 강조하는 것이 있습니다. 하나님이 여러분을 이 도시로 보내신 목적은 여러분이 이 도시의 어린아이들과 학생들에게, 직장 상사와 동료들에게, 시댁 식구들과 남편과 자녀들에게, 캠퍼스에 있는 다른 유학생들에게, 이 도시의 다른 난민들과 이주민들에게 예수 그리스도의 복음을 전하고 여러분을 통해 그들을 복 주시기 위함이라는 것(Blessing)입니다. 하나님의 선교적 목적을 기억하라고 가르칩니다.

그리고 이제 우리 영어 멤버들은 조금씩 교회 봉사와 도시 선교에 동참하는 기쁨을 경험하고 있습니다. 교회에서 주일학교 교사로, 찬양팀, 미디어팀, 예배안내팀으로 섬기거나, 맛있는 음식을 요리해서 교회를 섬기기도 합니다. 또 십일조와 각종 헌금, 후원 등 재정적으로도 주님의 몸 된 교회를 함께 세워가고 있습니다. 울산에 들어온 아프간 난민들에게 찾아가 고향을 떠나 외국인으로 살아가는 아픔을 공감하며 위로해주고 친구가 되어 함께 소풍을 갑니다. 다른 원어민 교사, 유학생, 이주 근로자들에게 친구가 되어 소풍, 등산, 여행을 함께 가기도 하고, 보드게임을 하거나 영화를 보러 가기도 합니다. 또한 영어라는 자신들의 재능을 기부하며 매주 진행되는 영어성경학교 프로그램이나 시티센터 영어캠프를 진행하기도 하고, 직장의 동료나 시댁 식구나 남편과 자녀들, 지인과 친구들을 교회로 초청하기도 합니다. 영어 멤버들이 없이는 시티센터교회의 사역은 이루어지지 않습니다. 그들은 모두 하나님의 도시 선교에 빼놓을 수 없는 핵심 파트너들이자 도시 선교사들입니다.

아프리카 속담에 "빨리 가려면 혼자 가고, 멀리 가려면 함께 가라"는 말이 있다고 합니다. 한국인 중심으로, 한국인에게 편하고 익숙한 방식으로 사역하고 도시를 섬긴다면 어쩌면 빨리 갈 수는 있습니다. 하지만 이주민과 함께 서로 이해하고 존중하면서 함께 걷는다면 더디더라도 더 멀리, 더 오래, 더 즐겁게 갈 수 있습니다. 도시 속에서 하나님 나라가 확장되도록 하는 도시 선교는 '계주 경기'가 아니라 '2인3각 경기'에 가깝습니다.

저는 이주민 선교의 바톤을 이주민들에게 넘기고 한국인들은 다른 사역을 하자는 것이 아닙니다. 한국인과 이주민이 보조를 맞춰 함께 걷자는 것입니다. 불편하더라도, 번거롭더라도, 더디더라도 함께 가는 더함 공동체가 된다면 도시 안 이주민 선교 사역의 열매도 더해주실 것입니다.

3. 차이를 인정하고 문화를 이해하자

그렇다면 어떻게 하면 인종, 국적, 언어, 문화 등 많은 면에서 서로 다른 사람들이 동행할 수 있을까요? 서로의 다름 즉 문화적 차이를 인정해야 합니다. 하나님께서 모든 사람을 자신의 형상대로 만드셨지만 각 사람을 다르게 창조하셨기 때문에 차이는 반드시 존재합니다. 하지만 지금까지 단일민족, 단일문화를 자랑해왔던 우리 사회나 우리 교회에서 다름과 다양성을 존중하지 않는 경우가 많았습니다. '다름'(difference)을 '틀림'(wrongness)으로 여기며 정죄할 때가 많습니다. 그러나 다른 것은 틀린 것이 아닙니다.

세상에 절대적으로 옳은 문화나 방식이란 존재하지 않습니다. 모든 문화에는 각 문화가 상대적으로 지닌 강점과 약점이 있습니다. 우리는 우리가 말하고, 생각하고, 행동하는 방식이 마치 문화중립적이고, 객관적이고, 절대적인 방식인 것처럼 여길 때가 있습니다. 물고기가 물에 대해 생각하는 것처럼 '원래 그렇게 하는 거야' 또는 '이것이 옳은 방식이야'라고 생각할 때가 있습니다. 하지만 우리 모두는 다양한 문화의 영향을 받습니다.

한국교회 안에 남아 있는 전통과 관습에도 성경적인 문화가 아닌 오히려 불교나 유교 문화 또는 이 시대 문화의 영향을 받은 것들이 여전히 존재합니다. 그렇기 때문에 우리는 그 문화의 방식이 성경을 기준으로 과연 옳은 것인지를 질문해 보아야 합니다. 복음과 일치하는 문화와 전통은 계승하되 복음과 반대되는 문화와 전통은 거부하고 개혁해야 합니다. 그리고 복음이 말하는 대안적이고 대항적인 문화를 창조해야 합니다.

다른 나라의 성도들이 보기에 한국 성도들은 기도와 헌금, 훈련과 헌신에 열정이 대단합니다. 온갖 전도와 선교, 제자훈련, 양육 프로그램이 너무나 잘 되어있습니다. 그런데 우리 도시에 들어와 있는 이주민들은 그걸 다 감당할 수도, 그런 기준에 따라가기가 어렵습니다. 영어학원이나 공장, 회사에서 일하는 외국인 근로자들은 이방인이자 약자이기 때문에 자기 시간과 일정을 마음대로 사용하지 못합니다. 훈련과 모임에 빠질 때도 많습니다. 또 체류 기간이 짧기 때문에 그런 훈련을 다 받고 자격 요건을 다 갖춰서 교회 직분자가 되기도 어렵습니다. 그러면 결국 한국인들만 리더와 직분자가 되고 한국인 중심의 교회가 될 뿐입니다.

한국교회에서 많이 사용하는 전도 방식도 문화적으로 맞지 않는 경우가 많습니다. 우리 주변 이주민들은 대부분 관계 중심적입니다. 같은 민족 그룹끼리, 친구들끼리 인적 네트워크가 이미 형성되어 있고, 대부분 친구 사이의 우정 관계를 통해 전도가 이루어집니다. 하지만 아무런 개인적인 친분이 없는 사람에게 다가가서 번역된 전도지를 통해 전도하는 것은 문화적으로 맞지 않습니다. 또 한국인에게 사용되는 양육 또는 훈련교재를 외국어로 번역해서 사용하는 경우도 많은데 언어만 아니라 문화까지도 함께 번역해야 합니다. 이주민들의 마음과 문화를 겨냥하는 선교를 하려면 '한국교회에서 통하는 방식이 이주민에게도 무조건 통한다'라는 생각을 버리고 먼저 겸손하게 그분들의 마음과 문화를 배워야 합니다.

게리 채프먼은 자신의 책 '다섯 가지 사랑의 언어'에서 우리가 사랑을 표현하고 느끼는 방식 즉 사랑의 언어에는 인정하는 말, 함께하는 시간, 선물, 봉사, 신체 접촉과 같은 다섯 가지가 있다고 소개합니다. 또 우리가 사랑을 상대방의 마음과 피부에 와닿게 소통하고 표현하려면 나 중심이 아닌 상대방 중심의 사랑의 언어로 표현해야 한다고 강조합니다.

이주민들을 사랑하고 섬기는 데도 마찬가지입니다. 우리 중심의, 우리 문화의 방식이 아니라 그분들의 문화를 잘 알고 그분들의 방식으로 예수님의 사랑을 실천해야 합니다. 그래야 오해가 없고 그분들의 마음과 피부에 와닿는 사랑과 섬김을 실천할 수 있습니다. 여러 가지 문화 범주 가운데 우리가 반드시 알아야 할 이주민들의 문화로는 집단주의 문화와 명예수치 문화가 있습니다. 우리 도시에 들어와 있는 이주민 대부분이 이 두 가지 문화를 배경으로 하고 있기에 적어도 이 두 가지 문화들은 꼭 이해하고 있어야 합니다.

먼저 '집단주의'는 개인의 권리와 자유보다 집단의 이익을 우선시하는 문화입니다(개인〈집단). 이 문화권에서는 개인이 어려운 상황 가운데 있을 때 동일 집단의 사람들로부터 비교적 쉽게 도움을 받을 수 있습니다. 상부상조, 십시일반, 품앗이와 같은 문화가 그런 예들입니다. 또 임진왜란, IMF, 월드컵과 같은 지난 역사에서 드러났듯이, 집단의 문제 해결 및 위기 극복을 위해 공동으로 노력하여

시너지를 창출합니다. 집단의 화합과 하나 됨을 위해 노력하기에 집단 내에서 갈등이 덜합니다.

하지만 집단주의 문화에서는 지나치게 남의 눈치를 보는 경우가 많고, 개인의 자유나 권리가 제한될 때가 많습니다. 코로나19 때 마스크 착용 등의 사례에서도 볼 수 있듯이, 집단의 이익을 위해 개인의 희생될 때가 많고, 인권이 존중되지 못할 때도 있습니다. '모난돌이 정 맞는다'라는 우리 속담처럼, 이 문화에서는 다름을 인정하지 않고 틀림으로 여기며 배척당하기 쉽고, 창의적이고 다양한 생각이 나오기 어렵습니다.

또 우리가 알아야 이주민들의 문화로 '명예수치' 문화가 있습니다. 문화 인류학에 따라 전 세계는 적어도 3가지 문화권으로 구분할 수 있습니다. 결백죄책, 명예수치 그리고 권능공포 문화권입니다. 결백죄책 문화는 주로 개인주의 문화가 지배적인 북미, 유럽 등의 서구사회에서 발견되고, 명예수치 문화는 집단주의 문화가 지배적인 중동, 아프리카, 아시아 등에서, 권능공포 문화는 정령숭배가 지배적인 아프리카 부족 사회에서 찾아볼 수 있습니다.

그중에서도 대부분의 이주민들의 문화적 배경이 되는 명예수치 문화(수치문화 또는 체면문화)에서는 선택과 행동의 동기가 외부의 집단에 의해 결정되며, 집단의 기대와 이상이 옳고 그름의 판단 기준이 됩니다. 이 문화에서 죄를 지었을 때 '수치심'을 느끼게 되고,

자신의 행동만('I made a mistake') 아니라 존재 자체까지 수치로 여기게 됩니다('I am a mistake'). 죄의 결과와 영향은 집단 전체에 파급력을 미치고, 죄를 지은 개인은 수치심으로 인해 회피, 도피, 은폐 등의 반응을 보입니다. 명예수치 문화권의 사회에서는 그 사회에 수치를 끼친 개인을 거절, 배척, 추방 등으로 대응합니다. 죄의 해결은 실추된 명예와 깨어진 관계를 회복하고 공동체로 다시 복귀, 복직하게 되는 것입니다.

제가 섬기는 시티센터교회에서는 이런 개인주의와 집단주의 문화, 죄책결백, 명예수치, 권능공포 문화를 가진 다양한 사람들이 함께 어울려 지냅니다. 교회에 봉사나 사역에 동참하는 것, 재정적으로 헌신하는 것, 리더십의 결정에 따르는 것 등 그때그때 사람들의 반응이나 의견이 제 각각입니다. 모든 사람을 리더십이 원하는 방식으로 움직이게 만들거나 통일시킬 수 없습니다. 교회에서는 최소한의 기준과 방법을 제시하지만 각자 하나님과 이웃을 사랑하는 다양한 방식을 존중해야 합니다. 우리가 믿는 하나님이 다양성을 좋아하시고, 하나님 나라의 모델하우스인 교회 공동체 안에도 다양성이 있기 때문에 서로의 다름과 차이를 인정하고 다양성을 짓누르지 말고 더 격려해야 합니다.

우리 이주민들의 문화는 한국 문화와 달라도 너무 다릅니다. 또 이주민이라도 다 문화가 같은 것도 아닙니다. 서양과 동양의 문화가 다르고 아시아권 안에서도 각 나라별로 민족별로 다릅니다. 각 사람의 문화적 특징과 개인적 성향을 파악하고 그 문화의 방식으로 관계를 맺고 복음을 전하고 제자를 양육해야 합니다. 그래야 그분들이 한국인의 하나님 또는 서구의 하나님이 아니라 그들의 하나님을 그들의 민족과 문화와 언어로 만날 수 있습니다. 그래야 존 네비우스 선교사가 주장한 선교의 3자 원칙, 자립(self-supporting), 자치(self-governing), 자전(self-propagating)이 이주민 선교 현장에 실현될 수 습니다.

각 사람의 문화에 맞게 복음을 잘 전한 예로 사도 바울이 있습니다. "유대인들에게 내가 유대인과 같이 된 것은 유대인들을 얻고자 함이요 율법 아래에 있는 자들에게는 내가 율법 아래에 있지 아니하나 율법 아래에 있는 자 같이 된 것은 율법 아래에 있는 자들을 얻고자 함이요 율법 없는 자에게는 내가 하나님께는 율법 없는 자가 아니요 도리어 그리스도의 율법 아래에 있는 자이나 율법 없는 자와 같이 된 것은 율법 없는 자들을 얻고자 함이라 약한 자들에게 내가 약한 자와 같이 된 것은 약한 자들을 얻고자 함이요 내가 여러 사람에게 여러 모습이 된 것은 아무쪼록 몇 사람이라도 구원하고자 함이니"(고전 9:20-22). 사도 바울은 다양한 사람을 구원하기 위해, 그들의 문화를 이해하고 그들에게 맞는 상황화 된(contextualized) 복음을 전하려고 애를 썼습니다. 이것이 오늘날 이주민에게 복음을 전하는 우리의 역할입니다.

모든 사람에게 통하는 하나의 절대적인 전도 방식, 양육 방식은 없습니다. 우리는 이주민들의 문화를 통해 복음을 전하고, 그들에게 맞는 방식으로 그들을 예수님의 제자로 양육해야 합니다. 우리가 먼저 타문화를 배우고 이해함으로써 다문화 감수성을 증진시켜야 합니다. 그래서 이주민들과 대화를 나눌 때 이주민들로부터 "와~ 그걸 어떻게 알았어요? 한국 사람이 그런 것까지 알고 있을 줄 몰랐어요!"라는 말을 들어야 합니다.

우리가 이러한 사랑의 수고와 노력을 기울여야 하는 가장 중요한 이유는 우리 예수님도 만나는 사람에 따라 다섯 가지 사랑의 언어를 다양하게 사용하셨기 때문입니다. 예수님은 각 사람의 필요에 따라 어떤 이에게는 인정하는 말을, 어떤 이에게는 함께하는 시간을, 또 다른 이들에게는 선물을, 봉사를, 신체적 접촉을 통해 사랑을 표현하셨습니다. 예수님은 획일화된 방식이 아니라 각 사람이 하나님의 사랑을 느낄 수 있는 개인적인 방식으로 복음을 전하셨습니다. 그분의 제자인 우리도 마땅히 그래야 합니다.

4. 주민들의 이름과 얼굴을 알자

출애굽기 1장 8절에 이런 말씀이 있습니다. "요셉을 알지 못하는 새 왕이 일어나 애굽을 다스리더니" 요셉은 애굽의 바로나 신하들만 아니라 온 세상 백성들이 존경하며 두려워했던 애굽의 총리였습니다. 요셉의 명성과 보호 아래 이스라엘 열두 지파는 애굽에서 안전히 정착하고 번성할 수 있었습니다. 그러나 수백 년이 지나 요셉을 모르는 왕이 나타났을 때, 바로와 애굽인들은 이주민들이었던 이스라엘 민족을 잠재적 위협 요소로 여기며 그들을 핍박했습니다.

우리도 마찬가지입니다. 사람을 하나의 대상 또는 집단으로 여기면 막연한 두려움이 생길 수 있습니다. 우리의 국가 안보나 산업경제 그리고 종교의 위협 요소로 간주할 수 있습니다. 하지만 각 사람의 이름과 얼굴을 알고 개인적이고 인격적인 관계를 맺으면 달라집니다. 우리 한국 사람들도 중국 사람, 베트남 사람, 필리핀 사람 등 각 그룹에 대한 편견이 있을 수 있고, 외국인들도 한국인에 대한 편견이 있을 수 있습니다. 기독교인들에 대한 편견도 마찬가지입니다. 하지만 우리가 다 그렇지 않습니다. 언론이나 미디어에 비친 부정적인 모습 때문에 또는 몇 사람만 만나보고 전체를 오해해서는 안 됩니다.

제가 미국에 있을 때 미국교회에서 진행한 소말리아 난민선교를 다녀온 적이 있습니다. 그들을 만나기 전에는 소말리아인과 난민들에 대한 편견이 있었습니다. 그러나 제가 직접 만나본 소말리아 난민들은 그런 미디어와 언론에 비치는 모습과 달랐습니다. 지난 2022년 울산에 들어온 아프간 특별기여자들도 마찬가지입니다. 직접 만나서 대화를 나누고 인격적인 관계를 맺게 되면 편견이나 오해, 막연한 두려움은 사라집니다. 우리 도시 안에 들어온 이주민들이나 무슬림, 난민들을 위험 요소로만 본다면 결코 그들에게 복음을 전할 수 없습니다. '필리핀 사람' '이주민' '난민' '무슬림' 등 집단으로 보지 말고 개인적으로 관계 맺어야 합니다.

이주 배경의 자녀들도 마찬가지입니다. 요즘은 종종 곳곳에 다문화가정 또는 이주 배경 가정의 자녀들을 볼 수 있습니다. 교회나 부서 안에 있는 아이들을 '다문화 아이들'이라고 그룹 지어 부르지 말고, 개인의 얼굴을 보고 개인의 고유한 이름을 불러주시기 바랍니다. 각 집단의 사람들이 가진 공통적인 문화적 특성도 있지만 그 안에서도 개인적 성향 차이가 분명히 존재합니다. 다 똑같지 않습니다. "중국의 내가 살았던 지역에서는…" "내가 아는 필리핀 사람들은…" "내가 만난 베트남인들은…"이라고 하는 것이 좋습니다.

시티센터교회가 도시 안에 있는 다양한 이주민들을 섬기기 위해 만든 Ulsan Global Friends(UGF)라는 봉사단체가 있습니다. 이주민들을 대상으로 한국어 교실을 운영하거나 명절 또는 여름휴가 기간에 소풍이나 국내여행을 가기도 하고, 울산대학교 의예과 학생들 또는 중고등학생들의 봉사활동의 일환으로 다문화가정 어린이들을 위한 교육 프로그램인 '꿈다(꿈이 자라는 다문화) 놀이터'를 운영하기도 합니다.

봉사하러 오는 대학생들에게 제가 늘 요청하는 것이 있습니다. 이번에 만나게 되는 이주 배경 가정의 아이들을 '다문화 어린이', '다문화 청소년'으로 대상화, 그룹화하지 말고, 그들의 고유한 이름을 불러 달라고. 그러면 나중에 의사가 되어서도 그들을 바라보는 관점이 다를 것이라고.

하나님도 우리를 집단으로 대하지 않으십니다. 개인적으로 우리와 관계 맺으시며 우리의 고유한 이름을 불러주십니다. 우리도 그렇게 한다면 이주민들의 마음을 얻고, 그들의 좋은 친구가 되어 가장 좋은 친구 되시는 예수님을 전할 수 있을 것입니다.

나가면서 : 복음 중심적 도시 및 이주민 선교

우리는 한때 기독교 문화권이었던 유럽과 미국의 교회들이 쇠퇴하는 것을 보면서 한국교회가 그 전철을 밟으면 안 된다고 경계합니다. 하지만 사실 미국과 유럽에는 지금도 부흥이 일어나고 성장하고 열매 맺는 교회들이 많이 있는데 그런 교회들에는 공통점이 존재합니다. 그것은 복음에 대한 열정이 있고, 내부의 신자들만 아니라 외부의 비신자들에게 복음을 전하고 선교에 헌신한다는 것입니다. 또 무엇보다 그들의 도시 가운데 들어와 있는 나그네와 이주민들을 복음으로 섬긴다는 것입니다. 이주민들을 하나님의 관점으로 바라보고 선교하는 교회와 단체들은 언제나 성장과 부흥을 경험했습니다. 이것은 성경과 역사가 증언하는 바입니다.

저는 앞으로 최소 20~30년 미래를 바라보면서 우리 고신교단과 한국교회가 다시 한번 회복과 갱신, 부흥을 경험하기 위해서는 먼저 우리 도시를 선교지로 바라보고 도시 안에 하나님이 보내주신 우리의 이주민 이웃들에게 복음을 전해야 한다고 확신합니다. 해외 선교와 총체적 선교도 계속 진행해야 하지만 그보다 더욱 크고 시급한 선교적 관심을 우리와 가장 가까운 땅끝, 안방에 들어와 있는 열방인 이주민들에게 가져야 합니다. 선한 사마리아인들(good Samaritans)과 같은 우리의 섬김을 통해 그들에게 가장 위대한 사마리아인(The Great Samaritan)이신 예수 그리스도를 보여주어야 합니다.

교회들은 한국인만 아니라 이주민들에게도 복음을 전해야 하며, 캠퍼스 선교단체들은 유학생들에게 더욱 관심을 가져야 합니다. 그리고 신학교와 지역 교회들을 통해 그런 선교적 관심과 열정을 가진 사역자들과 성도들을 많이 배출해야 합니다.

울산교회와 몇몇 교회의 사례들처럼, 중대형교회들은 외국인 예배부서들을 수십 년 동안 계속 갖고 있기보다 이주민들이 중심이 되는 디아스포라 교회, 한국인과 이주민이 함께하는 교회들이 더 많이 분립 개척되어 자립할 수 있도록 재정적으로 후원하고 행정적으로 지원할 뿐 아니라 사역자와 성도들을 보내주어야 합니다. 교회 공동체 안에 있는 이주민 성도들을 더 이상 외인도 나그네도 아니요, 동일한 시민이자 하나님의 권속으로 여기며, 예수 그리스도를 모퉁잇돌로 한 사도들과 선지자들의 터 위에서 함께 지어져 가야 합니다(엡 2:19-20).

마지막으로 가장 중요한 말씀을 드리고자 합니다. 그것은 이주민 선교의 동기에 관한 것입니다. 하나님은 우리가 도시 안 이주민들을 사랑해야 하는 이유를 이렇게 말씀하십니다. "너희는 나그네를 사랑하라 전에 너희도 애굽 땅에서 나그네 되었음이니라"(신 10:19). "거류민이 너희의 땅에 거류하여 함께 있거든 너희는 그를 학대하지 말고 너희와 함께 있는 거류민을 너희 중에서 낳은 자 같이 여기며 자기 같이 사랑하라 너희도 애굽 땅에서 거류민이 되었었느니라…"(레 19:33-34).

우리가 이주민을 무조건적으로 사랑해야 하는 가장 중요한 이유는 우리가 먼저 무조건적인 사랑을 받았기 때문입니다. 하나님의 헤세드는 헤세드를 경험한 사람들을 통해서 계속 전달됩니다. 하나님이 먼저 여리고 성의 기생 라합에게 헤세드를 베푸셨습니다. 그리고 라합의 아들 보아스가 또 다른 이방 여인 룻에게 헤세드를 실천합니다. 또 룻은 시어머니 나오미와 보아스에게 역으로 헤세드를 실천합니다. 그리고 이런 보아스와 룻의 헤세드를 통해 하나님의 헤세드가 궁극적으로 '빵이 없는 빵집'과 같은 도시 베들레헴에 전해집니다.

헤세드를 경험한 사람만이 참된 헤세드를 실천할 수 있습니다. 빅토르 위고의 소설 '레미제라블'에는 빵 한 덩이를 훔쳤다가 19년 형을 선고받은 비참한 주인공 장발장이 등장합니다. 그는 미리엘 주교의 은촛대를 훔친 죄로 또다시 처벌을 받아야 했지만 오히려 미리엘 주교를 통해 큰 자비를 경험하고 내면의 변화를 겪습니다. 그리고 그가 나중에 도시 마들렌의 시장이 되었을 때, 과거 자신의 모습처럼 가난하고 비참한 사람들에게 자비를 베푸는 사람이 됩니다. 하나님의 자비가 미리엘 주교를 통해, 장발장을 통해, 최종적으로는 도시 안의 수많은 사람에게 흘러가는 것입니다.

오늘 우리가 도시 안의 이주민들과 다양한 소외된 이웃들에게 헤세드의 사랑과 친절을 실천해야 하는 가장 중요한 이유는 우리가 하나님으로부터 헤세드의 사랑과 친절을 먼저 받았기 때문입니다. 그런 이유에서 하나님께서 예수 그리스도를 통해서 우리에게 값없이 베풀어주신 은혜에 관한 기쁜 소식 즉 복음만이 이주민 선교 사역의 유일한 동기가 될 수 있습니다. 그 복음 중심적인 동기만이 하나님을 참으로 영화롭게 합니다. 복음이 동기가 된 도시 선교와 이주민 선교만이 우리 자신과 이웃들 모두에게 참 만족과 기쁨을 가져다줄 수 있습니다. 복음이 우리의 선교의 동기가 되고 복음이 모든 사역의 중심이 되게 합시다.

나눔을 위한 질문

1. 오늘날 도시는 왜 선교적으로 중요할까요? 도시 안의 이주민들을 선교하는 것과 세계 선교에는 어떤 연관 관계가 있나요? 우리 도시 안에 복음이 필요한 사람들은 누가 있을까요?

2. 성경과 기독교 역사 가운데 어떤 사람들이 이주민과 나그네로 살면서 하나님의 구원 역사의 도구로 쓰임 받았나요? 이주민들은 하나님의 선교에서 어떤 역할을 차지하나요?

3. 오늘날 우리 교회 가운데 개혁되고 갱신되어야 할 비복음적인 문화에는 어떤 것들이 있나요? 우리 교회 구성원들의 문화적 배경 및 특징에는 어떤 것들이 있나요?

4. 다른 나라 혹은 이주민에 대한 편견이나 오해를 갖고 있었는데, 개인적은 관계를 맺고 이름을 알게 된 이후에 그런 편견과 오해가 사라진 경험이 있다면 서로 나누어 봅시다.

5. 오늘 우리 그리스도인들이 우리 도시 안에 들어와 있는 이주민들을 사랑하고 복음으로 섬겨야 하는 가장 중요한 이유는 무엇일까요?

기독교, 시대에 답하다
12가지 현대 이슈에 관한 신학적 통찰

2024년 9월 9일 초판 1쇄 발행

지은이 강현석 문지환 배아론 변현석 송태경 신치헌
윤치원 이현철 조재필 주두형 진상원 황원하
편집 황원하
발행인 최정기
기획책임 박진필
디자인 조은희
마케팅 최성욱
마케팅 지원 박수진
인쇄 금강인쇄
펴낸곳 고신언론사
주소 서울시 서초구 고무래로 10-5(반포동) 고신총회 고신언론사
전화 02-592-0981, 02-592-0985(FAX)
ISBN 979-11-984522-9-0